Sonia Choquette

Dem Herzen folgen

Sonia Choquette

Dem Herzen folgen

Wie Sie und
Ihr Kind
der Intuition
vertrauen
lernen

Ein Handlungsbuch

Verlag Hermann Bauer
Freiburg im Breisgau

Die Deutsche Bibliothek – CIP-Einheitsaufnahme

Ein Titeldatensatz für diese Publikation ist bei
Der Deutschen Bibliothek erhältlich.

Die amerikanische Originalausgabe erschien 1999 bei
Three Rivers Press/Crown Publishers, Inc.,
201 East 50th Street, New York, New York 10022, USA,
unter dem Titel *The Wise Child.*
A Spiritual Guide to Nurturing Your Child's Intuition
© 1999 by Sonia Choquette

Aus dem Amerikanischen von Ute Hempen
Lektorat: Claudia Alt

1. Auflage 2001
ISBN 3-7626-0820-2
© für die deutsche Ausgabe 2001 by
Verlag Hermann Bauer GmbH & Co. KG, Freiburg i. Br.
www.hermann-bauer.de
Das gesamte Werk ist im Rahmen des Urheberrechtsgesetzes geschützt.
Jegliche vom Verlag nicht genehmigte Verwertung ist unzulässig. Dies gilt
auch für die Verbreitung durch Film, Funk, Fernsehen, fotomechanische
Wiedergabe, Tonträger jeder Art, elektronische Medien sowie für auszugs-
weisen Nachdruck.
Umschlag: Berres/Stenzel/Werner, Freiburg i. Br.
Satz: DTP + Printmediengestaltung Manfred Heublein, Freiburg i. Br.
Druck und Bindung: Kessler Verlagsdruckerei, Bobingen
Printed in Germany

Meinen geliebten Töchtern Sonia und Sabrina.
Ich danke euch für eure wunderbaren Seelen,
eure weisen Erkenntnisse, euren unendlichen
Sinn für Humor, eure Aufrichtigkeit und eure
zutiefst großzügigen, nachsichtigen und
liebenden Herzen, womit ihr mich reich beschenkt.
Es ist die größte Freude meines Lebens,
eure Mutter zu sein.

Und meiner Mutter, die mich gelehrt hat
zu erkennen, was im Leben wahr ist.
Für deine Geschenke werde ich dir
auf ewig dankbar sein.

Dank

Ich möchte meinen Eltern, Sonia und Paul, dafür danken, dass sie die größte Liebesgeschichte aller Zeiten gelebt haben. Ihr habt mir gezeigt, dass es weise ist, seinem Herzen zu folgen, wie sehr ich geliebt werde und wie geborgen ich in Wirklichkeit bin. Ihr könnt nicht ermessen, wie sehr ich euch liebe und dafür danke.

Meinem geliebten Ehemann und Partner, Patrick Tully: Ich danke dir für unsere wundervollen Töchter und dafür, dass du ein herzlicher und aufmerksamer Vater bist. Du hast für ein Umfeld von Geborgenheit, Schutz und Liebe gesorgt, in dem wir uns zuversichtlich in das Unbekannte wagen können. Danke, dass du an mich glaubst und mich lehrst, wie wichtig die täglichen kleinen Dinge sind, die das Leben verschönern. Mein Abenteuer mit dir ist wahrhaftig ein rauschendes Fest.

Carol Southern, meiner Verlegerin: Danke für den enormen Aufwand, den du betrieben hast, um aus meinem Manuskript ein fertiges Buch zu formen. Ich bin dir unendlich dankbar für dein meisterhaftes Können und deine Geduld, mit der du mir bei der Verwirklichung dieses Projekts geholfen hast. Danke, dass du nicht aufgegeben hast.

Kathy Churay, der lieben Freundin und Lebensretterin: Ich danke dir, dass du so sorgfältig für mich gearbeitet hast, indem du aus einem Berg von voll gekritzeltem Papier ein Manuskript erstellt hast, ohne mir dabei ein schlechtes Gewissen zu machen.

Meiner Mentorin und Schwester im Geiste, Lu Ann Glatzmaier: Danke, dass du meine Lehrerin, meine Beraterin und die beste und wertvollste aller Freunde bist. Und dass du dir meine Sorgen anhörst, obwohl du selbst genug hast.

Joan Smith: Du bist für mich, ohne jeglichen Zweifel, die heilige Johanna. Danke, dass du meinen Kurs Monat für Monat aufgezeichnet und mich in den schwierigsten Phasen beim Schreiben dieses Buchs beraten hast. Ohne deine Hinweise und Ermutigungen hätte ich sicherlich die Orientierung verloren.

Meiner zweiten Mutter, meiner Schwester Cuky: Danke für die Fürsorge und die Zeit, die du mir, Patrick, Sonia und Sabrina im Lauf des letzten Jahres gewidmet hast. Du hast uns vor psychischer Überbelastung bewahrt und hast unsere müden Seelen erfrischt. Du hast mich gelehrt, was Liebe zu sich selbst bedeutet.

Dem *Hoffman Institute*: Danke dafür, dass ihr mich noch einmal zu meinem wahren Selbst zurückgeführt und mich von dem psychischen Schutt des Lebens in der normalen Welt befreit habt. Und besonders dir, Anne Simon-Wolf. Du hast meine Seele geheilt.

Julia Cameron, meiner lieben Freundin und Mentorin: Danke, dass du mein Durcheinander geordnet und mich zu einer Zeit auf die richtig Fährte gesetzt

hast, als du so überlastet warst, dass du keine Minute übrig hattest.

Meiner wunderbaren Agentin und Freundin Susan Schulman: Danke, dass du an dieses Projekt geglaubt hast, es ohne Zögern in die Welt hinausgetragen und ein so wundervolles Zuhause dafür gefunden hast. Wieder einmal hast du bewiesen, dass du die Beste bist.

Lauren Shakely, Chip Gibson und allen Mitarbeitern bei Crown, die allen meinen Büchern ein wundervolles Zuhause schaffen, möchte ich vor allem dafür danken, dass sie an dieses Projekt geglaubt haben, an dem mein Herz besonders hängt.

Mein Dank geht an meine Lehrer Charlie Goodman und Dr. Trenton Tully sowie meine KlientInnen und SchülerInnen, die mich bei meiner Arbeit inspiriert haben.

Am meisten jedoch gebührt Dank den Kindern des Universums. Ihr seid die wahren Lehrer der Wahrheit. Voller Bescheidenheit danke und achte ich euch.

Inhalt

EINLEITUNG	15

Teil I
DIE ERWEITERUNG IHRES BEWUSSTSEINS 21

1. Achtsamkeit beginnt bei Ihnen selbst	25
2. Präsent sein	47
3. Eine Sache des Herzens	65
4. Ein heiliges Zuhause schaffen	77

Teil II
DIE INTUITION WILLKOMMEN HEISSEN 93

5. Sich der Schwingung bewusst werden	97
6. Die Sprache der Seele	117
7. Grenzen setzen	131
8. Blinde Flecken und schlechte Gewohnheiten	149

Teil III
UM UNTERSTÜTZUNG BITTEN 169

9. Staunen und entdecken	173
10. Um Führung bitten	189
11. Kontemplation und Kunst	203
12. Engel, Helfer und geistige Führer	219
13. Die Seele ist unvergänglich	233

NACHWORT: DER NATÜRLICHE PLAN	245
REGISTER	249

Hier ist mein Geheimnis.
Es ist ganz einfach:
Man sieht nur mit dem Herzen gut.
Das Wesentliche
ist für die Augen unsichtbar.

Antoine de Saint-Exupéry

Einleitung

Ich wohne in einem großen sonnigen Haus in einer von Bäumen gesäumten Straße in Chicago. Ich teile das Haus mit meinem Ehemann Patrick, meinen zwei Töchtern Sonia und Sabrina, unserer Hündin, Miss T, und einem ununterbrochenen Strom von Klienten, die mich als intuitive Beraterin aufsuchen. Jeden Tag sitze ich in meinem Büro zwischen meinen Büchern und meinen spirituellen Talismanen und höre den Menschen zu, die mich über ihre geheimsten Träume und Wünsche um Rat fragen. Oft habe ich das Gefühl, dass der Raum von viel mehr erfüllt ist als der Anwesenheit eines Klienten und mir – ganze Familien scheinen im Hintergrund zu stehen, denn bei den meisten Menschen drehen sich die geheimsten Träume um das Wohlergehen und das Glück derer, die sie lieben.

»Wie kann ich meinen Kindern helfen zu wachsen und zu gedeihen?«, werde ich oft gefragt. »Wie kann ich meinen Kindern Selbstvertrauen ver-mitteln, damit sie nicht so unglücklich und frustriert werden, wie ich es gewesen bin? Wie kann ich sie beschützen und ihnen Fähigkeiten mitgeben, die sie benötigen, damit sie das Beste aus sich machen können?«

»Kinder lernen von dem, was wir ihnen vorleben«, erkläre ich meinen Klienten behutsam. »Wenn Sie wünschen, dass sich Ihre Kinder zu glücklichen und ausgewogenen Menschen entwickeln, müssen Sie ihnen zeigen, wie das geht. Sie müssen in Ihrem Zuhause eine Umgebung schaffen, die ihnen zur vollen Entfaltung verhilft. Sie müssen anerkennen, dass sie – ebenso wie Sie selbst – spirituelle Wesen sind und als solche direkt mit der liebevollen Quelle aller Weisheit verbunden sind. Diese Verbindung wird als ›sechster Sinn‹ erfahren, als Intuition. Sie müssen Ihre Intuition entwickeln und respektieren, wenn Sie ein Kind großziehen wollen, das ich als weise bezeichne.«

»Aber, Sonia, wie soll ich das machen?«

»Schritt für Schritt«, antworte ich. »Sie müssen in Ihren Kindern einen Sinn für ihr beseeltes Erbe wecken und sie zu Hause mit einer Atmosphäre von spiritueller Sicherheit und Wohlbefinden umgeben. Das beginnt damit, dass Sie bei sich selbst für spirituelle Achtsamkeit und Atmosphäre sorgen. Als Eltern geben Sie den Ton für das intuitive Erwachen Ihrer Kinder vor. Sie sind die Quelle, aus der Ihre Kinder die entscheidenden Hinweise schöpfen. Intuitiv wache und spirituell ausgewogene Eltern, die eine gute Verbindung zu ihrer inneren Führung und ihrem Wohlbefinden haben, ermöglichen es, dass dieses Gespür auch in einem Kind erblüht.«

Viele Menschen fragen mich, ob ich mit einer besonderen Begabung auf die Welt gekommen sei oder ob ich in jungen Jahren eine mystische Erfahrung gemacht habe – ob es eine Frage von »entweder man hat es oder eben nicht« sei.

»Wir sind alle intuitiv, weil wir alle spirituelle Wesen sind«, antworte ich meinen Klienten. »Intuition ist unsere vom Herzen ausgehende Verbindung zu unserem inneren Lehrer, der führenden Stimme unserer Seele. Der Unterschied besteht darin, dass ich mit diesem Wissen aufgewachsen bin. In meinem Fall war der entscheidendste und einflussreichste Faktor für die Entwicklung einer starken Intuition meine Mutter sowie eine familiäre Umgebung, die Intuition nicht nur zuließ, sondern sich tatsächlich darauf *konzentrierte*.«

Meine Mutter hat uns das Beste gegeben, was sie zu geben vermochte, das Beste, was ihre Eltern ihr gegeben hatten. Sie hatte zu der Zeit keine Ausbildung, aber sie besaß Weisheit, und diese Weisheit wurde zum Herzschlag unserer Familie. Sie gab uns die folgende Botschaft mit auf den Lebensweg: Womit auch immer wir im Leben konfrontiert werden, welche Herausforderungen oder Hindernisse auch immer auftauchen, solange wir uns nach innen unserem Herzen zuwenden, anstatt zuzulassen, dass die äußeren Umstände uns überwältigen, wenn wir die tiefe spirituelle Verbundenheit zum Universum, zu Gott anerkennen und uns auf sie konzentrieren – dann werden wir geführt und beschützt, weil das der natürliche Plan ist. Das Universum wird uns zweifellos zeigen, wie wir im Leben weiterkommen.

In unserer Familie nannten wir diesen inneren Kompass »Schwingungen«, weil sich Intuition so anfühlt – wie eine zart schwingende Energie, die im Herzen ihr Zentrum hat und sich von dort aus auf den Magen, den Bauch, die Brust, die Kehle ausbreitet. Wie Wel-

Einleitung

len von Anweisungen, die unsere Aufmerksamkeit erregen, als wollten sie sagen: »Mach dies«, »Geh dorthin«, »Tu das nicht«, lenkten diese Schwingungen unser Leben. Intuitives Wissen erreicht uns als Energie – eine schwer fassbare Energie, die uns führt, leitet und dirigiert –, und wir lernten, uns dieser Energie bewusst zu sein und mit ihr zu leben.

In meiner Familie war die innere Stimme nicht der sechste Sinn. Sie war vielmehr der *erste* Sinn, das vorherrschende Sinnesorgan, auf das man sich konzentrierte. Situationen und Wahlmöglichkeiten wurden wie Schuhe anprobiert, und unsere Mutter fragte uns, was wir uns schließlich selbst fragten: »Wie fühlt es sich an, energetisch? Fühlt es sich richtig an? Ist es stimmig? Fühlt es sich sicher an, geborgen und angenehm? Wird es uns nützlich sein und uns das bieten, was wir wirklich brauchen?« Wenn wir »Ja« fühlen und sagen konnten, waren wir sicher, dass die Entscheidung richtig war. Wenn wir ein »Nein« spürten, sich die Schwingungen unangenehm anfühlten, dann hatten wir die Freiheit, das zu sagen. Meine Mutter respektierte das und verteidigte unsere Gefühle auch – unabhängig von den Konsequenzen. Jeder von uns wuchs in einer sehr starken, klaren und zuverlässigen Verbundenheit zu seinem spirituellen Wesenskern und seinem intuitiven Wissen auf.

Was bedeutet das für Sie?

Oft werde ich gefragt, ob meine Intuition eine besondere Gabe sei, und ich bin dazu übergegangen, mit »Ja« zu antworten. Aber sie ist nicht insofern eine Gabe, als ich mit einem »zusätzlichen Sinn« ausgestattet bin. Das Geschenk bestand in einer Mutter, die ein spirituelles Bewusstsein erworben und mir ein Umfeld geschaffen hat, das *alle* meine Sinne ermuntert hat, sich zu entwickeln. Bei mir und meinen Geschwistern und auch bei vielen anderen mir bekannten intuitiven Menschen wurde Intuition aus einem Gespür heraus gefördert, dass mehr erlaubt ist, als einfach nur »normal« zu sein – aus dem Gespür heraus, dass ich als spirituelles Wesen und Kind des Universums in jeder Beziehung außergewöhnliche Führung und Unterstützung erfahren und bekommen könnte. Ich bin intuitiv, weil ich zu jeder Zeit ermutigt wurde, wach und aufmerksam zu sein und mich von meiner Seele führen zu lassen. Ich bin in einer Umgebung aufgewachsen, für die Intuition *normal* war. Intuition ist eine Gabe, die wir alle verdienen, die wir alle erfahren und unseren Kindern weitergeben können. Mein Ehemann Patrick und ich sind dabei, sie unseren beiden Töchtern weiterzuvermitteln.

Was ist jedoch, wenn Sie als Kind oder als Erwachsene(r) und Eltern dieses Geschenk, Ihre spirituelle Natur auf diese Weise aufzufassen oder in einem unterstützenden familiären Umfeld zu leben, nicht bekommen haben? Hindert Sie das heute daran, sich Ihrer inneren Weisheit anzuvertrauen und sie an Ihre Kinder weiterzuleiten?

Ganz und gar nicht. Deshalb habe ich dieses Buch geschrieben. Als Intuitive und als Lehrerin für Intuition, die in diesem Bereich seit mehr als dreißig Jahren tätig ist, habe ich die aufregende Entdeckung gemacht, dass Intuition, die Stimme unseres inneren Lehrers, zu jeder Zeit erweckt werden kann. Aber wir müssen lernen, wie. Sie wartet darauf, von Ihnen erkannt zu werden und Ihre Aufmerksamkeit zu bekommen, und wenn es soweit ist, wird sie Sie genauso führen und leiten wie mich. Wenn Sie erst einmal Ihre eigene Intuition fördern, werden Sie auch in der Lage sein, es für Ihre Kinder zu tun.

In den Jahren, in denen ich Erwachsenen intuitives Bewusstsein gelehrt habe, und als Mutter zweier intuitiver Kinder bin ich zu dem Ergebnis gekommen, dass wir uns alle unserer Seele bewusst werden und zu Hause eine spirituelle Atmosphäre schaffen können, die unsere fortschrittlichste Wahrnehmungsweise weiter ausbildet und stärkt. Durch meine Erfahrung habe ich ein Verständnis dafür erworben, wie diese goldene innere Stimme gepflegt und gefördert werden kann. Jetzt ist es mein größter Wunsch, Ihnen und allen anderen Familien dieses Wissen mitzuteilen, damit jede und jeder überall Kontakt zu dem inneren Frieden und der kreativen Führung aufnehmen kann, die wir alle in uns tragen.

Die drei Phasen zur Förderung der Intuition

Das Wichtigste, was ich über die Herausbildung von Intuition in der Familie gelernt habe, ist, dass sie sich in drei wesentlichen Phasen entwickelt. In der ersten Phase weckt man sein intuitives Bewusstsein. Bis wir auf unsere Intuition aufmerksam werden, schlummert sie im Allgemeinen in unserem Bewusstsein, von uns nicht wahrgenommen und zunächst unerreichbar. Wir müssen erst erkennen, dass wir über einen sechsten Sinn verfügen, damit wir ihn entwickeln und von ihm profitieren können. Erst dann können wir unseren Kindern diese Gabe weitervermitteln. Dies werde ich im ersten Teil besprechen.

Die Intuition mit offenen Armen anzunehmen, wenn sie sich zeigt, ist die zweite Phase in der Entwicklung unseres sechsten Sinns. Sich der Intuition bewusst zu sein, reicht nicht aus, wenn man von ihrer profunden und lebensverändernden Führung profitieren möchte. Dann müssen Sie sich dazu entschließen, der Führung, die Sie von Ihrem inneren Lehrer bekommen, zu vertrauen, seinen

Einleitung

Rat als innig empfundenes und willkommenes Einwirken auf Ihr Leben und Ihr Zuhause zu akzeptieren. Das bedeutet eine Haltung einzunehmen, in der Sie jederzeit für intuitive Führung empfänglich und dazu bereit sind, die darin enthaltene Weisheit anzunehmen. Deshalb wird sich der zweite Teil dieses Buchs darauf konzentrieren, wie wir die Intuition voll und ganz annehmen und in der Familie willkommen heißen. Darüber hinaus wird dieser Teil praktische Vorschläge und Hilfsmittel für das tägliche Leben enthalten, die Ihnen dabei helfen sollen, Hindernisse zu entdecken und zu überwinden und intuitive Regungen bei allen Familienmitgliedern zu erkennen und zu respektieren.

Das Universum um intuitive Unterstützung zu bitten, ist die dritte Phase zur Förderung der Intuition in der Familie. In diese Phase der intuitiven Entwicklung überzugehen bedeutet, Intuition als wichtigen und erwünschten Faktor bei Ihren persönlichen sowie den Entscheidungen für Ihre Familie mit einzubeziehen. Es bedeutet außerdem, dass man darüber hinausgeht, sich der Intuition lediglich bewusst und für sie empfänglich zu sein, und sich tatsächlich ihren Rat als wichtige richtungsweisende Stimme in seinem Leben sucht. Der dritte Teil dieses Buchs lehrt Sie, wie Sie die Intuition als konkrete und zuverlässige Hilfe anrufen können. Er beinhaltet intuitive Vorgehensweisen und Übungen, die von Eltern genauso wie von Kindern auf einfache Weise angewendet werden können, um auf die Intuition zuzugreifen, damit sie unser Leben erleuchtet, wozu sie von Natur aus gedacht ist.

Der Kontakt zu unserer Intuition verbindet uns sowohl mit unserer eigenen Seele als auch mit der Seele des Universums, der Göttlichen Seele. Es nimmt uns unsere Angst, allein zu sein und nicht zu genügen. Es ersetzt Furcht durch das Gefühl, spirituell geführt zu werden und geborgen zu sein. Die Welt wird freundlich, sie erscheint nicht mehr feindlich gesinnt, sondern einladend. Das Leben wird fröhlich, unterhaltsam, großzügig und reich. Das ist der göttliche Plan. Das intuitive Leben beinhaltet Vertrauen, inneren Frieden und schöpferischen Ausdruck. Welch größere Gabe gibt es für uns und unsere Kinder?

Teil 1

DIE ERWEITERUNG IHRES BEWUSSTSEINS

Die eigene Intuition zu erwecken beginnt damit, sein Bewusstsein zu trainieren, so dass es sich ausdehnt und mehr Informationen von anderen, etwa dem Höheren Selbst und Gott, wahrnimmt. Sie werden lernen, wie Sie Ihr Bewusstsein erweitern und besser verstehen, wie Ihr Ausdrucksmittel – Ihr Körper – Energie empfängt und darauf reagiert. Es geht dabei um die Kunst, Ihr Bewusstsein zu einem hoch entwickelten Empfänger von Schwingungen werden zu lassen. Auf diese Weise erhalten Sie präzisere Informationen, mit denen Sie arbeiten können, wenn Sie mit anderen in Kontakt treten. Sie üben sich darin, für die subtilen Ebenen der Energie offen und empfänglich zu sein, die unser intuitives Leben ausmachen. Sie führen dann ein Leben, das mit der Seele Zwiesprache hält, das in die Dinge *hinein*sieht anstatt sie *an*zusehen, und das zu jeder Zeit für die Führung des Universums offen und ansprechbar ist. Intuitiv zu sein heißt, sich der spirituellen Natur dessen, wer wir sind, voll bewusst zu sein. Sie werden begreifen, dass Sie als spirituelles Wesen jederzeit Erkenntnisse auf außergewöhnlichen Niveaus erwarten können, ausgehend von feinen Impulsen bis hin zu ausgeprägten medialen Erfahrungen wie Hellhörigkeit, Hellsichtigkeit, Telepathie und sogar Präkognition.

Das Erwecken Ihrer Intuition beginnt damit, sich zehn grundlegender Punkte bewusst zu sein:

1. Intuition und mediale Wahrnehmung sind Gaben der Seele.
2. Wir alle sind Seelen, deshalb sind alle Menschen intuitiv und können mediale Fähigkeiten zeigen.
3. Unsere Intuition zu entwickeln ist unser spirituelles Geburtsrecht.
4. Intuitive Regungen sind Botschaften, die von einer göttlichen Quelle stammen und uns zu unserer göttlichen

Natur und unserem größten schöpferischen Ausdruck führen.

5. Intuitive, beseelte Führung nutzt uns allen.

6. Intuition wird durch Liebe aktiviert und führt zu Verständnis.

7. Jemand, der intuitiv lebt, ist sanft und kraftvoll und wird niemals jemanden in irgendeiner Weise nötigen.

8. Wahre Intuition schmeichelt dem Ego nicht; vielmehr gibt sie der wahrhaften Natur der Seele Rückhalt.

9. Ein intuitives Leben setzt unser gesamtes Potenzial in Gang.

10. Selbst ein intuitives Leben zu führen ist der beste Weg, seinen Kindern den Zugang zu dieser wichtigen inneren Weisheit zu vermitteln.

Teil I ist darauf ausgerichtet, das Bewusstsein für Ihre intuitive Natur in vier grundlegenden Aspekten zu erhöhen:

1. Zuerst betrachten wir Ihre Ursprungsfamilie sowie die derzeitige Familiendynamik. Es werden Maßnahmen vorgeschlagen, mit Hilfe derer Sie eine intuitionsfreundliche Haltung bei den Familienmitgliedern hervorrufen können.

2. Dann werden wir uns auf Intuition als Synthese eines höheren Bewusstseins konzentrieren, die in Ihrem Herzen entspringt und sich dann nach oben in Ihr Bewusstsein begibt.

3. Als nächstes werden wir häufige Störungen und Hindernisse identifizieren, die Sie davon abhalten, sich der intuitiven Führung völlig bewusst und für sie wirklich empfänglich zu sein. Zudem werden Techniken vorgestellt, die Ihnen helfen, diese Störungen und Hindernisse aufzulösen.

4. Schließlich werden wir Ihre häusliche Atmosphäre betrachten und Maßnahmen vorschlagen, die ein sensitiveres und förderlicheres Umfeld für ein intuitives Leben schaffen.

Jetzt kennen Sie die Richtung, lassen Sie uns beginnen!

1. Achtsamkeit beginnt bei Ihnen selbst

Intuition ist die Stimme unserer Seele. Sie ist ein integraler Bestandteil unserer spirituellen Anatomie, und ihre Saat wartet in uns allen darauf zu keimen. Alle Kinder zeigen früher oder später Anzeichen erwachender Intuition – dessen können Sie sich sicher sein. Die eigentliche Herausforderung besteht nicht darin, diese Samen beseelten Bewusstseins in Ihren Kindern zu aktivieren, sondern darin, ihrer flügge gewordenen Intuition einen Rahmen zur Verfügung zu stellen, in dem sie gedeihen und stark werden kann. Wenn Ihre Kinder feststellen, dass Sie Ihrer Intuition Aufmerksamkeit schenken, werden sie ihre eigene bemerken. Wenn Sie hören, wie Sie über Ihre Intuitionen sprechen, werden sie ebenfalls ihre Erfahrungen mitteilen. Wenn sie bemerken, dass Sie Ihre Intuition ignorieren, werden sie ihre genauso ignorieren. Wenn Sie eine positive Einstellung zu Ihrer Intuition haben und sie offen und natürlich als Teil ihrer spirituellen Veranlagung akzeptieren, dann werden auch Ihre Kinder ihre eigene Spiritualität willkommen heißen und sich darauf verlassen, wie auf jeden anderen ihrer Sinne.

Ich habe in unterschiedlichen Familien eine große Bandbreite von Einstellungen zu Intuitionen kennen gelernt, von sehr zurückweisend (»Das ist nur Zufall!«) über sehr irrational (»Das ist völlig verrückt!«), misstrauisch (»Dem ist nicht zu trauen.«) bis zu klarer Ablehnung (»Das ist doch lächerlich!«) mit allen Schattierungen dazwischen. Aber nur in den Familien mit der Einstellung »Intuition ist die uns lenkende Stimme unserer Seelen und ein natürlicher und wichtiger Teil dessen, wer wir sind« entwickelt sie sich wirklich zu jenem Hilfsmittel für innere spirituelle Führung, als das sie gedacht ist.

Nehmen Sie sich einen Augenblick Zeit und denken Sie über die Einstellung Ihrer Familie zu Intuition nach. Sie haben vielleicht schon eine der Einstellungen, die ich beschrieben habe, als diejenige ausgemacht, die Ihrer eigenen ähnelt, oder Sie werden sich darüber klar, inwiefern Ihre Erziehung und die Sichtweise in Ihrer Familie voneinander abweichen. Es geht darum, die Wurzeln Ihrer Haltung und Einstellung in Bezug auf die lenkende Weisheit Ihrer Seele ausfindig zu machen und genauer zu betrachten. Diese »Familienarchäologie« wird Ihnen einen Eindruck davon vermitteln, worauf Sie bauen können oder was Sie überwinden werden, wenn Sie Ihre Intuition wecken.

Die intuitive Familie

In meiner Familie, die von meiner intuitiven Mutter geführt wurde, wurden Entscheidungen nicht aufgrund von Logik gefällt, sondern aufgrund von Instinkt. Nicht dass die Logik völlig unberücksichtigt blieb – es war lediglich so, dass die Logik hinter dem »Bauch« zurückstand. Die Intuition meiner Mutter meldete sich spontan und oft. Und wenn das der Fall war, beachtete sie sie, und wir taten es ebenfalls.

Ich bin in Denver aufgewachsen, und es war in unserer Familie zur Tradition geworden, sonntags in den Bergen zu picknicken. Ich erinnere mich, dass meine Mutter sich eines Sonntags, nachdem wir alles in die Körbe verstaut hat-

ten und uns gerade auf den Heimweg machen wollten, an meinen Vater wandte und sagte: »Lass uns doch die landschaftlich schöne Strecke fahren und nicht die große Hauptstraße.«

Mein Vater war müde und fragte: »Warum? Das dauert eine Stunde länger.« Bei sieben Kindern hinten im Auto, die sich ständig zankten, konnte man ihm kaum einen Vorwurf machen, dass er sich sträubte.

»Weil meine Schwingungen es mir sagen«, insistierte meine Mutter. »Bitte, trag es mit Fassung.«

Weil er spürte, dass meine Mutter keinen Argumenten zugänglich wäre, stimmte mein Vater zu und fuhr die längere Strecke. Spät abends, als meine Eltern die Nachrichten anschauten, wurde dort von einem Unfall berichtet. Ein LKW mit gefährlicher Ladung war außer Kontrolle geraten und hatte sich genau zu der Zeit auf dem Highway überschlagen, als wir gerade aufbrachen. Die Autobahn war für mehrere Stunden gesperrt, der Verkehr kam in beide Richtungen völlig zum Erliegen, und viele Reisende blieben unterwegs stecken, während die Polizei versuchte, die Straße wieder frei zu bekommen. Wir waren dem ganzen Chaos ausgewichen und in der Zwischenzeit wohlbehalten nach Hause gekommen.

Derartige Szenarien wiederholten sich bei uns zu Hause so oft, dass es mir nur natürlich erschien, seinen intuitiven

Achtsamkeit beginnt bei Ihnen selbst

Regungen zu folgen. Ich habe darüber hinaus mit sehr intuitiven und medial veranlagten Bekannten und Klienten gesprochen und sie über ihre Einstellung zu Intuition bei sich zu Hause in ihrer Kindheit und Jugend befragt.

Kim, eine Teilnehmerin an einem Intuitions-Workshop, berichtete, ihre Familie sei sehr stark auf Intuition ausgerichtet gewesen, und Intuition habe sich deutlich als körperliche Empfindung von Energie ausgedrückt und sei auch so beschrieben worden.

»Meine Mutter hatte immer ein komisches Gefühl im Bauch, wie sie es nannte, wenn jemand, der gerade nicht anwesend war, ihr in den Sinn kam – und mit großer Sicherheit hat diese Person innerhalb der nächsten Stunden angerufen. Es passierte so oft, dass wir schon darüber lachten und sie damit neckten, ihr ›Bauch-Telefon‹ doch abzunehmen, weil jemand sie zu erreichen versuchte.«

Meine Freundin Elisa, eine ganzheitliche Heilerin, berichtet: »Bei uns zu Hause regierte die Intuition! Meine Mutter, eine Künstlerin, sagte immer, dass sie ›um eine Inspiration zu bekommen‹ malen müsste, bevor sie die richtige Antwort finden könnte. Dann zog sie sich in ihr Atelier zurück, wo sie auf Führung wartete, während sie an einer Leinwand arbeitete. Und meine französische Großmutter, die eine fabelhafte Köchin und eine wahre Naturliebhabe-

rin war, sagte uns immer sehr klar und mit großem Nachdruck, dass wir, wann immer wir Führung brauchten, nur unsere Augen schließen, tief einatmen und die richtige Antwort ›herausschnuppern‹ sollten. ›Ich kann Ärger immer schon riechen‹, sagte sie ernst und schnüffelte in der Luft. ›Und das könnt ihr auch!‹«

Meine beste Freundin und spirituelle Mentorin Lu Ann Glatzmaier ist eine Intuitive und arbeitet als spirituelle Beraterin in Denver. Sie ist in Minnesota in einer großen polnisch-italienischen Familie mit acht Kindern aufgewachsen. Wie ich hatte sie eine sehr lebhafte intuitive Mutter und einen sehr geerdeten pragmatischen Vater. Die spirituelle Ausrichtung und starke Überzeugung ihrer Mutter waren der Auslöser dafür, dass ihre eigenen intuitiven und medialen Erkenntnisse großen Erfolg hatten.

Auch mein Freund Rick wuchs in einer Familie auf, in der ihm seine Intuition und seine spirituelle Führung bereits in sehr jungen Jahren deutlich bewusst gemacht worden sind – mit dem Unterschied, dass *sein* spiritueller Rahmen von seinem in sich ruhenden intuitiven Vater gesetzt worden ist.

»Ich erinnere mich, dass Dad über seinen ›inneren Kompass‹ genauso locker sprach wie über das Wetter und mir beibrachte, dass ich auch Geistführer hätte, die auf mich achteten und mich schützten. Indem ich ihn beobachtete, lernte ich in mich hineinzuschauen und um Hilfe zu bitten, und es hat mich sehr beruhigt zu wissen, dass es da war, wenn ich es benötigte«, sagte Rick. »Er befragte immer seine Intuition zu den verschiedenen Angelegenheiten, wobei er manchmal richtig laut um Führung bat. Besonders wenn wir in einer schwierigen Situation waren, uns zum Beispiel mit dem Auto in einer Gegend verfahren hatten, in der wir noch nie gewesen waren. Wenn er um Führung bitten konnte, so meine Schlussfolgerung daraus, dann konnte ich das auch. Und ich habe es auch immer getan.«

Die nichtintuitive Familie

Nancy, eine meiner Klientinnen, berichtete von einer ganz anderen Einstellung in ihrer Familie.

»Hin und wieder hatte ich als Kind diese unglaublichen Empfindungen über Menschen und gelegentlich habe ich mit meiner Mutter darüber gesprochen. Im Allgemeinen betrafen diese ›Gefühle im Bauch‹ meine Verwandten oder Nachbarn und waren oft nicht das, was sie hören wollte. Zum Beispiel hatte ich einmal das klare Gefühl, dass mein Onkel Brian mit seinem Geld gerade so zurechtkam, obwohl alle ihn für unseren ›reichen Onkel‹ hielten. Ich erzählte es meiner Mutter, aber statt mir zuzuhören, sagte sie, ich solle damit aufhören, ›ungezogene Geschichten über Onkel Brian

zu erfinden‹. Ich *wusste* aus tiefstem Herzen, dass meine Gefühle richtig waren, aber ich bekam die verrückte Vorstellung mit auf den Weg, dass derartige Gefühle, ob falsch oder richtig, unhöflich waren. Bei uns zu Hause wurde Intuition misstrauisch betrachtet, als etwas, das angenehme Wahrnehmungen störte und meine Mutter beunruhigte, obwohl sich meine Eindrücke als richtig erwiesen. Es stellte sich heraus, dass mein Onkel spielsüchtig war. Ein Jahr später ging er bankrott, zur großen Überraschung aller außer mir.«

Irene, eine Frau in den frühen Sechzigern, die an einem meiner Workshops teilnahm, bemerkte: »Wo ich aufgewachsen bin, existierte Intuition einfach nicht. Wir waren eine intellektuelle Familie, unser Augenmerk galt der Wissenschaft und dem Sport, aber nicht der intuitiven oder sinnlichen Seite des Lebens. Ich kann mich nicht an ein einziges Gespräch bei uns zu Hause erinnern, bei dem es um Gefühle gegangen wäre, schon gar nicht um Intuitionen! Folglich habe ich mein ganzes Leben lang das Gefühl gehabt, mit verbundenen Augen oder so ähnlich umherzugehen. Ich habe gespürt, dass irgendetwas fehlte, aber ich wusste nicht, was es war oder wo ich anfangen sollte, danach zu suchen.«

Gail erinnert sich daran, wie sie in einer Umgebung aufgewachsen ist, die Intuition gegenüber feindselig eingestellt war. Sie entsinnt sich, als Kind von etwa sieben oder acht Jahren recht intuitiv, manchmal sogar medial gewesen zu sein, aber wenn sie es ihren konservativ-religiösen Eltern erzählte, haben sie sie in ihr Zimmer geschickt, um dort ›zu beten und die Dämonen auszutreiben‹. Natürlich hat das dazu geführt, dass sie sich schämte und verwirrt war.

»Ich konnte diese ›Dämonen‹, wie Mama sie nannte, einfach nicht loswerden. Ich sah um Menschen herum Energiefelder. Ich war telepathisch. Ich konnte Ereignisse manchmal sogar fühlen, bevor sie stattfanden. Ich versuchte, alle zu warnen, wenn ich Gefahr spürte, aber sie wollten es nicht hören.

Einmal wollten wir gerade zu meiner Tante aufbrechen, als ich plötzlich das Gefühl hatte, dass wir nicht gehen sollten. Es war, als ob etwas versuchte, mich zu Hause zu halten. Ich gab vor, mich nicht gut zu fühlen, damit sie den Besuch abbliesen, aber das glückte nicht. Sie schrieen mich an, keine Zeit zu verlieren und mich ins Auto zu setzen. ›Ich habe ein schlechtes Gefühl. Wir sollten nicht fahren!‹, platzte es aus mir heraus. Klar bekam ich von meinem Vater eine geknallt, während er mir gleichzeitig sagte, was er von meinen ›Gefühlen‹ hielt.

Wir fuhren los, und eine halbe Stunde später verdunkelte sich der Himmel. Ein extrem heftiger Wind kam wie aus dem Nichts und schüttelte das Auto durch. Mit Schrecken sahen wir, wie ein Tornado über die Erde fegte. Wir stiegen aus und rannten in panischer Angst auf ein paar Bäume zu. Dort blieben wir, bis der Sturm vorüber war. Überall lagen Trümmer herum. Glücklicherweise waren wir nur kräftig durchgepustet worden. Ich wusste, dass meine Empfindungen eine Warnung gewesen waren, aber meine Eltern hatten kein Verständnis dafür. Von da an lernte ich, meine intuitiven Schwingungen zu verbergen, und versuchte, sie zum Schweigen zu bringen, was mir letztendlich auch gelang.«

Die geteilte Familie

Unabhängig davon, wie sich ihr eigener familiärer Hintergrund hinsichtlich Intuition und medialer Wahrnehmung darstellt, bestehen unglücklicherweise große Chancen, dass man sich nach einer Heirat in einer anderen schwierigen Familiendynamik wiederfindet: der geteilten Familie. In einer derartigen Familie ist das eine Mitglied sehr intuitiv und offen, während ein anderes einen eher rationalen, konservativen Standpunkt einnimmt. Obwohl idealerweise jeder von uns beide Perspektiven verkörpert, erhält doch die eine oder andere Perspektive in uns tatsächlich den Vorzug. Sich einen Partner mit einer entgegengesetzten Einstellung auszuwählen ist ein natürliches, wenn im Allgemeinen auch unbewusstes Streben nach Balance.

Probleme entstehen dann, wenn diese Dynamik sich polarisiert und jedes Familienmitglied sich auf seine oder ihre Perspektive versteift und jede andere ausschließt. In diesem Fall ist der eine Elternteil äußerst intuitiv und verständnisvoll, dabei allerdings nur wenig geerdet oder organisiert, was den anderen Elternteil dazu zwingt, übermäßig auszugleichen, indem er Intuition völlig ausschließt und starr und engstirnig wird. Das Resultat ist – wenig überraschend –, dass zwei Menschen miteinander im Krieg leben. Ich nenne dies das »Einer-ist-das-Gaspedal-der-andere-ist-die-Bremse«-Syndrom, und hin und wieder war ich auch schon darin verstrickt.

Wenn beide Partner die Perspektive des jeweils anderen für ungültig erklären, kommt es zu einem Tauziehen. Derartige Probleme bei Ihnen zu Hause werden eine Spannung verursachen, in der die Intuition keinen Platz hat!

So geschah es Eleanor, einer sehr intuitiven, aufopferungsvollen Mutter dreier Kinder. Eleanor war mit einem erfolgreichen Bauingenieur verheiratet, der ziemlich viel Zeit außer Haus bei Bauvorhaben zubrachte. Eleanor arbeitete hart daran, ihre Intuition zu entwickeln, und fragte mich, wie sie ihren Kindern eine intuitive und beseelte Einstellung vermitteln könnte.

»Aber«, schränkte sie ein, »das muss so passieren, dass mein Mann Marvin es nicht bemerkt. Er denkt, ich sei verrückt, und wird wütend, wenn ich mit meinen Kindern über ›Gefühle im Bauch‹ oder ›Instinkte‹ oder so etwas rede. Er erzählt mir, dass ich nicht ›vernünftig‹ sei und realistisch sein sollte. Er ist nicht bereit, etwas anderes als die physische Welt anzuerkennen, das macht mich wahnsinnig! Wir streiten uns ständig, und das ist sehr anstrengend. Ich möchte einfach nicht, dass meine Kinder von ihm so schikaniert werden wie ich.«

Eleanor befand sich wirklich in einem Dilemma. Sie wollte, dass ihre Kinder ihre Intuition entwickelten, forderte sie aber gleichzeitig auf, diese vor ihrem Vater zu verbergen – eine ziemlich zweideutige Botschaft. Unnötig zu erwähnen, dass es auf diese Weise nicht funktionierte. Die beiden älteren Kinder teilten die Ansichten ihres Vaters, lachten über Eleanors Intuition und ignorierten ihre eigene. Nur der Kleinste, vielleicht aus Loyalität zu Eleanor, stimmte sich zum Ärger seines Vaters und seiner Geschwister auf seine Intuition ein und äußerte freimütig seine Empfindungen und intuitiven Regungen. In dem Glauben, Recht zu haben, ließ jeder die Gesichtspunkte, die gegen seine Ansicht sprachen, außer Acht, was zu unvermittelten Auseinandersetzungen und abfälligen Bemerkungen führte. Es war ganz sicher eine unerfreuliche Situation.

Ich erzählte Eleanor, dass meine spirituellen und medialen Lehrer mich gelehrt haben, zu verstehen, dass Intuition

Logik ergänzt; sie konkurriert nicht mit ihr oder verneint sie. Ich schlug Eleanor vor, Marvins Meinung nicht mehr zu ignorieren, sondern sie sich anzuhören. Schließlich hatte er in seinem Beruf eine Menge erreicht, was Respekt verdiente, ganz zu schweigen von der Tatsache, dass er auch ein verlässlicher Partner und ein starker und engagierter Vater für seine Kinder war. Er konnte diesen Dingen nicht so völlig verschlossen gegenüber sein, wie sie glaubte, und gleichzeitig so erfolgreich. Er hatte bei manchen Dingen einfach eine andere Ansicht als sie, eine, die seine Stärken *und* seine blinden Flecken reflektierte.

»Versuche, eine Balance zu erreichen, Eleanor«, empfahl ich. »Stell dir deine Familie als einen Baum vor. Betrachte dich und deinen Jüngsten als die Blätter und die Zweige des Baums, expansiv, intuitiv, sich nach außen ins Unbekannte erstreckend, während du dir Marvin und deine älteren Kinder als die Wurzeln und den Stamm vorstellst, geerdet, Schutz bietend und in der Familie verwurzelt. Trotz der Unannehmlichkeiten, die dadurch entstehen, *braucht* ihr einander. Wenn ihr eure Ansichten nicht akzeptiert, nehmt ihr euch die Möglichkeit, die großen Zusammenhänge zu erkennen. Eine derartige Intoleranz einer anderen Ansicht gegenüber wird sich auf Dauer negativ auf deine Intuition auswirken. Es ist nötig, dass ihr eure jeweiligen Stärken respektiert, um da-durch Stabilität zu schaffen und Wachstum zu fördern.

Sei offen und bereit dafür, das Ganze zu sehen. Eine der Grundlagen von Intuition ist, zuzuhören und über eine Situation alles in Erfahrung zu bringen, besonders über die Dinge, die man vielleicht übersehen hat oder nicht versteht, bevor man seine Schlüsse zieht.«

Eleanor erklärte sich bereit, dies auszuprobieren. Sie begann damit, die Meinung ihres Mannes anzuhören und zu respektieren, auch wenn es ihr manchmal schwer fiel. Sie zeigte sich wirklich aufgeschlossen, und zu ihrer eigenen Überraschung erschienen ihr Marvins Ansichten gelegentlich vernünftig.

Anfangs war Marvin ganz irritiert über Eleanors neue Einstellung. Dann begann er sich besserwisserisch zu verhalten, als ob er ihr sagen wollte: »Ich bin froh, dass du wieder mit beiden Beinen auf der Erde stehst.« Aber nach etwa einem Monat machte er einen Vorstoß und fragte Eleanor nach ihrer Intuition, ob er sich bei einem neuen Bauvorhaben in einer anderen Stadt einbinden lassen sollte oder nicht. Sie konnte es nicht glauben! Sie hätte über diesen Meinungsumschwung am liebsten laut losgelacht, hielt sich aber zurück. Nach all den Jahren, in denen er ihre Intuition als nichtig abgetan hatte, suchte er sie jetzt. Nachdem sie ihm zugehört hatte, war er jetzt bereit, ihr zuzuhören. Und zu Eleanors großer Überraschung folgte er ihrem Rat, nachdem er sich ihre Gesichtspunkte angehört hatte.

Das Ergebnis war für Eleanor ein erfolgreicher Übergang von Polarität zu Balance in der Familie. Allmählich zeigte sich auch bei ihren Kinder der Wandel in der Einstellung. Ihr Jüngster tendierte zu mehr Objektivität und fragte des Öfteren seinen Vater, während die beiden anderen Eleanor unter dem Vorwand, dass sie »richtig Spaß« haben wollten, häufiger als zuvor um Führung baten.

Polarität verursacht in einer Familie Frustration und unnötige Konkurrenz. Jeder Beteiligte fühlt sich herabgesetzt. Und dies ist zudem eine dumme Situation, weil ein stark ausgeprägtes intuitives Gespür nur effektiv sein kann, wenn unser klarer Verstand ebenfalls mit eingebracht wird. Selbst die größten Erkenntnisse sind nutzlos, wenn sie nicht mit Hilfe des Verstandes in unser Leben integriert werden können. Intuition ist nicht irrational, und sie verlangt auch nicht, den Verstand als nichtig abzutun, ihn zu ignorieren oder seine fünf Sinne abzuschalten.

Ganz im Gegenteil. Intuition funktioniert am besten, wenn ein Mensch durch seine anderen fünf Sinne gut informiert ist. Eine der Definitionen von Intuition lautet »jemandem/einer Sache Aufmerksamkeit schenken«. Aufmerksamkeit zu schenken ist die wichtigste Voraussetzung für ein höheres Bewusstsein. Gott hat uns nicht deshalb eine spirituelle Anatomie gegeben, damit sie mit unserer körperlichen Anatomie konkurriert. Die ersten fünf Sinne dienen nicht dem Zweck, Intuition zu verneinen; sie sollen sie ergänzen und unterstützen.

Eleanor und Marvin, die an den jeweiligen Endpunkten des intuitiven Spektrums anzusiedeln sind, haben sich gegenseitig auf natürliche Weise angezogen, indem sie unbewusst nach Balance strebten, wie Sie es vielleicht in Ihrer Familie auch getan haben. Da sie ihre sich ergänzenden Charaktere nicht erkannt haben, kam es zu einem Krieg, in den auch die Kinder mit hineingezogen wurden. Als sie jedoch begannen, die Sichtweisen des jeweils anderen als einen fehlenden Anteil ihrer eigenen einseitigen Perspektive zu sehen, folgte daraus gegenseitige Anerkennung und Entspannung. Am Ende fand die Intuition in der Familie ihren Platz, wo sie neben dem logischen Verstand gern gesehen war. Verständnis und eine harmonische Atmosphäre in der Familie bilden die Schlüssel, mit denen Sie der Intuition Ihr Haus öffnen. Solange polarisierte Ansichten bestehen, wird die Intuition nicht in der Lage sein, den angemessenen Platz in Ihnen oder in Ihrem Umfeld einzunehmen. Solange ein derartiger Gegensatz herrscht, ob zwischen Ehepartnern oder zwischen Eltern und Kindern, werden Sie und Ihre Familie ohne Zweifel zu sehr mit dem Kampf beschäftigt sein, als dass Sie Intuition überhaupt wahrnehmen könnten.

Überprüfung der Realität

Testen Sie im Folgenden, wie bewusst Ihnen Intuition ist. Finden Sie heraus, wo Sie in der Beziehung zu Ihrer Intuition gerade stehen und ob Sie oder Mitglieder Ihrer Familie sich bezüglich ihrer intuitiven Regungen gegenseitig behindern oder nicht:

	selten	manchmal	oft
Ich bin mir bewusst, wie ich mich im Umfeld bestimmter Menschen fühle.	☐	☐	☐
Ich vertraue meinem ersten Eindruck von Leuten und Situationen.	☐	☐	☐
Ich erkenne meine intuitiven Gefühle leicht.	☐	☐	☐
Zu Hause spreche ich offen und frei über Intuition.	☐	☐	☐
Ich folge meinen Instinkten unabhängig davon, was meine Familienangehörigen fühlen.	☐	☐	☐
Die Haltung meiner Familienangehörigen beeinflusst mich stark, wenn es darum geht, meiner Intuition zu vertrauen.	☐	☐	☐
Ich kann meine Meinung und meine Entscheidungen schnell ändern, wenn ich das entsprechende »Gefühl im Bauch« habe, selbst wenn sich jemand in der Familie darüber aufregt.	☐	☐	☐
Ich spüre es, wenn meine Kinder und Verwandte in Schwierigkeiten sind.	☐	☐	☐
Ich beobachte viele Koinzidenzen in meinem Leben, besonders in Bezug auf meine Familie.	☐	☐	☐

	selten	manchmal	oft
Meine Familie und besonders meine Kinder respektieren meine Intuition, ebenso wie ich ihre anhöre und respektiere.	☐	☐	☐
Ich folge meiner Intuition, auch wenn meine Familie mir zu etwas anderem rät.	☐	☐	☐
Ich kann mich sowohl für meine Kinder als auch für mich selbst gegenüber Energien behaupten, die gegen uns gerichtet sind.	☐	☐	☐
Ich achte auf meine Intuition, wenn ich Entscheidungen treffe, und ermutige meine Kinder, das Gleiche zu tun.	☐	☐	☐
Ich versuche nicht, meine Intuition zu verbergen, besonders wenn ich zu Hause oder mit engen Freunden zusammen bin.	☐	☐	☐

Wenn Sie mit dem Test fertig sind, betrachten Sie noch einmal Ihre Antworten. Geben Sie sich

1 Punkt für »Selten«
2 Punkte für »Manchmal«
3 Punkte für »Oft«

Wenn Ihr Ergebnis zwischen 1 und 15 Punkten liegt:
Offensichtlich haben Sie als Kind nicht gelernt, auf Ihre Intuition zu hören oder sie zu achten, deshalb zögern Sie heute, es zu tun. Vielleicht haben Sie einen Partner angezogen, der Intuition achtet, auch wenn es Sie nervös macht. Beruhi-

gen Sie sich – Ihre Intuition schläft nur, und Sie werden ein entspanntes Verhältnis zu ihr entwickeln und sie mit offenen Armen in Empfang nehmen, wenn Sie die folgenden Kapitel beachten.

Wenn Ihr Ergebnis zwischen 16 und 30 Punkten liegt:
Sie wurden sich Ihrer Intuition vermutlich bewusst, als Sie jung waren, aber sehr wahrscheinlich lebten Sie in einer Atmosphäre, die ihr gegenüber zwiespältig oder sogar ablehnend eingestellt war. Vielleicht sind Ihre Einstellung und die Ihres Partners völlig ent-

gegengesetzt, und Sie schwanken täglich zwischen Überzeugung und Skepsis. Verlieren Sie nicht den Mut. Sich der Intuition bewusst zu sein ist schon ein weiter Schritt in Richtung darauf, das Vertrauen in seinen »Bauch« zu stärken und gleichzeitig Konflikte mit dem Partner zu vermeiden. Sie, Ihr Partner und Ihre Kinder werden sich bald an den wundervollen Segnungen der Intuition erfreuen.

Wenn Ihr Ergebnis zwischen 31 und 45 Punkten liegt:
Sie gehören zweifellos zu den glücklichen Menschen, die in einem der Intuition förderlichen Umfeld leben und wahrscheinlich bereits auf dem Weg sind, dieses Geschenk an Ihre Kinder weiterzugeben. Feiern Sie diesen glücklichen Umstand, indem Sie Ihrer Familie noch mehr von Ihrer inneren Weisheit und Ihren Visionen mitteilen.

Die Harmonie wiederherstellen

Unabhängig davon, was in der Familie, in der Sie aufgewachsen sind, gedacht wurde oder ob Sie sich in Ihrer jetzigen Familie in einer Situation mit entgegengesetzten Ansichten befinden, können Sie dennoch Ihre Intuition weiterentwickeln und auch in Ihren Kindern fördern, indem Sie Harmonie herstellen. Sie benötigen dazu lediglich Ihre Bereit-

schaft, liebenswürdig und offen mit Ihrer Familie und sich selbst umzugehen, um das derzeitige Problem zu lösen und jedem zu ermöglichen, die Wohltaten der Intuition aus erster Hand zu erfahren.

Am besten nähert man sich der Intuition mittels eines allumfassenden Vorgehens, was bedeutet, die Ansichten von jedem Einzelnen zu respektieren. Wenn Sie die richtige Einstellung haben, gibt es verschiedene Wege, Polarität und Durcheinander zu reduzieren und die Atmosphäre aufnahmebereiter zu gestalten.

Der erste Schritt besteht darin, dass Sie sich fragen, ob Sie selbst eine polarisierte oder negative Einstellung haben.

- Sind Sie stark auf analytische und körperliche Aspekte ausgerichtet?
- Sind Sie Intuition gegenüber spöttisch oder misstrauisch eingestellt?
- Messen Sie den unsichtbaren, verborgenen Elementen des Lebens keinen großen Wert bei oder ignorieren Sie sie vollständig?

Falls ja, sind Sie ein waschechter Pragmatiker oder haben einige ablehnende Einstellungen aus Ihrer Ursprungsfamilie übernommen. Falls Sie glauben, dass dies der Fall ist, üben Sie, Neues wahrzunehmen und ungeachtet äußerer Erscheinungen die Nuancen und subtileren Aspekte des Lebens zu betrachten.

- Versuchen Sie, an jedem Familienmitglied etwas Neues zu entdecken.
- Bitten Sie sie, bei Ihnen das Gleiche zu tun.
- Stellen Sie fest, wie viel Neues Sie bemerken, das Sie noch nie zuvor wahrgenommen haben.

Machen Sie sich klar, dass Ihre Intuition wie ein untrainierter Muskel ist und richtig trainiert werden muss, um wachsam und empfänglich zu bleiben.

- Fragen Sie sich, ob Sie übertrieben kontrollierend sind und Situationen oder Menschen vermeiden, weil Sie unter Umständen keinen Einfluss auf sie haben.

Wenn Sie Intuition zu einem Bestandteil Ihres Familienlebens machen, werden sich Ihnen ganz sicher neue und unerwartete Aspekte Ihres Lebens eröffnen. Auf die Intuition zu hören, erfordert, dass Sie Ihre Kontrolle ein wenig loslassen. Üben Sie dies jeden Tag in kleinen, unbedrohlichen Bereichen. Zum Beispiel:

- Unternehmen Sie spontan einen Ausflug an einen unbekannten Ort.
- Versuchen Sie, auf einer neuen Route zur Arbeit zu gelangen, und genießen Sie die Landschaft.
- Üben Sie, jemandem zuzuhören, den Sie normalerweise ignorieren.

Um sich zu öffnen und intuitiver zu werden, sollten Sie sich den Unterschied bewusst machen zwischen dem, was der Realität entspricht, und dem, was eigentlich eine Projektion Ihrer Sorgen und Ängste ist. Viele Menschen halten ihre größten Sorgen und dunkelsten Ängste irrtümlich für Realität. In vermeintlich logischer Konsequenz ziehen sie dann engstirnig und misstrauisch alle möglichen unzutreffenden Schlussfolgerungen über Menschen und Situationen, bevor sich überhaupt die Chance ergibt, den wirklichen Sachverhalt herauszufinden. Diese Angewohnheit verhindert alle Arten synchronistischer Erscheinungen oder schöpferischer Möglichkeiten. Sie sollten aktiv üben, auf das konzentriert zu bleiben, von dem Sie wissen, dass es wirklich ist, und aufgeschlossen dem gegenüber sein, was in der jeweiligen Situation wahr und echt ist. Lassen Sie nicht zu, dass eine defensive Geisteshaltung die Realität verdreht, Ihr Urteilsvermögen verwirrt und Sie von Ihrer Intuition und deren möglichen Vorteilen abschneidet.

Zusammen lachen und spielen

Eine andere Möglichkeit, eine extrem gegensätzliche und negative Haltung gegenüber der Intuition zu überwinden, ist, sich ihr auf unbeschwerte, spielerische Weise zu nähern, die alle Familienangehörigen zum Mitmachen auffordert.

Ich hatte einen Klienten namens Robert, der sehr intuitiv war und versuchte, seine Intuition so viel wie möglich bei seiner Arbeit als Börsenmakler einzusetzen. Markttrends vorherzusagen war eines seiner beliebtesten Spiele, bei dem er oft auch seine Kinder im Alter von acht und zehn Jahren mit einbezog. Da er sehr gründlich gelernt hatte, den Markt zu analysieren, zog er natürlich zusätzlich viele andere Faktoren für seine Investitionsentscheidung mit heran. Aber er gab zu, dass er sich am liebsten nach seiner Intuition richtete. Er hatte nicht nur festgestellt, dass er mit Hilfe seiner Intuition Veränderungen am Markt leichter vorhersehen konnte, er entdeckte auch, dass seine Kinder in ihren intuitiven Vorhersagen noch genauer waren als er. Was Robert allerdings unendlich frustrierte, war die Tatsache, dass seine Frau Ruth sich seinen intuitiven Überlegungen komplett widersetzte und darauf bestand, damit aufzuhören. Sie unterbrach ihn, wenn er darüber sprach, wie er seine Intuition bei seiner Arbeit einsetzte, und wurde sehr wütend auf ihn, wenn er seine Kinder aufforderte, ihm ihre Gefühle über seine Investitionsentscheidungen mitzuteilen. Sie sagte dann: »Das ist nichts anderes als ein Glücksspiel, Robert. Du handelst fahrlässig und unverantwortlich, nicht nur mit unserem Geld, sondern auch mit dem anderer Menschen!« Es machte für sie keinen Unterschied, dass kein Schaden entstanden war. Sie sah ihre Vorstellungen, wie alles zu funktionieren hatte, in Gefahr, und das gefiel ihr nicht.

Robert war dagegen überhaupt nicht der Ansicht, fahrlässig zu handeln, und tatsächlich gelang es ihm und seinen Kinder mit ihren »Schwingungen«, die Experten am Markt zu übertrumpfen. Er hat nicht nur kein Geld verloren, sondern zusammen mit seinen Kindern Profit gemacht, in dem sie die »Bauchmethode« anwandten, wie sie sie spaßhaft nannten.

Das Problem für Robert und seine Jungen war dadurch entstanden, dass sie Ruth niemals richtig aufgefordert haben, bei ihrem Spiel mitzumachen. Das Dilemma bestand in der Gegensätzlichkeit von Ruths praktischem Wesen und Roberts Verspieltheit in Bezug auf ihre Kinder.

»Hast du Ruth jemals nach ihrem Instinkt oder ihren intuitiven Regungen bezüglich des Markts befragt?«, wollte ich von Robert wissen.

»Um Himmels willen, nein!«, antwortete er ganz entschieden. »Ich glaube nicht, dass sie überhaupt weiß, was so ein Gefühl im Bauch ist, sie ist so auf das Konkrete ausgerichtet.«

»Da genau liegt das Problem, Robert. Du schneidest sie von ihrer Intuition ab.«

»Ich? Wie?«

»Weil du«, antwortete ich, »so davon überzeugt bist, dass das, was *du* von ihr weißt, alles ist, was man von ihr wissen kann. Mit deiner Überzeugung, dass sie aufs Konkrete festgelegt ist, verstärkst du jedoch ihre Neigung dazu und hältst sie davon ab, eine andere Seite an sich kennen zu lernen oder mit einzubeziehen. Du und die Kinder habt sie in eine Schublade gesteckt.«

»Hmm. Ich verstehe, was du meinst«, sagte er nachdenklich. »Das möchte ich nicht.«

»Mein Lehrer Dr. Tully sagte, eine der besten Möglichkeiten, Intuition zu erschließen und bei anderen hervorzulocken, bestehe darin, niemals davon auszugehen, dass man jemanden oder etwas komplett kennt«, fuhr ich fort. »Lass immer Raum für Überraschungen.«

Beim nächsten Mal stellte Robert seine Frau und die Intuitionssitzungen der Familie deutlich anders dar. »Ich habe mich an deinen Rat gehalten und die Kinder ermuntert, mit mir zusammen Ruth zu fragen, was ihr Bauch zu bestimmten Dingen sagt«, sagte er. »Anfangs ignorierte sie uns, aber wir gaben nicht auf. Wir neckten sie, stichelten und fanden dann tatsächlich gemeinsam mit ihr Gefallen daran. Jedes Mal, wenn sie sagte: ›Ich wette, dass …‹, fragten wir sie: ›Sagt das dein Bauch?‹

Allmählich wurde sie ein wenig lockerer und lieferte uns den einen oder anderen Tipp mit der Auflage, nicht wirklich Geld zu investieren! Natürlich nur so lange, bis sie einige erfolgreiche Vor-

schläge machte. Das veränderte alles. Wir sind alle sehr überrascht, ihre intuitive Seite entdeckt zu haben, am meisten wohl sie selbst. Sie begann, ihrer Intuition zunehmend mehr Aufmerksamkeit zu schenken. Obwohl sie nach wie vor sehr konservativ denkt, ist sie jetzt aufgeschlossener und macht bei dem Spaß mit. Wir sind durch unsere Intuition nicht reich geworden, aber wir haben Gewinn gemacht. Und das Beste daran ist, dass wir unsere Intuition nicht auf Geldangelegenheiten beschränken. Auf Ruths Anregung hin setzen wir unsere Intuition jetzt auch bei den Schularbeiten der Kinder, beim Einkaufen und sogar bei der Festlegung unseres diesjährigen Urlaubziels ein. Für die Dinge also, die sie interessieren und für die sie ein Gefühl hat. Unser Familienleben hat sich völlig gewandelt, und wir haben alle etwas dazugelernt.«

Seien Sie kein intuitiver Snob

Während viele Menschen dazu neigen, im Zweifelsfall ihrer Intuition lieber keine Bedeutung beizumessen, schießen andere weit über das Ziel hinaus und meinen, ihre Intuition sei das Einzige, was sie beachten müssten. Sie glauben, dass sie aufgrund ihrer Intuition keine weitere Information zur Kenntnis nehmen oder die intuitiven Regungen anderer berücksichtigen müssen. Menschen,

Achtsamkeit beginnt bei Ihnen selbst

die von ihrer Intuition derart eingenommen sind, geben sich im Allgemeinen selbstgefällig und überheblich und haben zugleich den Eindruck, dass ihre engste Umgebung sie nicht zu schätzen weiß.

Sollten Sie eine derartige Einstellung zu Ihrer Intuition haben und sich von Ihrem Partner oder anderen Familienangehörigen nicht respektiert, missverstanden oder abgelehnt fühlen, dann fragen Sie sich, ob Sie sich den anderen gegenüber nicht genauso verhalten.

- Verhalten Sie sich wie ein spiritueller Besserwisser, der andere als »abgeschaltet« ansieht?
- Glauben Sie insgeheim, dass Sie weiterentwickelt sind, ein erleuchtetes Wesen unter »einfachen Sterblichen«?
- Versäumen Sie es, sich dankbar zu zeigen für die Erdung, die Ihnen von Ihren eher praktisch orientierten Angehörigen zukommt?
- Benutzen Sie Ihre Intuition als Mittel, um andere ins Unrecht zu setzen oder deren Ansichten für nichtig zu erklären?

Ich habe festgestellt, dass einige derjenigen, die gerade ihre Intuition entwickeln, sich schnell denjenigen gegenüber überlegen fühlen, die nicht mit ihrer Intuition in Kontakt stehen – eine Einstellung, die ironischerweise von genau diesen anderen intuitiv gespürt wird und worüber sie sich ärgern. Fragen Sie sich, ob Sie

sich, wenn Sie Ihre Intuition einsetzen, gegenüber Ihrer Erdung noch verantwortungsvoll verhalten und der physischen Ebene gegenüber respektvoll bleiben.

Zum Beispiel führten mein Mann und ich lange eine Auseinandersetzung über meine Weigerung, die Haustür abzuschließen. Ich spürte intuitiv, dass wir sicher waren, aber er nannte schließlich ein sehr gutes Argument, das mich überzeugt hat. »Vertraue dem Universum, Sonia«, sagte Patrick. »Aber provoziere es nicht!«

Er hatte Recht. Ich schließe die Türen jetzt ab.

Ein weiterer Vorschlag lautet, dass Sie rücksichtsvoll und behutsam vorgehen, wenn Sie Ihre Familie bitten, Ihre Intuition zu respektieren. Intuition taucht spontan auf und erfordert oft rasche entschlossene Reaktionen, manchmal sogar plötzliche und abrupte Richtungswechsel. Diese Art Spontaneität kann manche Leute aus der Fassung bringen und Ängste hervorrufen. Sie können dabei frontal mit den Ängsten von Familienangehörigen zusammenstoßen, wenn Sie nicht vorsichtig sind. Ich habe festgestellt, dass schon dadurch der Weg für die Intuition geebnet wird, wenn man für die Stimmung der anderen empfänglich ist. Wenn meine Intuition mir eine plötzliche Veränderung nahe legt, erkläre ich meiner Familie, dass meine innere Stimme mich gerade zu etwas führt, was alles ins Wanken bringen kann, und dass ich ihre Unterstützung benötige. Bitte ich sie um ihre Mitarbeit, anstatt sie von ihnen zu fordern, genügt dies normalerweise schon, damit sie zustimmen und meine Intuition akzeptieren.

Darum zu bitten, dass Ihre Intuition respektiert wird, statt Sie Ihrer Familie aufzudrängen, fördert den guten Willen und wird aus einem ablehnend eingestellten Familienmitglied ein aufgeschlosseneres machen. Dieses Vorgehen schützt sie davor, als ein unsensibler Besserwisser zu erscheinen und bewahrt auf beiden Seiten den gegenseitigen Respekt. Falls notwendig, können Sie auch einfach Ihre Familie bitten, es »mir zuliebe« zu tun. So hat meine Mutter es häufig gemacht.

Wenn alles andere versagt

Trotz der erwähnten Techniken wird es immer Menschen geben, die sich auf ihre Sichtweise versteift haben und sich dickköpfig weigern, sich dem beseelten Bewusstsein zu öffnen. Das können engstirnige Lebenspartner sein, altmodische Eltern oder auch zynische Kinder. Unabhängig davon, wie gut Ihre Absichten sind, wenn Sie Intuition und beseeltes Bewusstsein bei sich zu Hause einführen, werden Sie höchstwahrscheinlich auf jemanden stoßen, der sich dickköpfig widersetzt.

Polly, eine meiner Klientinnen, ist Masseurin und hat zwei Kinder im Alter von 17 und 19 Jahren. Sie ist mit einem Rechtsanwalt verheiratet. Durch ihre Ausbildung und die Körperarbeit hat Polly ihre Intuition erweckt und lässt ihre Kinder an diesem Bewusstsein teilhaben, die nun ihrerseits Kontakt mit ihrer Intuition aufnehmen. Es ist sehr abenteuerlich für sie, und sie profitieren außerordentlich davon. Aber sosehr sie sich auch bemühen, ihn zu überreden: Pollys Ehemann Peter steht der ganzen Welt der »Gefühle im Bauch« nach wie vor abwehrend gegenüber und weigert sich strikt, sich zu beteiligen, seine gegensätzliche Haltung aufzugeben oder es als Spiel zu betrachten. Er ist von allem genervt und sagt es auch. Pollys Ehemann hält starr an einer Botschaft fest, die er von seiner abergläubischen Mutter und seinem äußerst analytisch orientierten Vater empfangen hat. Diese besagt, dass die intuitive Welt nicht spirituell und wertlos sei. Bis er vom Gegenteil überzeugt ist, wird er mit großer Wahrscheinlichkeit seine misstrauische und verächtliche Haltung beibehalten.

Ich wies Polly darauf hin, dass sie jetzt die Gelegenheit habe, genauso wie bei ihren Kindern in die Position des Lehrers zu schlüpfen. Der beste Weg sei, eine neutrale Haltung einzunehmen und sich nicht durch negative Projektionen von ihren positiven Erfahrungen abbringen zu lassen. Ich schlug vor, Peter mit gelassener Akzeptanz zu begegnen und

Achtsamkeit beginnt bei Ihnen selbst

dabei zu berücksichtigen, dass er schlecht informiert ist, sich fürchtet und dass sie nicht mit seiner Angst ringen müsse. Ich habe sie ermuntert, ihren Kurs beizubehalten. Sie soll weiterhin offen mit ihren Kindern über ihre Empfindungen sprechen, freimütig die Vorteile erörtern, die die drei dadurch erfahren, und höflich die Seitenhiebe ihres Ehemanns ignorieren. »Irgendwann wird er müde, seine Spitzen auszuteilen, besonders, wenn er keine Reaktion bekommt«, sagte ich ihr.

Ich gab Polly noch einen weiteren Rat: »Versucht, in euren Gesprächen über Intuition eine leichter zu akzeptierende Sprache zu verwenden. Es könnte nämlich durchaus sein, dass die Wörter, die ihr benutzt, wie ›Geist‹, ›Schwingungen‹ und so weiter, gewisse Reaktionen bei ihm auslösen. Versucht doch einmal, allgemeinere Begriffe dafür zu benutzen wie ›Wetten, dass …‹ oder ›Ich hab so ein Gefühl im Bauch‹, ›Mein Instinkt sagt mir‹, ›Mir scheint‹. Die Reaktionen werden weniger emotional sein.

Und sei vor allem nach wie vor liebevoll zu ihm. Schließlich liegt eine der Aufgaben von Intuition darin, uns zu helfen, die wahre Beschaffenheit der Dinge zu erkennen, auch wenn er es nicht kann. In Wahrheit ist auch er ein spirituelles Wesen, das ein Recht auf Liebe und Anerkennung hat. Bring dich nicht von vornherein in eine zum Scheitern verurteilte Position, indem du forderst, dass er etwas akzeptiert, wozu er jetzt noch nicht in der Lage ist. Schließlich hat er dich geheiratet, oder? Er ist der Vater deiner intuitiven Kinder. Ein Teil in ihm ist bereit, sein Verständnis zu erweitern, sonst wäre er nicht mit euch dreien zusammen. Hab einfach Geduld mit ihm.«

Bei Polly haben diese Vorschläge gewirkt. Sie unterließ es, ihren Ehemann dazu zu überreden, sich zu öffnen. Sie änderte ihren Wortschatz und ignorierte seine unverschämten Bemerkungen. Eines Tages teilte sie mir am Telefon mit, dass er weicher geworden sei und schließlich das Interesse daran verloren habe, abschätzige Bemerkungen zu machen. »Es ist, als ob wir stillschweigend vereinbart hätten, uns gegenseitig zu tolerieren. Wenn die Kinder und ich uns jetzt gegenseitig von unseren intuitiven Erfahrungen berichten, geht er nicht mehr so wie früher aus dem Zimmer. Stattdessen nimmt er sich die Zeitung und gibt vor zu lesen, aber wir wissen alle, dass er in Wirklichkeit zuhört, und das lässt uns schmunzeln.«

Wenn Sie mit Menschen zu tun haben, die sich wie Peter auf etwas versteifen, dann versuchen Sie nicht, deren Haltung zu verändern oder zu verbessern – oder, noch schlimmer, sich gegen sie zu verbünden. Es wird sie nur noch mehr davon abbringen, dafür empfänglich zu sein, und Sie werden als kontrollierend dastehen und sich auch so fühlen. Ein intuitives Leben sollte nicht dazu dienen, die Mitmenschen verbessern zu wollen. Lassen Sie Ihren positiven und friedlichen Lebensstil mit seinen Synchronizitäten, Aha-Erlebnissen und wundervollen Geschenken des Universums für sich sprechen. Eine Familie lebt sehr eng verbunden. Selbst der Engstirnigste wird Veränderungen und Verbesserungen zur Kenntnis nehmen. Wenn Sie seine Ansichten nicht einfach beiseite wischen, wird er Ihre auch eher akzeptieren.

Achtsamkeit beginnt bei Ihnen selbst

Reflexion: Familienarchäologie

Nehmen Sie sich einen Moment Zeit und denken Sie über die Einstellung Ihrer Eltern zum Thema Intuition nach.

1. Welche Einstellung hatte Ihre Mutter gegenüber Intuition?

2. Hat sie frei über ihre Empfindungen gesprochen oder hat sie sie versteckt?

3. Wenn sie sich über ihre Gefühle im Bauch geäußert hat, welchen Stellenwert hat sie ihnen beigemessen? (Hat sie zum Beispiel auf ihre Intuition gehört oder hat sie sie abgetan?)

4. War sie abergläubisch hinsichtlich ihrer intuitiven Regungen? Inwiefern?

Teil I ☛ _Die Erweiterung Ihres Bewusstseins_

5. Ist sie ihrer Intuition gefolgt, oder hat sie ihre Empfindungen den Wünschen Ihres Vaters oder einer anderen Person untergeordnet?

6. War sie selbstsicher oder eingeschüchtert? Inwiefern?

7. Können Sie heute mit Ihrer Mutter über Intuition sprechen?

8. Wie geht es Ihnen damit?

9. Welche Einstellung hatte Ihr Vater zur Intuition?

Achtsamkeit beginnt bei Ihnen selbst

10. War er intuitiv? Hat er jemals von Gefühlen im Bauch, von Schwingungen gesprochen?

11. Hat er Ihnen erlaubt oder Sie dazu ermutigt, intuitiv zu sein?

12. Wie hat Ihr Vater auf Ihre intuitiven Gefühle oder die Ihrer Mutter reagiert?

13. Wie geht es Ihnen heute damit?

14. Können Sie mit Ihrem Vater über Intuition sprechen?

Hilfsmittel: Wie Ihre Familie die Intuition entdeckt

- Nähern Sie sich der Intuition in liebevoller, spielerischer Einstellung. Lassen Sie Ihr Ego außen vor.
- Suchen Sie nach intuitiven Vorfahren und sprechen Sie mit Ihrer Familie über sie.
- Seien Sie respektvoll und aufgeschlossen gegenüber den Ansichten aller Familienmitglieder, auch denen der engstirnigen.
- Bauschen Sie es nicht zu sehr auf, wenn Sie mit Ihrer Familie über Ihre Gefühle im Bauch sprechen. Intuition ist etwas Natürliches, also gibt es keinen Anlass zum Dramatisieren.
- Bleiben Sie tolerant und guter Laune, wenn ein Familienmitglied der Intuition gegenüber skeptisch ist.
- Unterlassen Sie es, andere zu missionieren.
- Ermutigen Sie Familienmitglieder, ihre intuitiven Empfindungen zu befragen, wenn sie eine Entscheidung treffen.
- Machen Sie sich immer wieder klar, dass Intuition in jedem von uns latent vorhanden ist, auch wenn andere ungläubig oder sich dessen nicht bewusst zu sein scheinen.
- Vermeiden Sie es, als Besserwisser aufzutreten oder sich für etwas Besseres zu halten, wenn es um Ihre Instinkte geht!
- Seien Sie für neue Dimensionen sowie für Erkenntnisse aller Familienmitglieder offen, wie subtil diese auch immer sein mögen.
- Sie sollten wissen, dass Sie unabhängig von Ihrem biografischen Hintergrund die verborgen schlummernde Intuition in allen Familienmitgliedern wecken können, und zwar durch Bewusstheit, Akzeptanz und Handlungsbereitschaft.

2. Präsent sein

Sehr viele Menschen meinen irrtümlicherweise, dass Intuition gleichzusetzen ist mit einem Ausschalten der realen Welt. Nichts könnte weiter von der Wahrheit entfernt sein. Es mag merkwürdig klingen, aber damit man sich der Stimme seiner Seele bewusst wird und sich auf seine Intuition einstimmen kann, ist es zuerst notwendig, sich vollkommen über das Hier und Jetzt im Klaren zu sein. Mein spiritueller Lehrer Dr. Tully hat mich gelehrt, dass der Schlüssel zur Entwicklung der Intuition darin liegt, der Welt um uns herum unsere wache Aufmerksamkeit zu schenken. Die Menschen irrten sich, wenn sie dächten, mit Intuition würde man sich auf Frequenzen einer anderen Welt einstimmen. »Wahre Intuition«, erläuterte er, »ist die Folge klaren und genauen Beobachtens des Hier und Jetzt. Wenn diese genauen Beobachtungen dann in unserem Unbewussten integriert werden, sind genau sie es, die zu den Einsichten führen, die uns am meisten vorwärts bringen.« Anders ausgedrückt, es ist notwendig, jederzeit aufmerksam und präsent zu sein, um Intuition überhaupt wahrzunehmen.

Sehr viele von uns sind heutzutage stark überlastet, weil wir mit zu vielen Dingen zugleich jonglieren, ständig einen Termin einhalten müssen und wie verrückt umherrennen, was oft dazu führt, dass aus unserer Achtsamkeit ein wirbelnder grauer Nebel wird. Wir verpassen die offensichtlichsten Gelegenheiten, und sind schon gar nicht in der Lage, uns auf die feineren, intuitiven Aspekte der Dinge einzustimmen.

Vor Jahren, als meine Kinder ein bzw. zwei Jahre alt waren, saß ich einmal erschöpft nach einem langen Tag bei der Arbeit auf der Veranda vor dem Haus und beobachtete die Mädchen beim Spielen, während Patrick den Rasen sprengte. Nach einigen Minuten ging eine nett aussehende Frau auf Patrick zu, und die zwei redeten kurz miteinander. Dann lächelte sie mir zu und ging weiter.

»Wer war das?«, fragte ich Patrick.

Patrick betrachtete mich ungläubig. »Sonia, das ist unsere Nachbarin, die seit sechs Monaten im Haus nebenan wohnt.« Er schüttelte verwundert den Kopf über meine Unkenntnis.

»Du machst Witze«, sagte ich. »Ich habe sie noch nie gesehen.«

»Doch, hast du!«, beharrte Patrick. »Du hast sie Hunderte von Malen gesehen. Du hast ihr bisher nur einfach keine *Aufmerksamkeit* geschenkt!«

Was für eine Blamage! Patrick hatte Recht. Seit Sabrinas Geburt hat sich mein Leben so beschleunigt, dass ich es nur noch schleierhaft wahrgenommen habe. Ich habe jeden Tag versucht, so viel wie möglich zu erledigen: Beide Mädchen mussten noch gewickelt werden; mit Patrick zusammen, der zwei Jobs gleichzeitig hatte, unser Doppelhaus renovieren; meine Einzelarbeit mit Klienten aufrechterhalten sowie Workshops geben. Alles war hineingestopft in einen sehr kurzen 24-Stunden-Tag. Ich war mit so viel Aktivität überhäuft, dass es Tage gab, an denen ich mich nicht erinnern konnte, was ich getan, geschweige denn, dass ich meine Familie wahrgenommen habe. Nun starrte ich auf eine Nachbarin, als sei sie eine Wildfremde, und mir wurde klar, dass ich in meinen hektischen Bemühungen den Kontakt zu mir selbst und dem Planeten Erde völlig verloren hatte. Ich war so sehr auf anderweitige Dinge konzentriert, dass ich die Fähigkeit verloren hatte, die Nase in meinem Gesicht zu sehen. Mein Bewusstsein war wirklich wie ausgedörrt.

Obwohl Patrick und ich damals darüber gelacht haben, war dieses Erlebnis für mich ein richtiger Weckruf. »Wo bin ich gewesen? Wo ist in letzter Zeit meine Aufmerksamkeit gewesen?«, fragte ich mich. Als ich über das zurückliegende Jahr nachdachte, konnte ich mir kaum etwas davon klar vor Augen führen. Nichts war haften geblieben. Als ich beobachtete, wie sorgfältig meine Töchter die Ameisen auf dem Bürgersteig untersuchten, wurde mir klar, dass ich vor lauter Geschäftigkeit nicht wirklich präsent war. Nicht für sie. Nicht für irgendetwas anderes.

Ich beobachtete, wie meine Töchter vergnügt ein herabgefallenes Blatt untersuchten. Zuerst hielt Sonia es sich dicht vor die Augen und gab es dann an Sabrina weiter, die es prompt in den Mund steckte. Es war ein gutes Gefühl, wieder in der Gegenwart zurück zu sein und das Gehetze in meinem Kopf hinter mir zu lassen. Ich atmete tief ein und spürte, wie die Luft meine Lungen füllte und mir Energie verlieh. Ich atmete aus, und in dem stillen Moment vor dem nächsten Atemzug explodierte mein Bewusstsein in einer Symphonie intensiver

Sinnlichkeit. Ich fing an, Dinge wahrzunehmen, die ich vorher nie bemerkt habe. Farben wurden leuchtender. Klänge wurden lebhafter. Meine Kinder waren nicht mehr lediglich Erweiterungen meines eigenen Bewusstseins, sondern wurden wieder zu den einzigartigen, kostbaren Wesen, die sie waren. Es war, als habe jemand gerade den Fernsehkanal in meinem Kopf von verschwommenem Schwarzweiß auf scharfe, brillante Farbe umgestellt.

In dem Moment beschloss ich, dass ich unbedingt *langsamer machen* müsste! Ich musste aufhören herumzuhetzen, in dem verzweifelten Versuch, alles selbst erledigen zu wollen. Ich musste damit aufhören, jede Minute meines Tages bis auf die letzte Nanosekunde zu verplanen, was mir keine Zeit mehr ließ, mir irgendetwas bewusst zu machen. Ich musste weg von meinem harten Arbeiten, dem überdrehten Tempo, mit dem ich versuchte, alles am Laufen zu halten, und stattdessen einfach atmen und vertrauen, dass nichts Schaden nehmen würde, wenn ich einen Gang zurückschaltete. Eigentlich war das ganz wesentlich, wenn ich eine gute Mutter sein und, noch wichtiger, meine Kinder mit so wichtigen Werkzeugen wie Intuition und einem klaren Blick auf das Leben wappnen wollte. Ich musste dem verrückten und unreflektierten Tempo Einhalt gebieten, das meine Aufmerksamkeit vom Planeten Erde abgezogen hatte.

»Dies ist es also, was Dr. Tully meinte, als er sagte, Intuition entstehe aus dem feinen Gespür für das Hier und Jetzt«, dachte ich, als ich beobachtete, wie Sabrina im Dreck herumbuddelte und Sonia vorsichtig ihre Zehen in den Rasensprenger steckte. Sie registrierten in diesem Moment alles, weil sie die Welt um sich herum *sehr direkt* erlebten – in diesem Augenblick! Hier wird die Intuition geboren. Dies ist die erste Lektion in Achtsamkeit.

Im Hier und Jetzt

Unsere Umgebung wahrzunehmen und zu erleben erfordert eine intensive Präsenz des Geistes. Kinder werden mit dieser Präsenz geboren. Sie betrachten alles eingehend, aus der Nähe und sehr gründlich. Ihnen entgeht nichts. Aber was nehmen *wir* wahr, als hektische, beschäftigte, völlig verausgabte Eltern? Nicht viel, sollte Ihr Leben so aussehen wie meines damals. Und wenn wir die Welt nicht zur Kenntnis nehmen, wie gut können wir dann über sie informiert sein? Je weniger wir über die Umstände informiert sind, desto weniger wahrscheinlich ist es, dass wir die richtigen Schlüsse ziehen und die für uns und unsere Kinder besten Entscheidungen treffen. Um die Intuition zu fördern, müssen Sie Ihre Achtsamkeit schärfen und sich über den Zustand der Dinge um Sie herum genau informieren. Das wiederum setzt voraus, dass wir dafür genügend *Zeit* haben.

Ich habe großes Verständnis für Eltern, die ein volles Programm haben, weil zu ihrem Leben generell viel Planung gehört. Ich weiß, wie schwierig es ist, jederzeit präsent zu sein. Aber es gibt Dinge, die Sie tun können, um etwas langsamer zu machen und mit den Kindern zusammen präsent zu sein, auch wenn Sie zugleich darum kämpfen, mit den Anforderungen des Lebens Schritt zu halten. Das Erste, was Sie versuchen können, ist die Meditation.

Meditation

Meditation ist die wirksamste Methode, um seine Achtsamkeit zu schärfen. Sie räumt den mentalen Lärm und die Ablenkungen beiseite, die Sie davon abhalten, das wahrzunehmen, was im Hier und Jetzt wichtig ist. Meditation hilft Ihnen, entspannter, ausgeglichener und im Augenblick präsenter zu werden. Sollten Sie noch nie meditiert haben, keine Sorge, es ist nicht schwierig. Es ist ganz einfach die Kunst, Ihren Körper zu entspannen, Ihre Gefühle zu besänftigen und für eine Viertelstunde am Tag Ihren Verstand zur Ruhe kommen zu lassen. Es gibt keine Tricks, aber es gibt Techniken, die die Meditation erleichtern.

Eine Meditation beginnt damit, sich auf den Atem zu konzentrieren. Fangen Sie gleich jetzt mit einem tiefen Atemzug an und beobachten Sie, wie sich bereits dabei Ihre Achtsamkeit ausdehnt. Machen Sie noch ein paar weitere tiefe, reinigende Atemzüge, und erlauben Sie Ihrem Atem dann, in einem entspannenden Rhythmus zu fließen.

Schließen Sie als Nächstes die Augen. Achten Sie darauf, wie sehr die Tiefe Ihrer Entspannung dabei zunimmt. Halten Sie die Augen geschlossen und atmen Sie ein, während Sie zugleich bis vier zählen. Halten Sie dann den Atem an und zählen Sie dabei ebenfalls bis vier, dann atmen Sie aus, während Sie nochmals bis vier zählen. Wenn während der Übung Gedanken kommen, beobachten Sie sie einfach und kehren Sie dann zur Atmung zurück. Kämpfen Sie nicht mit jedem neuen Gedanken und sträuben Sie sich nicht gegen ihn. Beobachten Sie ihn, als ob es sich um den Waggon eines Zugs handelt, der durch die Nacht rollt und dabei in Ihr Bewusstsein eintritt und dann wieder hinausfährt.

Atmen und entspannen Sie sich so 15 Minuten lang, öffnen Sie dann langsam die Augen und widmen Sie sich wieder Ihrem Alltag.

Das war's! Sie haben gerade meditiert. Täglich eine Viertelstunde lang medi-

Präsent sein

tieren genügt, damit Sie Ihren Kopf frei bekommen, Ihre Achtsamkeit verstärken und sich völlig in den Augenblick versetzen.

Um Ihre Meditationserfahrung zu vertiefen, können Sie beim Atmen einige sanfte, sich wiederholende, beruhigende Worte sprechen, wie zum Beispiel beim Einatmen: »Ich bin ...« und beim Ausatmen: »... ganz friedlich«. Vielleicht spielen Sie, während Sie meditieren, auch ein wenig Unterhaltungsmusik oder Klassik wie Vivaldi oder Pachelbel leise im Hintergrund. Das kann Ihnen helfen, innerlich ruhig zu werden.

Damit Sie sicher gehen, dass eine Meditation tief ist und Ihnen nützt, meditieren Sie am besten regelmäßig. Es ist bei weitem wirkungsvoller, jeden Tag zur gleichen Zeit 15 Minuten zu meditieren, als wahllos einmal pro Woche eine Stunde lang. Der volle Zeitplan beschäftigter Eltern macht es kompliziert, regelmäßig Zeit zum Meditieren zu finden, deshalb werden Sie einen bestimmten Termin festlegen müssen, währenddessen es für Sie am günstigsten ist. Ich persönlich meditiere am liebsten morgens nach dem Aufwachen, noch bevor ich das Bett verlasse. Ich setze mich einfach auf mein Kissen und fange an. Louise, eine meiner Klientinnen und Mutter von Zwillingen, die Teilzeit arbeitet, hat herausgefunden, dass sie am besten meditiert, wenn sie ihre Söhne zum Mittagsschlaf ins Bett gebracht hat. Joan, eine weitere

berufstätige Mutter, meditiert in ihrer Mittagspause, weil sie der Ansicht ist, dass Sie zu Hause dafür einfach niemals Zeit hat.

»Ich bin ruhig«

Eine andere Präsenz fördernde Technik, um in den Augenblick zurückzukommen und die Achtsamkeit zu steigern, hat mir mein Mann Patrick, der Meditation unterrichtet, bereits vor Jahren beigebracht. Wenn Sie gestresst sind, unausgeglichen, hektisch oder zu sehr beschäftigt, legen Sie einfach Daumen und Zeigefinger zusammen und sagen beim Einatmen: »Ich bin ...« und beim Ausatmen: »... ruhig«. Lassen Sie das Wort »ruhig« in Ihrem ganzen Körper nachhallen. Das Zusammenlegen von Daumen und Zeigefinger ist eine konkrete Erinnerung, in den Augenblick zurückzukehren, die Worte »Ich bin ruhig« spülen den Stress weg.

Vereinfachen und verlangsamen

Sie können Ihre Achtsamkeit steigern und im Augenblick präsenter sein, wenn Sie Ihre Verpflichtungen reduzieren und sich selbst mehr Zeit zum Entspannen gönnen. Ein Grund dafür, dass einige von uns so unachtsam und zerstreut sind, liegt meiner Meinung nach darin, dass wir zu viele Bälle auf einmal jonglieren. In dem Bemühen, allen unseren Verpflichtungen nachzukommen, haben wir keine Zeit zu entspannen.

Ich hatte zum Beispiel einmal eine Klientin, Josephine, die eine eigene Schneiderei hatte und gleichzeitig drei Jungen im Alter von sieben, neun und dreizehn Jahren großzog. Außerdem leitete sie den Eltern-Lehrer-Verein, unterrichtete zweimal die Woche Yoga, war Mitglied in einem Buchclub und half ihrem Ehemann als Teilzeit-Sekretärin in seinem Immobilienbüro – alles zusätzlich dazu, dass sie ihre Kinder zu Fußballspielen, Basketballturnieren und Klavierstunden chauffierte. Sie verließ das Haus nicht ohne ihr Handy, ihre Aktentasche, einen Pieper und eine Liste der Dinge, die sie von jetzt bis zum Ende des nächsten Jahrzehnts erledigen musste.

Anfangs war Josephine stolz auf ihre Fähigkeit, so vieles zu managen, aber eines Tages traten Anzeichen von Stress auf. Schließlich vereinbarte sie einen Termin mit mir, weil sich Gedächtnislücken zeigten; sie vergaß Verabredungen, wurde ungeduldig, war geistig abwesend und brachte ihre Verpflichtungen in zunehmendem Maße durcheinander. Das beängstigte sie, ganz zu schweigen davon, dass es ihre Kunden und ihre Familie verärgerte.

»Glaubst du, dass bei mir alles in Ordnung ist?«, fragte sie mich besorgt.

»Ich bin so vergesslich und so reizbar, dass ich mich nicht mehr unter Kontrolle habe. Ich habe keine Geduld mit den Jungs. Ich brülle sie die ganze Zeit an und halte es kaum aus, mit ihnen zusammen zu sein, weil sie so laut und wild sind. Ich bin nicht mehr ich selbst.«

Es fiel mir nicht schwer zu erkennen, dass Josephine völlig überlastet schien und dass dies eigentlich ihr einziges Problem war. Ihre Gedächtnislücken und ihre Verwirrtheit waren Abwehrmaßnahmen ihres Verstandes, sich von der übergroßen Last zu befreien. In ihrem Eifer, alles zu erledigen, brachte sie in Wirklichkeit weniger zustande, als sie dachte. Getrieben von ihrem ehrgeizigen Wunsch, alles zu schaffen, brachte sie sich um die Möglichkeit, etwas wirklich und ganz auszukosten.

»Mach langsamer, Josephine«, legte ich ihr nahe. »Du musst streichen. Setz Prioritäten und delegiere, wenn du es kannst, und lass einiges einfach sein! Du machst viel zu viel, und das in einem derart halsbrecherischen Tempo, dass es dir die Fähigkeit raubt, überhaupt präsent zu sein. Du hast nichts von deiner Familie oder deinem Leben, und du erreichst mit deinem Einsatz nur, dass du unglücklich und erschöpft wirst. Wann hast du dich zum letzten Mal mit einem deiner Söhne unterhalten? Oder mit ihnen gespielt? Oder mit ihnen ein Buch gelesen? Oder dich einfach mit ihnen herumgetrieben?«

»Ich kann mich nicht erinnern.« Sie seufzte. »Ich arbeite zu viel, ich bin zu ungeduldig, wenn ich an all das denke, was ich zu erledigen habe.«

Bei Josephine musste sich dringend etwas ändern. Ich gab ihr den Rat, einen objektiven Blick auf ihren Zeitplan zu werfen, und sie stimmte zu. Dabei stellte sie fest, dass sie ihren Terminplan voll gestopft und dabei vergessen hatte, Zeit einzuplanen, in der sie einfach nur *sein* konnte.

Als Josephine das Problem erkannt hatte, beschloss sie, etwas zu ändern. Sie beendete ihre Tätigkeit als Sekretärin und plante für ihre eigenen Verpflichtungen einen realistischeren Zeitrahmen ein. Darüber hinaus stellte sie eine junge Aushilfe ein, die ein paar Stunden pro Woche in ihrem Büro arbeitete, und sie trat von ihrem Posten in dem Eltern-Lehrer-Verein zurück. Sie beschloss, sich Zeit zum Entspannen zu nehmen, was sie noch nie zuvor gemacht hatte. Als sie dann etwas Luft zum Atmen hatte, verbesserte sich der Kontakt zu ihrem Ehemann wieder und sie fühlte sich auch in Hinsicht auf ihre Mode-Designs zunehmend inspirierter. Das Beste war allerdings, dass sie eine engere Verbindung zu ihren Söhnen verspürte.

Einiges zu streichen und einen Gang niedriger zu schalten war für Josephine die dringend benötigte Veränderung, um von ihrer Kopflastigkeit wegzukommen und sich wieder mit ihrem Herzen, ihrer Familie und ihrem Leben zu verbinden.

Zeigen Sie Ihr Interesse

Ich bin davon überzeugt, dass bei Kindern eine interessierte und fürsorgliche Umgebung eine der Grundlagen für die Entwicklung von Intuition und höherer Wahrnehmung ist. Im näheren Umfeld einer Vielzahl berühmter kreativer und intuitiver Menschen gab es mindestens eine sehr interessierte und fürsorgliche Person. Steven Spielberg hatte zum Beispiel eine Mutter, die an seiner Leidenschaft regen Anteil nahm. Sie half ihm bei seinen ersten Filmen, nahm ihn sogar manchmal aus der Schule, damit er ein Projekt beenden konnte. Lange bevor Jane Goodall als Primatenforscherin berühmt wurde, war ihre Mutter mit ihr nach Afrika gezogen, um über Schimpansen zu forschen. Da war Jane gerade zwanzig, und es war bis dahin unvorstellbar gewesen, dass eine Frau so etwas machte.

Viele meiner intuitiven Freunde hatten sehr präsente und interessierte Eltern, als sie jung waren. Meine Mentorin Lu Ann – sie ist mit Intuition begabt und eine spirituelle Lehrerin – hatte eine Mutter, die Lus Leidenschaft für philosophische Fragestellungen gerne teilte, und einen Vater, der überglücklich war, mit ihr zu diskutieren. Mein Freund Ron, Musiker und Komponist, hatte einen Vater, der ihm immer gerne zur Verfügung stand, ihm seine erste Gitarre gekauft und seit der dritten Klasse begeistert jede seiner eigenen Kompositionen angehört hatte.

Bei mir selbst war es meine Mutter, die sehr präsent und der es sehr wichtig war, mit uns zusammen zu sein. Sie lachte, scherzte, tanzte und redete stundenlang mit uns. Wir freuten uns darauf, nach der Schule den Tag mit ihr zu verbringen.

Seien Sie erfinderisch, wenn es darum geht, Wege zu finden, damit Sie für Ihre Kinder stärker präsent sein können. Wenn Ihr Leben mit Verpflichtungen voll gestopft ist, nehmen Sie Ihren Terminkalender und legen Sie eine Zeit fest, in der Sie mit ihnen zusammen sein können, bevor Sie sich mit jemand anderem verabreden. Nehmen Sie sich einige Augenblicke Zeit, sich mit ihnen zu unterhalten, bevor Sie erschöpft ins Bett fallen. Vermitteln Sie ihnen, dass Ihnen ihre Welt Zeit und Aufmerksamkeit wert ist. Machen Sie es zu einer Ihrer höchsten Prioritäten, die Energie und die geistige Präsenz dafür zu haben, mit Ihren Kindern über deren Erlebnisse und Interessen zu sprechen, bevor sie ins Bett gehen.

Ich weiß, dass viele Eltern mit einer Arbeitsethik aufgewachsen sind, die besagt: »Erst die Arbeit, dann das Vergnügen.« Wenn wir heute Kinder großzie-

hen, wissen wir jedoch, dass unsere Arbeit niemals getan ist und dass wir trotzdem Zeit zur Entspannung und zum Spielen abzwacken müssen. Wenn wir das Vergnügen, freie Zeit mit unseren Kindern zu verbringen, hinten anstellen, bis wir unsere Arbeit erledigt haben, riskieren wir, dass wir uns alles entgehen lassen. Dies bedeutet sowohl für uns als auch für unsere Kinder einen Verlust, der nicht wieder gutzumachen ist.

Sie brauchen nicht sehr viel Zeit, um sich mit Ihren Kindern auszutauschen und an ihrer Welt teilzunehmen. Fünf Minuten wirklicher Präsens sind so viel wie Stunden viel beschäftigter hektischer Bemühungen. Nehmen Sie sich zu Ihrem eigenen spirituellen Wohlbefinden und für Ihren intuitiven Seelenfrieden die Zeit, diese heiteren Wesen, die sich ihre Kinder nennen, wirklich kennen zu lernen, Freude an ihnen zu haben und mit ihnen zu spielen.

Präsenz verleiht Kraft

Falls Sie nicht der Ansicht sind, dass eine derartige Präsenz und Achtsamkeit Ihren Kindern helfen kann, ihre inneren Kräfte und Ressourcen anzuzapfen, lassen Sie mich Ihnen eine Geschichte von meiner Tochter Sonia erzählen.

Vor ein paar Jahren hatte Patrick für unseren Sommerurlaub ein Bauernhaus hoch oben auf einer Bergkette gemietet.

Präsent sein

Einige Tage nach unserer Ankunft lieh sich Patrick ein paar alte klapprige Fahrräder, um mit ihnen herumzufahren.

Als er mit ihnen am Bauernhaus ankam, wollte Sonia, damals neun Jahre, verständlicherweise mit einem davon sofort losfahren. Ich war unsicher, ob es nicht zu gefährlich sei, weil die Straße so steil war, und beriet mich mit Patrick. »Ich denke, das geht in Ordnung«, versicherte er. »Ich werde sie begleiten, wir fahren nur bis zum Fuß des Berges.«

Während ich noch zur Vorsicht mahnte, setzten sie die Helme auf, stellten Sonias Sattel tiefer und fuhren davon.

Ich hatte versprochen, sie eine halbe Stunde später mit dem Auto abzuholen, und schließlich war es so weit. Ich fuhr hinunter, gerade rechtzeitig, um noch zu sehen, wie Sonia heftig hinter Patrick herstrampelte, was ihr aber offensichtlich äußerst gut gefiel. Ich war froh zu sehen, dass Sonia es so gut geschafft hatte und angesichts des viereinhalb Kilometer langen steilen Anstiegs sagte ich dann: »Gut gemacht, Sonia! Lass uns jetzt das Fahrrad einladen und zurückfahren.«

»Aber, Mama«, protestierte sie. »Ich will nicht mit dem Auto fahren! Ich fahre lieber Rad.«

»Sonia, es ist ein fast fünf Kilometer langer Anstieg!«, erwiderte ich. »Das ist selbst für einen erfahrenen Radfahrer wie deinen Vater sehr anstrengend. Das kannst du nicht schaffen!«

»Das weißt du nicht«, sagte sie. »Ich möchte es probieren!«

Damit hatte sie Recht. Ich *meinte*, dass sie den Berg nicht hochkäme, aber wirklich wissen konnte ich es nicht.

»Okay, Sonia, ich mach dir einen Vorschlag. Du fährst so weit wie du kannst, und ich fahre mit dem Auto hinter dir her. Wenn du meinst, dass es nicht mehr geht, steigst du ab, und wir fahren den Rest des Weges zusammen im Auto.«

»Super!«, rief sie und war schon zum ersten Anstieg unterwegs.

Ich hielt mich zur Sicherheit dicht hinter ihr, während sie hinter ihrem Vater herfuhr. Mit der Zeit weiteten sich meine Augen ungläubig. Sie blieb hinter Patrick, wurde nicht einmal für einen kurzen Moment langsamer.

Sie erreichten den ersten Hügel und machten sich ohne zu zögern an den Anstieg zum zweiten. Bald kamen sie auf dem zweiten Bergrücken an und begannen langsam mit dem dritten Anstieg. Von Patrick hatte ich es erwartet, weil er seit Jahren Rad fährt, aber ich war erstaunt, dass Sonia, die schon Mühe hatte, die Pedale zu erreichen, mit ihm Schritt hielt.

Schließlich hatten sie den letzten Berg erklommen und rollten triumphierend auf den Hof des Bauernhauses. Sehr zu meiner Verwunderung hatte Sonia es geschafft! Sie war den viereinhalb Kilometer langen steilen Anstieg hochgestrampelt, ohne aus der Puste zu geraten!

Sie riss sich den Helm herunter und kam mir freudig entgegengelaufen. »Wow! Mom, ich hab's geschafft. Das hättest du nicht gedacht, was?«

»Nein, wirklich nicht!«, rief ich. »Woher um alles in der Welt hast du so viel Energie?«

Sie strahlte vor Stolz und antwortete: »Ganz einfach. Ich habe mir vorgestellt, dass Daddy mich zieht, du mich schiebst und ich einfach in der Mitte fahre!«

Zu den wichtigsten Dingen, die Sie als Eltern tun können, um bei Ihren Kindern den Wunsch zu wecken, ihr natürliches Potenzial zu erreichen, gehört, ihnen Ihre volle Achtsamkeit und Fürsorge zu schenken. Das heißt nicht, dass Sie über ihnen schweben, Ihre Ängste auf sie projizieren und sie kontrollieren sollen. Und es bedeutet auch nicht, dass Sie Ihren eigenen Weg nicht weiter verfolgen sollen. Es heißt einfach, dass Sie sich Ihrer Kinder als Individuen bewusst sein und ihnen genügend Interesse schenken sollen, damit sie auch für sich selbst entdecken wollen, wer sie sind und was für großartige Dinge sie erreichen können.

Präsenz bietet Schutz

Wie wichtig es ist, willentlich präsent und sich wirklich seiner Kinder bewusst zu sein, kann nicht genügend hervor-

gehoben werden. Ich habe einmal mit dem Polizisten J. J. Bittenbinder zusammengearbeitet, der eine Fernsehshow mit dem Titel *Tough Target* leitete. Wir beide betonten, dass Achtsamkeit und Fürsorge der Schlüssel für persönliche Sicherheit sind.

Ich möchte noch einen Schritt weitergehen. Ich glaube, dass Kriminelle auf ihre Art sehr intuitiv sind, denn als Räuber »schnüffeln« sie ihre Opfer aus, sie finden heraus, wer gerade nicht aufpasst und verwundbar ist. Wenn Sie also in Gedanken vertieft sind, unbarmherzig in Eile und sich selten, wenn überhaupt Ihrer Kinder wirklich bewusst sind, werden diese bei Ihnen aus diesem Grund eine Aura der Verwundbarkeit wahrnehmen.

Dies habe ich als zwölfjähriges Kind zusammen mit meinen beiden besten Freundinnen Sue und Darlene entdeckt. Sowohl Darlenes als auch meine Mutter waren als Eltern sehr aufmerksam und präsent, sie sahen regelmäßig nach uns und sorgten dafür, dass wir ihnen hin und wieder Bericht erstatteten, wenn wir draußen spielten. Sue klagte oft bitter über diese Auflagen, die sie als Einschränkung empfand. Ihre allein erziehende Mutter arbeitete den ganzen Tag in einer Reinigung und ließ sie machen, was sie wollte, wie sie stolz verkündete.

Eines Tages hielten wir drei uns gerade vor unserem Haus auf, als sich ein

Präsent sein

Auto näherte und ein Mann von ungefähr vierzig Jahren sich aus dem Fenster lehnte und uns heranwinkte.

»Hallo, du!«, sagte er und deutete auf Sue. »Komm doch mal kurz her. Ich möchte mit dir reden.«

Sue ging zu ihm, und der Mann fragte sie, ob sie ein Model sein wollte. Er gab ihr eine Visitenkarte und sagte, er sei Agent einer Mannequin-Agentur und suche neue Talente. Er sagte, sie sei hübscher als wir und er würde sie gerne bei der Agentur unter Vertrag nehmen. Unnötig zu erwähnen, dass Sue sich unglaublich geschmeichelt fühlte.

»Liebend gern würde ich als Model arbeiten«, antwortete sie atemlos, »aber ich muss erst meine Mutter fragen.«

Dann rannte sie zu uns und sagte aufgeregt: »Ich muss jetzt weg. Der Mann ist von einer Modell-Agentur, und er möchte mich engagieren! Ich kann es nicht glauben! Bis später. Ich rufe jetzt meine Mutter an und erzähle ihr die große Neuigkeit.« Schon war sie weg, rannte nach Hause, bevor wir nur eine einzige Frage stellen konnten. Wir beobachteten, wie der Mann in dem Auto ihr nach Hause folgte, wir waren neidisch und fühlten uns ausgeschlossen. Wir warteten geduldig, dass sie wieder zurückkehrte und uns die Details berichtete, aber nach einer Weile, als sie nicht wiederkam, wurden Darlene und ich nervös. Deshalb erzählte ich meiner Mutter, was passiert war. Zuerst rief sie bei Sue an, aber als niemand abnahm, rief sie Sues Mutter bei der Arbeit an. Ihre Mutter war entsetzt, als sie hörte, dass Sue mit einem fremden Mann aufgebrochen war, der ihr in einem Auto gefolgt war, und rief sofort die Polizei an. Die Suche begann, aber Sue war nicht aufzufinden. Wir machten uns alle furchtbare Sorgen, besonders Darlene und ich, weil wir merkten, was für ein Glück wir gehabt hatten, dass er nicht auf eine von uns gekommen war. Am späten Abend wurde Sue gefunden, nackt und verstört war sie in den Bergen umhergeirrt.

Offensichtlich hatte der Mann sie überredet, ins Auto zu steigen, und war, als er sie einmal so weit hatte, mit ihr in die Berge gefahren. Dort hatte er sie gezwungen, sich auszuziehen. Dann hatte er sie nackt fotografiert. Anschließend hat er sie belästigt und dort zurückgelassen. Glücklicherweise ist nicht noch Schlimmeres passiert. Der Mann wurde nie ausfindig gemacht.

Weil ich jetzt mehr weiß als damals, verstehe ich, warum er sich nicht an Darlene oder mich gewandt hat. Ich bin sicher, dass er den Unterschied in der elterlichen Präsenz, die uns umgab, gespürt hat. Wie Darlene sagte: »Ich hätte meine Mutter nicht einmal gefragt. Ich weiß, wie die Antwort gelautet hätte!« Es war, als hätte der Mann intuitiv gewusst, welche von uns die Verwundbarste war, die leichteste Beute.

Das Familienessen

Präsent sein muss nicht kompliziert oder schwierig sein. Eine der einfachsten Arten, für seine Kinder präsent zu sein, besteht darin, die Tradition des Familienessens wieder aufleben zu lassen. Ich finde es bedenkenswert, wie viele Familien diese Tradition heute über Bord geworfen haben. Manche Menschen haben das Ritual des Beisammenseins und der spirituellen Bindung, die an einem Familientisch entstehen kann, komplett vergessen. Sie glauben irrtümlicherweise, dass Mahlzeiten nur der Erhaltung des Körpers dienen, deshalb genügt ihnen auch jedes Drive-in-Fenster. Die vorherrschende Haltung lautet: »Jeder für sich.«

Die gemeinsame Mahlzeit bietet die Gelegenheit, an der Anwesenheit aller teilzuhaben, die jeweiligen Erlebnisse, Herausforderungen und Beiträge mitzubekommen und sich daran zu freuen. Es kann eine Zeit aufrichtiger Verbundenheit sein, eine Zeit, in der Sie und Ihre Kinder das Vergnügen haben, zusammen zu sein, eine Zeit, sich darüber auszutauschen, was sich bei den Einzelnen gerade tut. Es sollte nicht die Zeit sein, in der Probleme diskutiert werden, und vor allem niemals eine Zeit für Streit. In meiner Familie wurden beim Abendessen Geschichten erzählt, Witze gerissen und berichtet, womit die Einzelnen gerade beschäftigt waren. Das Abendessen spielte eine wesentliche Rolle dabei, für sich selbst ein Gespür zu entwickeln. Da wir zu neunt waren, war Mitarbeit und Aufmerksamkeit wirklich erforderlich, damit jeder das Gefühl hatte, gehört zu werden, aber wir haben es hingekriegt. Es war eine Gelegenheit, nicht nur Präsenz zu üben, sondern auch das Zuhören.

»Aber ich habe zu viel zu tun, um auch noch zu kochen!«, lautet der verzweifelte Aufschrei vieler überarbeiteter Eltern.

Kopf hoch. Das Essen muss nicht selbst zubereitet sein (auch wenn eine liebevoll selbst zubereitete Mahlzeit zweifellos das Beste ist), und es braucht auch nicht von nur einem Menschen zubereitet zu sein. Sie können Essen nach Hause bestellen. Oder ausgehen. Oder zusammen kochen. Machen Sie es zu einem Gemeinschaftsereignis, indem Sie jeden bitten, daran teilzunehmen. Es kommt darauf an, dies zu einer Zeit werden zu lassen, in der Sie alle Ihre Körper und Seelen heilen. Lassen Sie es zu einer Zeit werden, in der Ideen, Geschichten, Ereignisse mitgeteilt werden und in der man präsent ist. Lassen Sie es zu einer Zeit werden, in der die Uhr still steht und Sie ausschließlich im *Hier und Jetzt* sind!

Schalten Sie ein, nicht ab

Aufmerksam und fürsorglich zu sein ist grundlegend für ein intuitives Leben. Ihre Kinder starten mit dieser natürlichen intensiven geistigen Präsenz, aber irgendwann lernen sie, sie abzuschalten. Die Umwelt versucht schon bald, ihnen das einzutrichten, aber sorgen Sie dafür, dass sie es nicht von Ihnen lernen. Trainieren Sie Ihre Aufmerksamkeit, zuerst bei sich selbst, dann mit Ihren Kindern. Meditieren Sie. Schenken Sie Aufmerksamkeit. Zeigen Sie Interesse an Ihren Kindern und seien Sie sich ihrer bewusst. Sie müssen vielleicht um Zeit dafür kämpfen, damit Sie bewusst bleiben und nicht von der endlosen »Erledigen«-Liste des Lebens erdrückt werden, aber für Ihr Wohlbefinden und das Ihrer Kinder ist das grundlegend.

Fangen Sie gleich jetzt mit dem an, was ich damals auf der Veranda gemacht habe. Nehmen Sie einen großen, langen, genüsslichen Atemzug und kehren Sie zum Augenblick zurück. Machen Sie sich klar, dass dieser Moment alles ist, was Sie haben, und lassen Sie ihn sich nicht von Ihrem Grübeln über Gestern und Ihren Ängsten und Befürchtungen für Morgen zerstören.

Hilfsmittel: Ein Geschenk für Sie

Wenn Sie überarbeitet sind, sich lebendig begraben fühlen unter Dingen, die zu erledigen wären, und keine Zeit finden, um sie zu erledigen, werden Sie es recht schwierig finden, geduldig zu sein, besonders mit Ihren Kindern. Kindererziehung ist heutzutage ein 24-Stunden-Job, den die meisten von uns zusätzlich zu ihren Vollzeitstellen bewältigen müssen, was uns stresst, erschöpft und hektisch werden lässt. Das ist genau der Zeitpunkt für die folgende Übung. Sie können sie mit geschlossenen Augen im Sitzen oder auch im Stehen durchführen.

Stellen Sie Ihre Füße flach auf den Boden und atmen Sie langsam und tief aus.

Stellen Sie sich vor, dass alles, was Sie bedrückt, durch Ihre Fußsohlen hindurch aus dem Körper in den Boden strömt. Dann legen Sie ganz langsam die linke Hand auf das Herz und die rechte Hand auf den Bauch. Atmen Sie tief und genussvoll ein und sprechen Sie dabei die folgende Affirmation: »Ich bin präsent.« Sprechen Sie es noch einmal beim Ausatmen.

Machen Sie dies langsam fünfmal, wenn die Ereignisse Sie zu überwältigen drohen oder Sie dringend Freiraum benötigen. Achten Sie darauf, diese Übung nicht im Eiltempo zu absolvieren, auch wenn Sie sich noch so gedrängt fühlen. Die ganze Übung *sehr* langsam durchzuführen dauert höchstens vier Minuten. Dennoch werden Sie das Gefühl haben, dass die Zeit, in der Sie die Übung durchführen, länger ist. Vier Minuten, die Ihre Nerven beruhigen und in denen Sie sich etwas Gutes tun, können Ihnen Stunden unnötiger Ängstlichkeit, plötzlicher Explosionen, potenzieller Konfrontationen und kostspieliger Versehen ersparen. Diese kurze Zentrierungsübung wird den Druck mildern und Ihnen erlauben, sich auf liebevollere und friedlichere Weise mit Ihren Kindern zu beschäftigen.

Hilfsmittel: Nehmen Sie sich 20 Minuten

Nehmen Sie sich jeden Tag zwanzig Minuten Zeit, in denen Sie mit Ihrem Kind zusammen sind, spielen, reden und ihm zuhören. Dieser Zeitraum kann auch in zwei zehnminütige Abschnitte aufgeteilt werden, einer morgens, der andere abends, aber versuchen Sie, sich diese zwanzig Minuten zu nehmen.

Hilfsmittel: Elf Maßnahmen, im Hier und Jetzt zu sein

1. Wenn Sie Ihren Arbeitsplatz verlassen, *hören Sie wirklich auf zu arbeiten.*
2. Machen Sie einen Spaziergang mit Ihrem Kind, nehmen Sie es, wenn möglich, an die Hand.
3. Nehmen Sie mindestens einmal pro Woche gemeinsam mit der ganzen Familie eine Mahlzeit ein (vorzugsweise zu Hause zubereitet).
4. Richten Sie mindestens einmal pro Monat nach dem Abendessen eine Zeit für Geschichten ein. Erzählen Sie Ihren Kindern Geschichten aus Ihrer Kindheit. Erzählen Sie Ihnen auch Geschichten aus der Kindheit Ihrer Eltern. Lassen Sie Ihre Kinder Fragen stellen und reagieren Sie auf ihre Neugier.
5. Nehmen Sie während des Abendessens keine Anrufe entgegen.
6. Nehmen Sie an Abenden oder an den Wochenenden (oder wenigstens zu Zeiten, die für die Familie freigehalten sind) keine dienstlichen Anrufe entgegen.
7. Erzählen Sie Ihren Kindern eine Gutenachtgeschichte, die Sie sich ausgedacht haben.
8. Nehmen Sie sich einen Tag pro Woche frei, um sich auszuruhen, zu entspannen und den Kontakt zueinander wiederherzustellen.
9. Führen Sie mit Ihren Kindern Projekte durch, zum Beispiel:
   Pflanzen Sie einen Garten an.
   Bringen Sie den Hof in Ordnung.
   Streichen Sie ihr Zimmer.
   Verzieren Sie Kekse.
   Backen Sie einen Kuchen.
10. Vermeiden Sie Fernsehen als Ersatz für wirkliches Zusammensein.
11. Schalten Sie das Radio aus und unterhalten Sie sich stattdessen.

Weitere Hilfsmittel zur Verstärkung der Präsenz

Setzen Sie sich fünf Minuten pro Tag vor ein geöffnetes Fenster und genießen Sie einfach den Ausblick.

Präsent sein

Heute:
- Nehmen Sie etwas Neues an Ihren Kindern wahr.
- Nehmen Sie etwas Neues an Ihrem Partner wahr.
- Nehmen Sie etwas Neues in Ihrer Nachbarschaft wahr.

Diese Woche:
- Nehmen Sie etwas Neues an Ihrer Arbeit wahr.
- Nehmen Sie etwas Neues an sich selbst wahr.
- Finden Sie heraus, womit Sie Ihre Zeit verschwenden, und fragen Sie sich, was Sie dagegen tun können. Fragen Sie sich außerdem, ob Sie bereit sind, es zu ändern.

Reflexionen

1. Meditieren Sie regelmäßig? Welche Veränderung, falls es eine gibt, hat es dadurch in Ihrer Achtsamkeit gegeben?

2. Haben Sie den »Daumen-Zeigefinger-Stressvernichter« von Seite 51 ausprobiert? Welche Ergebnisse haben Sie mit dieser Technik erzielt?

3. Welches war Ihre letzte bereichernde Erfahrung mit Ihren Kindern?

4. Welches war Ihr jüngstes bereicherndes Erlebnis mit Ihrem Partner? Oder einem guten Freund, falls Sie allein erziehend sind? Mit Ihren Eltern? Mit Ihnen selbst?

Präsent sein

5. Fällt es Ihnen schwer, Zeit für Ihre Familie zu finden und vollkommen präsent zu sein? Falls ja, wovor haben Sie Angst?

6. Nennen Sie drei Arten, wie Sie am liebsten wertvolle Zeit allein mit Ihren Kindern verbringen.

7. Welche Unterschiede haben Sie in den Energien Ihrer Familie wahrgenommen oder erlebt, seitdem Sie die Qualität Ihrer Präsenz mit ihnen verbessert haben?

8. Was müssen Sie tun oder beiseite schieben, um Ihre Präsenz im Hier und Jetzt zu steigern?

9. Haben Sie irgendwelche Veränderungen bei Ihren Kindern beobachtet, seitdem Sie für sie präsenter geworden sind?

10. Hatten Sie irgendwelche intuitiven Einsichten bezüglich Ihrer Familie, seit Sie präsenter geworden sind? Falls ja, welche?

3. Eine Sache des Herzens

Meine Mutter litt in ihrer Jugend unter einem schweren rheumatischen Fieber, was dazu führte, dass sie allmählich auf beiden Ohren ihr Hörvermögen verlor. Als ich geboren wurde, war die Beeinträchtigung spürbar, ich wuchs also mit einer Mutter auf, die nahezu taub war. Meine Mutter wurde spielend damit fertig. Sie sagte immer: »Das ist kein Problem für mich, weil uns das Göttliche Bewusstsein zwei Arten zu hören gegeben hat – eine mit unseren Ohren und die andere, wichtigere mit unseren Herzen.« In unserer Familie hatte das Hören mit dem Herzen Vorrang. »Es ist bemerkenswert«, sagte meine Mutter. »Wenn man mit dem Herzen hört, funktionieren die Ohren auch besser.«

Mit dem Herzen zu hören vermittelte uns von Anfang an eine erkenntnisreiche, intuitive Perspektive. Es beeinflusste die Art, wie wir Informationen aufnahmen. Mit dem Herzen zuzuhören half uns dabei, nicht nur den *Inhalt* einer Information, sondern auch die *Absicht*, die Essenz wahrzunehmen. Ich lernte auf zweifache Weise, vom Herzen aus zuzuhören: einmal, indem ich beobachtete, wie meine Mutter auf ihr Herz hörte, zum anderen durch die Art und Weise, wie mir zugehört wurde. Obwohl meine Mutter hin und wieder Mühe hatte, meine Worte zu verstehen, spürte ich immer, dass sie sehr daran interessiert war, die Botschaft dahinter zu begreifen. Anders ausgedrückt, ich fühlte mich gehört. Manchmal, wenn wir ihr etwas sagten, schloss sie sogar die Augen und spürte unsere Mitteilung energetisch. Ihre auf dem Herzen beruhende Art zuzuhören legte bei allen Familienmitgliedern einen intuitiven Pfad frei, der Verbundenheit und Austausch ermöglichte, wo Worte nicht ausreichen, es zu erfassen. Dieser intuitive Pfad war auch da, wenn wir nicht redeten. Es war, als ob der Austausch in der Familie sich um einige Oktaven erhöht hätte und wir über einen reineren, telepathischen Kanal kommunizierten.

Intuitives Wissen ist im Grunde genommen die Kunst, mit dem Herzen zu hören, denn dort spricht die Stimme der inneren Weisheit. Ich glaube, dass wir alle am Beginn unseres Lebens auf diese im Herzen gegründete Achtsamkeit hören. Denken Sie nur einmal daran, wie genau Kinder wahrnehmen und alles, was ihren Weg kreuzt, in seiner Gesamtheit absorbieren, sowohl Inhalt als auch Intention. Achten Sie zum Beispiel einmal darauf, wie sich Babys in der Umgebung von Menschen, die frei und ungezwungen mit ihnen umgehen, normalerweise entspannen, während sie in der Gegenwart von Menschen, die zwar lächeln und gurren, sich in Wirklichkeit aber unwohl fühlen oder ängstigen, unruhig werden und sich die Lunge aus dem Hals schreien. Sie spüren den Unterschied in ihrem Herzen. Kinder schnappen absolut alles auf, was »in der Luft« liegt. Gut oder schlecht, ich habe Kinder erlebt, die die wahren Verhältnisse einer Situation schneller registrierten als die Erwachsenen um sie herum.

Ich erinnere mich daran, dass ich im Alter von fünf Jahren einmal vom Kindergarten nach Hause kam und beim Betreten des Hauses das Gefühl von Bedrohtsein, Trauer, Überraschung und Sorge darüber hatte, dass etwas nicht stimmte. Es gab zwar kein konkretes Anzeichen für irgendwelche Probleme, aber mein Herz spürte, dass etwas nicht ganz in Ordnung war. An dem Abend bekam meine Großmutter, die bei uns wohnte, plötzlich einen Schlaganfall, als sie gerade im Hof war.

Ich werde nicht vergessen, dass ich nicht überrascht war, als der Krankenwagen kam, sie abzuholen. Ich hatte gespürt, dass sich irgendetwas ereignen würde, obwohl mir nicht klar war, was. Jetzt wusste ich es. Großmutter. Ich weiß nicht, ob sie wusste, dass sie krank war, oder ob meine Eltern wussten, dass es ihr schlecht ging, oder ob es für sie alle überraschend kam. Ich wusste nur, dass es für mich keine Überraschung war.

Diese innere Quelle der Weisheit anzuzapfen beginnt im Herzen. Die aus dem Herzen stammende Weisheit bietet uns eine breitere Perspektive und ein tieferes Verständnis für die Dinge. Sie lenkt unsere Aufmerksamkeit auf die unsichtbaren leisen Aspekte und bringt uns dazu, dass wir kreativer, liebevoller, einsichtiger auf die Schwierigkeiten des Lebens zugehen.

Seinem Herzen vertrauen

Wir alle spüren hin und wieder eine herzliche Verbundenheit, weil uns das von Natur aus gegeben ist. Es kommt dann zu einem Problem, wenn wir abschalten oder dieses innere Gespür für Achtsamkeit in Zweifel ziehen und uns ausschließlich der Welt der äußerlichen Erscheinungen und Meinungen überlassen.

Viele Menschen haben Angst davor, eine abweichende Ansicht zu vertreten. Auch wenn ihr Herz ihnen eine klare Führung gibt, werden sie diese Botschaft oft nur teilweise annehmen oder sogar ignorieren. Mein Mann hat sich immer einen Spaß gemacht mit einem albernen Spiel, das er sich ausgedacht und »Viertel nach zehn« genannt hat. Wenn Patrick auf einer Party war, fragte er andere Gäste: »Wie spät haben Sie es?« Und egal, wie die Antwort lautete, sagte Patrick: »Das ist komisch, nach meiner Uhr ist es Viertel nach zehn.« Dann beobachtete er, wie viele Leute die Genauigkeit ihrer Uhr in Frage stellten, bevor sie die seiner anzweifelten. Manchmal waren es bis zu acht von zehn Leuten! Es zeigt, wie leicht Menschen etwas, was sie eigentlich wissen, in dem Glauben bezweifeln, dass jemand anders es besser weiß.

Dies gilt besonders für Kinder, es sei denn, Sie erziehen sie anders. Sie müssen von Ihnen lernen, dass es wichtig ist, sich einzustimmen und ihrem Herzen und ihrer inneren Führung zu vertrauen und keine Angst davor zu haben, auszusprechen, was sie empfinden. Selbst wenn es dem widerspricht, was andere ihnen erzählen. Wenn Sie Kinder dazu erziehen, auf ihr Herz zu hören und zu dem zu stehen, was sie wissen, bestätigen Sie ihre Intuition.

Als meine Tochter Sabrina drei Jahre alt war, besuchte sie eine Kindertagesstätte. Da sie von Natur aus spontan ist, wenn es darum geht, ihrem Herzen zu folgen, weil wir sie immer dazu ermutigt haben, zögerte sie nicht, ihre Gefühle zu äußern. Einmal sagte ihre Betreuerin, dass sie mir eine Geschichte berichten müsste, die sie mit Sabrina erlebt hatte. Sie hatte an dem Morgen eine heftige Auseinandersetzung mit ihrem Mann gehabt, und in ihrem erregten Zustand fiel es ihr schwer, mit der Gruppe fertig zu werden. Schließlich war der Punkt erreicht, dass sie die gesamte Gruppe in die Ecke stellte, damit sie sich beruhige. Die Kinder saßen dort und ließen einige Minuten lang beschämt ihre Köpfe hängen, bis Sabrina plötzlich den anderen Kindern etwas zuflüsterte. Alle nickten mit dem Kopf, schweigsame, entschiedene Zustimmung herrschte. Einen Augenblick später stand Sabrina auf, krabbelte zum Tisch der Betreuerin und flüsterte: »Ms. Agnes, es geht uns allen gut in der Ecke. Wollen Sie sich nicht dazusetzen, bis es Ihnen auch besser geht?«

Sabrina lächelte verhalten, schlich in die Ecke zurück und setzte sich wieder hin. Die Betreuerin brach in Lachen aus, sie fühlte sich ertappt. Sie holte die Kinder aus der Ecke heraus und legte dann selbst eine Pause ein.

Die Betreuerin lachte, als sie die Geschichte berichtete. Sie war nicht sie selbst an jenem Tag, und sie bewunderte

Sabrinas Fähigkeit, das eigentliche Problem zu erkennen und anzusprechen.

Es ist wichtig zu erkennen, dass Kinder von Natur aus mit ihrem Herzen zuhören. Wir als Eltern müssen ihrem guten Beispiel folgen und ihnen bestätigen, wie *weise* das ist, auch wenn die Welt um sie herum vergessen hat, wie das geht.

Wenn Kinder nicht kritisiert oder einer Umgebung ausgesetzt werden, in der sie von der intuitiven, im Herzen gründenden Bewusstheit abgebracht werden, wenn ihnen erlaubt wird, zu spüren und ihre mit dem Herzen wahrgenommenen Gefühle zu äußern, werden sie eine enge natürliche Verbindung zu ihrer inneren Führung auf- und ausbauen. Sie werden sich der zentralen Verbundenheit ihrer Sichtweise bewusst bleiben und zur Überprüfung ihr Herz befragen.

Es beginnt mit Zuhören

Die Fähigkeit mit dem Herzen zu hören, beginnt damit, zuhören zu lernen. Vor kurzem wurde im Radio berichtet, dass die meisten Menschen nur 50 Prozent von dem, was gesagt wird, hören und dass hiervon nur 20 Prozent länger als eine halbe Stunde behalten werden. Ich frage mich, wie viel Prozent Aufmerksamkeit bei viel beschäftigten Eltern wirklich zur Verfügung stehen, um einem Kind zuzuhören.

Wirklich zuhören heißt: sie nicht unterbrechen, Gesagtes nicht verbessern, keine Lösungen bieten oder sie zum Schweigen bringen, bevor sie ausgesprochen haben, was sie zu sagen haben. Fangen Sie nicht ungeduldig an zu sprechen, bevor Ihr Kind fertig ist. Die große Mehrheit aller Beziehungsprobleme erwächst aus der Frustration, nicht gehört zu werden, und dies gilt auch für die Beziehung zu Ihrer Intuition.

Wenn Ihre Kinder aufgeregt oder verärgert sind oder Ihnen einfach etwas mitteilen müssen, üben Sie, ihnen Ihre ganze Aufmerksamkeit zu schenken. Wenn sich Geschwister untereinander zanken, hören sie jedem Kind einzeln zu, einem nach dem anderen. Legen Sie die Regel fest, dass Ihre Kinder, wenn sie ärgerlich sind oder etwas loswerden müssen, alles ohne Einschränkung oder Unterbrechung aussprechen können, unter der Bedingung, dass sie es in einem ruhigen Ton mitteilen. Sie dürfen nicht schreien oder jemanden beleidigen, wenn sie ihre Gefühle äußern. Das bedeutet nicht, dass Sie dem zustimmen müssen, worüber Ihr Kind sich ärgert. Es heißt nur, dass Sie dafür sorgen, dass es seine Gefühle wirklich äußern kann.

Ich bin mir darüber im Klaren, dass es manchmal sehr schwer ist, den Kindern zuzuhören, besonders wenn Sie übermüdet sind oder es eilig haben. Unglücklicherweise kommen sie im Allgemeinen genau dann auf einen zu. Weil es oft unpassend oder unmöglich ist, den Kindern in dieser Situation wirklich zuzuhören, sollten Sie mit ihnen einen Zeitpunkt vereinbaren, wann Sie ihnen aufmerksam zuhören werden, vielleicht kurz vorm Schlafengehen. Wählen Sie die Tageszeit, die Ihnen am realistischsten erscheint, Ihren Kindern wirklich zuzuhören, ohne sie zu unterbrechen. Halten Sie sich dann an diese Vereinbarung.

Ein derartiges Vorgehen erfordert viel Einsatz und Geduld, aber er lohnt sich, denn es ist ein wichtiger Katalysator für das Erwecken von Intuition. Wir alle müssen unsere Empfindungen, einschließlich unserer Wut, spüren und zum Ausdruck bringen. Wir müssen gehört werden, damit wir uns ausgeglichen und geerdet fühlen. Dieses Ritual wird die Luft reinigen, Ihren Kontakt zur inneren Stimme und den wahren Bedürfnissen Ihrer Kinder aufrechterhalten und eine echte, enge Beziehung zu Ihrem inneren Lehrer aufbauen.

Seien Sie aufrichtig

Ein offenes Herz zu haben, ist für intuitive Achtsamkeit von zentraler Bedeutung, und kein Herz ist offener als das eines Kindes. Unsere Aufgabe als Eltern besteht darin, ihre Herzen offen zu halten, indem wir selbst ihnen mit offenem Herzen begegnen. Wenn wir zunächst an uns glauben und dem vertrauen, was wir fühlen, bestärken wir sie darin, an sich selbst zu glauben und an das, was sie fühlen. Wenn wir zu dem stehen, was für uns wahr ist, und wir unsere Gefühle nicht ignorieren, helfen wir ihnen den Mut zu finden, zu dem zu stehen, was für sie wahr ist. Dies können wir erreichen, wenn wir völlig aufrichtig sind und unsere Gefühle ehrlich mitteilen.

Ich hatte einmal einen Klienten, Martin, der auf Vorschlag seiner Frau zu einer Beratung kam, weil er mit der Beziehung zu seiner Tochter ziemlich unzufrieden war. Martin war ein sehr intellektueller Mann, der sich sehr unwohl fühlte, wenn Gefühle zum Ausdruck gebracht wurden. Er bemühte sich, sein Leben im Gleichgewicht zu halten, und tat alles in seiner Macht Stehende, um seine Welt angenehm zu gestalten. Er dachte, dass er auf diese Weise eine liebevolle Umgebung schafft. Tatsächlich übte er damit Kontrolle aus.

Dann stellte er fest, dass er sich trotz seiner Bemühung, jegliche Unannehmlichkeit zu vermeiden, von seiner fünfjährigen Tochter Gloria entfremdete. Sie beachtete ihn die meiste Zeit nicht, war grob ihm gegenüber und gab ihm deutlich zu verstehen, dass sie die Gesellschaft der Mutter vorzog. Außerdem machte sie gerne eine Szene daraus.

Er sagte zu mir: »Ich verstehe das nicht. Gloria streitet sich ständig mit ihrer Mutter, aber wenn ich auftauche und freundlich bin, behandelt sie mich verachtend. Sie hat überhaupt keinen Respekt vor mir, und das regt mich auf. Ich versuche es nicht zu zeigen, aber das klappt nicht.«

Es stimmte. Gloria respektierte ihren Vater nicht besonders, aber dafür gab es einen Grund. Gloria war sehr intuitiv und spürte instinktiv, dass die oberflächliche Alles-in-Ordnung-Einstellung ihres Vaters der Welt gegenüber unecht war. Das Bild, das er ihr vermittelte, kam nicht von Herzen, und das spürte sie. Sie konnte fühlen, dass er, indem er Konfrontation vermied, Leidenschaft, Energie und vielleicht das Leben selbst ausschloss, und dazu gehörte sie auch. Wenigstens war Mama echt, verärgert oder nicht, und da fühlte sie sich sicher.

Aber Gloria war erst fünf, und sie begriff dies alles nicht mit ihrem Verstand. Sie wusste nur, dass Papa sie störte. Sie brachte nur ihre instinktive Wahrnehmung, das »Ich kenne die wahre Geschichte, mich täuschst du nicht!« zum Ausdruck. Martin musste Gloria gegenüber authentischer sein und ausdrücken, was in seinem Herzen vorging, wozu manchmal auch gehörte, Verärgerung zu zeigen, Gehorsam durchzusetzen und Grenzen zu ziehen. Als Martin begann, sein Herz zu öffnen und seine Gefühle aufrichtiger zu äußern, fühlte Gloria sich sicherer und geborgener.

Vor einem Jahr kam eine Klientin namens Mary Ann zu mir, weil ihr 17-jähriger Sohn Ryan gerade wegen Marihuana-Besitzes verhaftet worden war. Mary Ann war entsetzt.

»Wir haben ihm zu Hause ein vorbildliches Leben geboten. Ich verstehe das einfach nicht.«

»Aber Mary Ann, ich sehe kein vorbildliches Zuhause«, antwortete ich. »Ich sehe ein Zuhause, in dem du und dein Mann sich völlig auseinander gelebt haben und euch gegenseitig kaum wahrnehmt. Stattdessen habt ihr eine Fassade aus Höflichkeit errichtet.«

»Das mag sein, aber Ryan weiß das nicht.«

»Ach, wirklich? Wie könnte er es nicht wissen?«

»Wir haben beschlossen, es von ihm fern zu halten, weil wir ihn nicht beunruhigen wollten, solange er in der High School ist. Wir werden unsere Probleme angehen, wenn er von zu Hause auszieht, um zu studieren.«

»Ihr lebt also in zwei getrennten Welten und hofft, dass niemand es wahrnimmt oder darauf reagiert?«, fuhr ich fort.

»Im Grunde ja. Mein Leben dreht sich um Pferde, das meines Mannes um Arbeit. Wir reden nicht viel, aber wenn, dann sind wir immer herzlich zueinander. Es funktioniert.«

»Hat Ryan euch jemals auf eure Probleme angesprochen?«, fragte ich vorsichtig.

»Ein einziges Mal. Es liegt schon einige Zeit zurück, aber wir haben ihm versichert, dass alles funktioniert und es uns gut geht. Danach hat er alles vergessen.«

»Nun, soweit ich es beurteilen kann, hat er überhaupt nichts vergessen. Ganz im Gegenteil. Er spürt alles intuitiv. Und er hat eine Entscheidung getroffen: Da ihr beiden eine Welt aus Verleugnung errichtet, eure Herzen verschlossen habt und euren eigenen Interessen nachgeht, warum sollte er es nicht auch tun?«

»Wie meinst du das?«

»Ich meine, dass Ryan getan hat, was ihr getan habt. Er hat den Kontakt zu seinem Herzen verloren und eine Welt von Äußerlichkeiten errichtet, genau wie ihr. Es ist doch so: Wenn ihr zwei nicht wirklich ehrlich seid, nicht wirklich anwesend, warum sollte *er* es sein? Er hat sich für Marihuana als seine Art von Ablenkung entschieden. Unglücklicherweise ist es illegal, und er wurde erwischt.«

Zu behaupten, Mary Ann sei überrascht gewesen, wäre ein milder Ausdruck. Nachdem Ryan eine Bewährungsstrafe bekommen hatte, schlug ich ihnen eine Beratung vor und drängte darauf, dass sie einen ernsthaften Versuch unternahmen, sich zum Kern der Sache vorzuarbeiten und offen und ehrlich miteinander über ihr Leben und das Bedürfnis nach Veränderung zu reden.

Mary Ann teilte mir sechs Monate später telefonisch mit, dass sie und ihr Mann sich trennen würden und dass Ryan seinen Umzug ins College vorbe-

reitete. Alle drei sind nach monatelanger Familientherapie gewissermaßen »clean« geworden. »Es ist nicht immer ganz einfach bei so großen Veränderungen, aber die Beziehungen sind aufrichtiger geworden, was Ryan meiner Meinung nach Sicherheit gibt. Wenigstens nimmt er keine Drogen mehr.«

Das Familientreffen

Vielleicht hat dieses Ritual mehr als jedes andere den Mitgliedern meiner Familie geholfen, die Herzen zu öffnen und uns über unsere Intuition miteinander zu verbinden. Unser Familientreffen ist ein wöchentliches Beisammensein, bei dem alle die Gefühle und Gedanken mitteilen, die ihnen am meisten am Herzen liegen. Sie finden sonntags abends nach dem Essen statt und dauern für gewöhnlich zwischen fünfzehn Minuten und einer Stunde. Dabei ist jeder einmal dran, sich »einzuchecken« und zu sagen, was ihn bewegt. Das »Einchecken« besteht darin, zu sagen, wie wir uns fühlen, was uns beunruhigt, was uns herausfordert und was wir von den anderen Familienangehörigen als Unterstützung benötigen. Dies ist auch die Zeit, um irgendein Problem, das wir vielleicht miteinander haben, anzusprechen und unterschiedliche Auffassungen in einer sicheren und konstruktiven Atmosphäre zur Sprache zu bringen, auch wenn das

Gespräch schwierig ist. Das gibt jedem von uns die Möglichkeit, unsere Beschwerden darzulegen und um Abhilfe zu bitten, ohne für die Aufrichtigkeit unangenehme Folgen zu befürchten. Es ist eine Zeit des ehrlichen Mitteilens, der Klarheit und Unterstützung sowie des Zuhörens. Diese Treffen ermöglichen uns allen, uns mit unseren Herzen in Kontakt zu bringen und die Herzen der anderen besser zu verstehen. Dadurch entstehen Wohlwollen und Sicherheit, und es wird verhindert, dass sich Missverständnisse aufhäufen. Die Treffen tragen außerdem dazu bei, dass zu Hause aufrichtig und herzlich miteinander kommuniziert wird.

Als Eltern können wir eine Menge tun, um die Intuition unserer Kinder zu wecken, indem wir uns dem Herzen zuwenden. Erkennen und anerkennen Sie, was wirklich ist, sowohl sichtbar als auch unsichtbar, und ermutigen Sie Ihre Kinder, es genauso zu tun. Schließlich spüren sie die Wahrheit, und die müssen Sie ebenfalls anerkennen.

Wenn Sie daran arbeiten, Ihren Kindern beim Erwecken der Intuition zu helfen, machen Sie sich klar, dass dies nicht heißt, sich auf irgendeinen Ort oder ein Erlebnis in irgendeiner anderen Welt zu konzentrieren. Ganz im Gegenteil. Wahrhaft höhere Wahrnehmung ist das Verständnis, das aus der Erkenntnis resultiert, dass wir alle spirituelle Wesen sind, die allein schon deshalb miteinander verbunden sind, weil sie die gleiche Luft atmen. Wir müssen dem, was wir erleben, Aufmerksamkeit schenken und uns dessen bewusst sein, wie es uns und andere beeinflusst. Dazu müssen wir unsere Aufmerksamkeit nach innen richten und dort nach dem suchen, was für uns richtig ist. Wirkliche Intuition ist nicht ein Streben nach Botschaften aus einer anderen Dimension. Vielmehr wird ein geschulter Sinn dafür entwickelt, wie Energie, sichtbar und unsichtbar, uns alle beeinflusst, indem wir uns nach innen richten, auf das Herz, wo das wahre Selbst, die Seele ist. Nur wenn wir mit Kopf und Herz zuhören und zum Ausdruck bringen, dass unsere Gefühle aufrichtig und ehrlich sind, werden wir eine klare, vollständige Vorstellung von wirklicher Führung im Leben erhalten.

Mit dem Herzen zuzuhören ist das eigentliche Fundament eines intuitiven Lebens. Wenn wir uns nach innen wenden, zu der inneren Stimme unseres Herzens, zapfen wir eine unerschöpfliche Quelle der Höheren Intelligenz, der Führung an. Unser Herz ist der Brunnen der Erkenntnis, brillanter Ideen und spontaner Lösungen. Hier, in unserem Herzen, werden wir uns der subtilen verborgenen Seite der Dinge bewusst und sehen sehr oft die »Wahrheit« dessen, womit wir es im Leben zu tun haben.

Eines der größten Probleme, die ich bei meiner Arbeit beobachte, ist, dass viele Menschen ihren Verstand überbewerten und den Kontakt zu ihrem Herzen verloren haben. Unsere intellektuelle Seite ist wunderbar dazu geeignet, uns über die sichtbare Welt zu informieren, aber sie kann sich auf der unsichtbaren Ebene irren. Die sichtbare Welt kann tatsächlich sehr trügerisch sein. Unseren Augen erscheinen wir isoliert und unterschiedlich. Unserem Verstand erscheinen wir einander über- und unterlegen. Unserer Logik erscheinen wir voneinander bedroht oder sogar gefährdet. Deshalb ziehen wir uns zurück. Wir errichten Verteidigungsstellungen. Wir werden ängstlich und misstrauisch. Wir verlieren unsere Zuversicht, was unsere Bewusstheit trübt, was uns noch mehr isoliert und spirituell zugrunde richtet.

Die spirituelle Welt liegt im Herzen begründet. Sie enthüllt die versteckte Wahrheit hinter Äußerlichkeiten und zeigt uns, dass wir miteinander verbunden sind. Sie zeigt uns unser Bedürfnis nacheinander. Sie öffnet unsere Herzen und dann unsere Hände, bringt uns dazu, sie auszustrecken und uns gegenseitig zu berühren. Dies ist eine wirklichere Welt als die der Äußerlichkeiten. Dies ist die Welt, in der Kooperation und Kreativität gedeihen, was sie zu einer sichereren Welt macht als diejenige, die ausschließlich durch unseren Verstand und unsere Vernunft geschaffen wurde.

Sich auf das Herz einstimmen

Um Ihr Herz und die Stimme Ihrer Seele zu hören, müssen Sie üben. Es wird mehrere Wochen intensiver Anstrengung erfordern, bis Sie es sich angewöhnt haben, sich auf Ihr Herz einzustimmen, um Führung zu erhalten. Hier sind einige Hilfsmittel, die Ihnen den Anfang erleichtern sollen.

Hilfsmittel: Hören Sie auf Ihr Herz

Immer wenn Sie geistige Führung, Rat, eine Verhaltensmaßregel oder einfach Bestätigung benötigen, schließen Sie Ihre Augen, atmen Sie ein paar Mal tief ein und richten Sie dann Ihre Aufmerksamkeit direkt auf das Herz. Erlauben Sie Ihrer Konzentration, dort in Ruhe einen Augenblick zu verweilen, bevor Sie Ihr Herz bitten, Sie zu führen. Vertrauen Sie jedem Gefühl, das kommt. Zensieren Sie es nicht und tun Sie es nicht ab. Wenn nicht sofort eine Reaktion von Ihrem Herzen kommt, machen Sie sich keine Sorgen. Entspannen Sie sich. Bleiben Sie offen und geduldig. Die Führung wird sich schneller einstellen, als Sie denken.

Hilfsmittel: Atmen Sie, wenn Sie zuhören

Von meinen Lehrern habe ich gelernt, dass es viel einfacher ist, sich auf sein Herz einzustimmen und vom Herzen aus anderen zuzuhören, wenn man atmet. Sehr oft kommt es zu fehlerhafter Kommunikation, wenn alle ihren Atem anhalten, wodurch es nahezu unmöglich ist, wirklich etwas von dem zu hören, was jemand anderes sagt. Wenn Sie eine tief empfundene Mitteilung machen möchten oder auch mit der Führung Ihres Herzens in Kontakt treten wollen, beginnen Sie mit drei oder vier tiefen, klärenden Atemzügen, bevor Sie ruhig und regelmäßig weiteratmen.

Hilfsmittel: Hand aufs Herz

Um mit dem Herzen zu hören, gibt es bei uns in der Familie die beliebte Maßnahme, tatsächlich eine Hand aufs Herz zu legen und sie dort liegen zu lassen, wenn wir sprechen und uns gegenseitig zuhören. Dies ist für uns das Signal, dass wir etwas Wichtiges zu sagen haben und wirklich gehört werden möchten. Diese Technik ist besonders wirksam, um Streit zu schlichten und ein ins Stocken geratenes Gespräch wieder in Gang zu bringen.

Eine Sache des Herzens

Reflexionen

1. Gab es in der Kindheit jemanden bei Ihnen zu Hause, der Ihnen mit dem Herzen zugehört hat? Wann?

2. Waren Sie sich darüber im Klaren, dass es ein Unterschied ist, ob man mit dem Herzen zuhört und nicht?

3. Konnten Sie als Kind Ihre innersten, tief empfundenen Gefühle frei äußern?

4. Falls Sie zensiert wurden als Kind, zensieren Sie sich heute immer noch selbst?

Teil I ☙ *Die Erweiterung Ihres Bewusstseins*

5. Haben Sie die Hand-aufs-Herz-Technik ausprobiert? Welche Ergebnisse haben Sie erzielt?

_____

_____

_____

6. Haben Sie ausprobiert, beim Zuhören zu atmen? Wie waren die Ergebnisse?

_____

_____

_____

7. Haben Sie ein Familientreffen arrangiert? Was ist passiert?

_____

_____

_____

8. Öffnet sich Ihr Herz? Wie fühlt es sich an? Hat Ihre Familie es zur Kenntnis genommen?

_____

_____

_____

9. Zu welchen Veränderungen hat es in Ihrer Familie geführt, dass Sie mit dem Herzen hören?

_____

_____

_____

4. Ein heiliges Zuhause schaffen

Wenn Sie beginnen, Ihre Achtsamkeit zu erhöhen und Ihr Herz zu öffnen, ist es wichtig, die Energie und Atmosphäre Ihres Zuhauses zu untersuchen, um sicherzustellen, dass es den intuitiven Ausdruck fördert und Ihnen und Ihren Kindern eine spirituell gesunde Umgebung bietet.

Vor einigen Jahren mussten Patrick und ich während einer äußerst Nerven aufreibenden Renovierung unseres allerersten Zuhauses mit großen Schwierigkeiten zurechtkommen. Wir gaben beide unser Bestes, den Stress zu bewältigen, aber die Renovierung ging zu langsam voran, die Kosten stiegen ins Unermessliche, die Handwerker arbeiteten nicht zu unserer Zufriedenheit, und das ganze Durcheinander ließ uns keinen Freiraum übrig, wo wir unser inneres Gleichgewicht wiederherstellen konnten. Jeder Tag brachte neue Unstimmigkeiten, jede war ernster als die vom Vortag. Von den angehäuften Problemen völlig ausgelaugt befanden wir uns bald miteinander im Krieg.

Spannung hing in der Luft. Es kam so weit, dass wir alle vollkommen guter Stimmung waren, bis wir die Schwelle zu unserem Zuhause überschritten hatten, und dann schlagartig in schlechte Laune verfielen. Es ging uns absolut erbärmlich, nicht nur Patrick und mir, auch den Mädchen.

Während dieser ganzen Nerven aufreibenden Zeit weinte, schrie und brüllte Sabrina, die damals zwei Jahre alt war, jeden Abend und bekam immer genau dann, wenn wir ins Bett gehen wollten, einen Schreianfall. Egal, was wir unternahmen, sie konnte oft nachts nicht durchschlafen. Schließlich kam mir die Idee, dass sie versuchte, unsere Aufmerksamkeit auf sich zu lenken. Sie versuchte uns mitzuteilen, wie sehr die giftige Energie des Hauses sie beeinträchtigte; die einzige Gelegenheit, unsere Aufmerksamkeit zu bekommen, war mitten in der Nacht, wenn sich alles andere beruhigt hatte.

Sabrina hatte Recht. In unserem Haus war es zu einer sehr düsteren Stimmung gekommen. Es war nervenaufreibend, unruhig und so unordentlich, dass es uns nicht mit dem versorgte, wozu ein Haus eigentlich dient: Sicherheit, heitere Gelassenheit und Schutz vor der Welt zu bieten. Die herrschende Energie führte dazu, dass wir alle launisch waren, uns bedroht fühlten und uns deshalb abwehrend verhielten. Unser Haus war kein Ort, an den wir uns zurückziehen konnten; es war zu einem Ort geworden, *von* dem man sich zurückzog. Wir mussten etwas tun und zwar sofort!

Patrick und ich vereinbarten einen Waffenstillstand und diskutierten die Notwendigkeit, mitten in der Krise irgendeine Zufluchtsstätte einzurichten. Wir beschlossen, alle unsere Bemühungen bei der Renovierung auf die Schlafzimmer zu konzentrieren und sie so schnell wie möglich fertig zu stellen, so dass wir wenigstens einen Raum hatten, in den wir gehen konnten, wenn wir Frieden und Ruhe brauchten. Diese wichtige Entscheidung beeinflusste das Wohlbefinden von uns allen sehr stark. Eine friedliche Ecke, in die wir uns aus der ganzen Unordnung heraus zurückziehen konnten, ermöglichte es uns zu entspannen, eine neue Sichtweise zu erlangen und Zankereien zu vermeiden, die durch die psychische Überbelastung

ausgelöst wurden. Sogar die Mädchen schienen ein wenig ruhiger zu werden, als sie in ihre fertigen Zimmer gezogen waren.

Für mich ist im Nachhinein interessant, mich daran zu erinnern, dass Patrick und ich völlig darauf fixiert waren, alle toxischen Materialien aus dem Haus zu entfernen, um die Kinder davor zu schützen. Wir kratzten die bleihaltige Farbe ab. Wir entfernten das Asbest und zogen alle entflammbaren Leitungen heraus. Aber wir waren so konzentriert auf die physischen Elemente der Giftigkeit, dass wir die nichtphysischen toxischen Bedingungen übersehen haben. Die Atmosphäre dieses Durcheinanders war genauso toxisch wie Asbest oder Blei. Streit, Unordnung, Stress, Veränderung – all dies machte das Haus unbehaglich.

Wir gaben uns große Mühe und waren sehr wachsam, und schließlich hatten wir es geschafft, die Energie umzuwandeln. Sehr gezielt segneten wir die Räume und baten das Universum, wieder Ruhe einkehren zu lassen. Wir spielten tagsüber ganz systematisch beruhigende klassische Musik und Unterhaltungsmusik und hielten das Haus so sauber, wie es auf einer Baustelle möglich ist. Nach sieben Monaten verbesserte sich schließlich die Energie im Haus deutlich. Allmählich spürten wir eine friedvolle und gesunde Schwingung. Was für eine Erleichterung!

Nachdem die Energie wieder ruhiger geworden war, beruhigten sich auch die Kinder. Sabrina, die ja Schlafschwierigkeiten und häufig auch Albträume gehabt hatte, schlief die Nächte wieder friedlich durch. Sonias spontane Ausbrüche wurden seltener. Patrick und ich verständigten uns wieder und hatten zunehmend mehr Freude aneinander. Endlich war die Arbeit beendet. Daran bestand kein Zweifel. Nicht nur ein schönes, sondern auch ein *friedliches* Zuhause zu haben, hatte großen Einfluss auf unsere Lebensqualität, und wir nahmen uns fest vor, das Resultat dieser Veränderung beizubehalten.

Welche Energie an welchem Ort?

Diese Erfahrung hat mir sehr klar gemacht, wie wichtig die Energie, in der wir leben, tatsächlich ist. Genau wie Menschen haben Orte bestimmte Energien und Schwingungen. Die Energie einer Kirche oder Synagoge unterscheidet sich sehr von der einer U-Bahnhaltestelle, genau wie sich die Energien einzelner Andachtsstätten voneinander unterscheiden. Wir sind den ganzen Tag über allen möglichen Arten von Energien ausgesetzt, die wir nicht kontrollieren können, und dies gilt besonders für Kinder. In der Schule herrscht eine bestimmte Energie, in den Schulbussen, Kindertagesstätten und bei den Jobs nach der Schule. Bei den vielen getrennt lebenden Eltern fühlt es sich in Mamas Zuhause anders an als bei Papa. An jedem dieser Orte sind Energien vorhanden, die unsere Kinder beeinflussen.

Fragen Sie sich, welche Art Energie Ihr Zuhause hat. Ist es ein ruhiger und beschaulicher Ort? Fühlen sich Ihre Kinder sicher und geborgen vor der Welt? Ist er friedlich? Ist er sauber und ordentlich? Können sie, wenn sie nach Hause kommen, ihre Vorsicht ablegen und sich sicher fühlen? Können Sie ihre Herzen öffnen und unter relativ entspannten Bedingungen Tagträume entfalten und Imaginationen nachhängen? Oder müssen sie sich ducken, Schutz suchen und auf Zehenspitzen umherschleichen?

Ein heiliger Raum

Ich habe sehr viele unterschiedliche Arten von Schwingungen in Häusern erlebt, sowohl während meiner Arbeit als intuitive Beraterin als auch in Zusammenhang mit meinem Hobby – das Erkunden alter Häuser. Meiner Erfahrung nach sind sich viele Menschen nicht darüber im Klaren, wie Energie auf sie wirkt und dass sie keine Vorstellung davon haben, wie sehr ihre Seelen einen heiligen Raum benötigen, an dem sie sich aufhalten können, zu ihrem eigenen Wohl und dem ihrer Kinder. Es ist wirklich alarmierend, dass viele Menschen in einer Umgebung wohnen, die für die Intuition so nachteilig ist wie eine giftige Müllhalde für den Körper. Das sollten wir nicht hinnehmen. Wir und besonders unsere Kinder sind sensitive Wesen. Wir benötigen genauso Frieden und Ruhe wie jedes andere zarte Geschöpf. Wir müssen uns dazu verpflichten, uns und unseren Kindern eine heilige Umgebung zu schaffen.

Ich wurde erstmals auf die Kraft eines heiligen Ortes aufmerksam, als ich als Teenager bei Dr. Trenton Tully studiert habe. Er gab in einer herrlichen alten Villa in Denver Unterricht in Metaphysik und Spiritualität. Als ich zum ersten Mal durch die Eingangstür der Villa ging, war ich sofort von dem Duft von Weihrauch, der durch die Räume zog, von der Schönheit der Räumlichkeiten und der Möbel, den brennenden Kerzen und am meisten von der Tatsache eingenommen, dass ich an einem ganz besonderen heiligen Ort weilte. Die Aura war so klar wie ein Sonnenaufgang im Sommer. Die Energie war so ruhig wie das stille Wasser eines Sees in der Abenddämmerung. Die Atmosphäre war heiter und beruhigend, und ich fühlte mich so sicher, als wäre ich an einem Ort, an dem mir nichts Böses geschehen konnte.

Dr. Tully sagte mir, dass der Ort aufgrund der gezielten Bemühungen, ihn zu einem heilenden Ort zu machen, Heilkräfte habe. Er betonte die Notwendig-keit, in Gelassenheit zu leben, damit ich spirituell wachsen könne und meine Intuition erweckt werde. »Es ist schwer, achtsam und offen zu sein«, sagte er, »wenn man feststellen muss, dass man ständig verwirrender, negativer und störender Energie ausgesetzt ist. Sorge deshalb ständig für eine ruhige, harmonische Umgebung, in der du leben kannst.«

Die erste und offensichtlichste Maßnahme, mit Hilfe derer man sich zu Hause einen ruhigen und friedlichen heiligen Ort schafft, ist, das Haus sauber und ordentlich zu halten und Dinge hineinzustellen, die schön anzusehen sind und Ihrer Seele Trost verschaffen. Dr. Tully hat mich gelehrt, dass alles aus Energie besteht und dass alles, was wir besitzen, unsere Energie absorbiert. Dies kann man in Großvaters Lehnstuhl oder bei Tante Marys Schal spüren. Sie können es an Papas goldener Uhr spüren oder an dem Lieblingsspielzeug aus Ihrer Kindheit. Die Zuneigung, die wir für Dinge empfinden, steckt in eben diesen Dingen und ist spürbar, weshalb vererbte Gegenstände so kostbar sind. Die Schwingung, die sie abgeben, ist im Allgemeinen mit enormer emotionaler Zuneigung geladen. Das Gleiche gilt allerdings auch für negative Energie. Sie wirkt ebenfalls nach und zieht jeden herunter, der mit ihrer trüben und reizbaren Schwingung in Kontakt kommt. Wenn wir mit unseren Kindern in einem

Ein heiliges Zuhause schaffen

unordentlichen, ungeliebten und vernachlässigten Durcheinander leben, beginnen wir aus diesem Grund, uns darüber zu ärgern. Einerseits gibt die hässliche Umgebung schlechte Energie ab, und dann trägt der Ärger, den wir darüber verspüren, die Negativität in den Kreislauf zurück, die ihre Giftigkeit weiter verdichtet. Ein Teufelskreis entsteht. Die beste Kur für dieses Problem besteht darin, alles sauber zu machen und wegzuräumen bzw. wegzuwerfen, was nicht notwendig ist, nicht gebraucht wird oder Ihrer Seele nicht gut tut. Wenn etwas hässlich ist, störend, kaputt oder nutzlos, schaffen Sie es aus dem Weg! In Anbetracht der Wirkung, die er auf Sie ausübt, ist es der Gegenstand nicht wert, aufgehoben zu werden.

Aufräumen, saubermachen

Vor einigen Jahren war ich einmal zu Besuch bei meiner Freundin Francie, die einen ausgeprägten Sammeltrieb hat. Zu meinem großen Entsetzen musste ich feststellen, dass ihr Haus ein einziges Chaos aus ungeliebtem, unbenutztem Spielzeug, Möbeln und Krimskrams war. So gern ich sie mochte, es fiel mir wirklich schwer, mich dort aufzuhalten.

Sie hatte drei Kinder zwischen vier und elf Jahren, und alle drei schienen überhaupt kein Interesse an dem ganzen Trödel zu haben, der herumlag. Während meines Besuchs mussten sie jedoch mehrmals pro Tag den Schrei ihrer Mutter, die mein Unbehagen spürte, über sich ergehen lassen: »Räumt hier auf!« Die Atmosphäre war gereizt und unangenehm, alle, die sich in ihr aufhielten, fühlten sich unwohl, und Francie wusste es.

Die Mühe, die es kostete, durch dieses Chaos hindurchzusteigen, war wirklich lästig und hielt alle davon ab, Freude aneinander zu haben. Das verursachte eine Negativität, die wie eine düstere Wolke in der Luft hing.

Wenn Francie die unerwünschten Gegenstände (und Energien) fortschaffte, würde dies sehr dazu beitragen, die Atmosphäre im Haus aufzuhellen und es zu einem angenehmeren Ort zu machen. Diesen Vorschlag machte ich ihr auf dem Weg zum Flugplatz, als Francie sich wieder einmal für das schlechte Betragen von ihnen allen entschuldigte. Es war etwas, woran sie schon gedacht hatte, was sie aber in die Tat umsetzen musste.

»Ich weiß, dass du Recht hast, Sonia. Ich weiß nicht, warum ich es bisher noch nicht in Angriff genommen habe. Faulheit, vielleicht, oder die Angst, dass ich eines Tages doch das eine oder andere gebrauchen könnte? Ich weiß es nicht.«

»Hmm, wenn du den Müll wegschaffst und aufräumst, kann die Energie im Haus auf ein angenehmeres Niveau angehoben werden, was sicherlich alle zu schätzen wüssten«, antwortete ich. »Warum fängst du nicht damit an, Dinge, die du nicht mehr benötigst, Menschen zu schenken, die sie wirklich gebrauchen können.«

»Das ist eine gute Idee! Vielleicht mache ich das.«

Ein Jahr später habe ich Francie wieder besucht. Zu meiner großen Überraschung (und Erleichterung) war das Haus dieses Mal ordentlich, und die Schwingung war viel friedlicher. Als ich hineinging, sagte Francie: »Wir haben auf deinen Rat gehört und hier aufgeräumt. Ich habe es einfach nicht mehr ausgehalten. Meinem Mann und den Kindern ging es auch so. Nachdem wir einmal angefangen hatten, konnten wir gar nicht mehr aufhören. Wir haben alles aussortiert und der Heilsarmee geschenkt. Es war ein gutes Gefühl! Nachdem wir das gelernt haben, lautet die neue Regel im Haus: Für jedes neue Ding, was hereinkommt, geht ein altes, nutzloses Ding hinaus.«

Francies Idee, die Dinge in Bewegung zu halten, ist eine ausgezeichnete Maßnahme, Energie zu reinigen und Ruhe wiederherzustellen. Ich empfehle sie immer wieder Klienten und Schülern. Wenn Sie diese einfache Regel beherzigen, werden Sie niemals wieder im Chaos versinken oder dadurch energetisch ausgelaugt, dass Sie zu viel unnötiges Zeug organisieren müssen. Probieren Sie es aus. Es funktioniert.

Spielbereiche, Ruhebereiche

Eine weitere Möglichkeit zur Schaffung einer friedlichen Aura besteht darin, gewisse Bereiche festzulegen, in denen gespielt wird und Unordnung erlaubt ist, wodurch andere Bereiche für Ruhe entstehen. Wenn Sie hierfür zu wenig Platz haben, können Sie Zeiten für Unordnung und Spiel festlegen sowie andere für Ruhe. In unserem Haus ist das Erdgeschoss der Ort für kreatives Durcheinander, wo die Mädchen ihren Hobbys nachgehen oder mit ihrem Spielzeug spielen können und wo es so unordentlich sein darf, wie sie möchten, weil das für kreatives Spielen wichtig ist. Aber die Schlafzimmer sind der Ordnung und der Ruhe vorbehalten. Was die Mädchen nicht daran hindert, in ihren Zimmern kreativ zu sein, solange sie sie in gewisser Weise in Ordnung halten, damit sie in relativ friedlicher Energie schlafen können.

Ich bin mir sicher, dass Eltern unordentlicher Kinder über diesen Vorschlag stöhnen werden, weil sie denken, es sei unmöglich, ihre Kinder zum Aufräumen zu bewegen. Probieren Sie doch einmal, statt Ordnungsregeln durchzusetzen, Ihren Kindern zu erklären, dass die Energie eines Ortes Einfluss darauf hat, wie wir uns fühlen, und fordern Sie sie dann auf, es selbst einmal zu versuchen. Fragen Sie sie zum Beispiel nach ihren Lieblingsplätzen und warum sie

Ein heiliges Zuhause schaffen

sie mögen sowie nach Plätzen, die sie beunruhigen und was für eine Art Energie sie dort spüren. Ermuntern Sie sie, herauszufinden, wie ihre Zimmer auf sie wirken. Beruhigt sie die Atmosphäre oder erschöpft sie sie? Wichtig ist, den Kindern zu erlauben, ihr eigenes Organisationssystem zu entwickeln. Ihre Vorstellung von Ruhe und Bequemlichkeit mag nicht immer der Ihren entsprechen. Fragen Sie sie, wie Sie ihnen helfen können. Brauchen Sie Schubladen, Regale, einen Tisch? Können Sie helfen, welche zu beschaffen?

Hilfsmittel: Einen Altar errichten

Ein wundervolles Hilfsmittel, um eine heilende Schwingung im Haus zu erzeugen, ist ein geweihter Altar. Dieser Altar sollte in einer Ecke des Hauses errichtet werden, wo er ungestört ist. Er kann auf einem Tisch errichtet werden oder auf einer kleinen Kiste. Er kann auch auf dem Fußboden aufgebaut werden, wenn er nicht im Weg ist.

Stellen Sie Gegenstände auf Ihren Altar, die Ihnen wichtig sind: Talismane und Fotos von den Menschen und Dingen, die Sie lieben. Hierzu können auch religiöse Symbole gehören oder Familienfotos, auch Dinge aus der Natur – alles was Ihre Stimmung hebt und Sie mit Ihrem Herzen in Kontakt bringt. Vielleicht möchten Sie auch

frische Blumen, Kerzen oder Räucherstäbchen auf Ihren Altar stellen. Der Altar soll Ihnen als Stätte für Kontemplation, Träumereien, Meditation und Gebet dienen. Dieser heilige Platz wird sich mit einem Fluidum von Frieden und Stille aufladen und Ihnen als Ort der Heilung dienen. (Normalerweise ist ein persönlicher Altar etwas so Verlockendes, dass Kinder gerne dazu beitragen oder sich selbst einen errichten möchten.)

Hilfsmittel: Musik und Aromatherapie

Ein anderes Hilfsmittel, besänftigende Energie in Ihr Heim zu bringen, ist das Spielen von beruhigender, meditativer oder klassischer Musik. Es ist bekannt, dass die Musik der Barockkomponisten Bach, Vivaldi, Telemann oder Händel den Herzschlag der Zuhörer beruhigt und einen Zustand innerer Gelassenheit herbeiführt. Es ist ein fantastisches Mittel gegen die vielen eher dissonanten Erfahrungen, die wir während eines Tages machen.

Mit Hilfe der Aromatherapie können Sie ebenfalls eine ruhige, heilende Atmosphäre schaffen. Bei der Aromatherapie erfüllen Sie Ihr Zuhause mit Düften von Essenzen, die dafür bekannt sind, dass sie beruhigen und besänftigen – Lavendelöl, Kamille, Rosenöl. Geben Sie in jedem Zimmer einfach einen oder zwei Tropfen Öl einer Duftessenz auf die Fassung einer Glühbirne. Durch die Wärme der Glühbirne verdunstet das Öl und füllt den Raum mit einem angenehmen Duft und wundervoller Energie. Aromatherapie wirkt direkt auf das Nervensystem, beruhigend und besänftigend.

Hilfsmittel: Der Raum der Stille

Eine weitere großartige Methode, im Haus heilende Energie zu erzeugen, ist, einen Platz im Haus auszuwählen, wo niemand streiten darf und wohin niemand gehen darf, wenn er schlechte Laune hat. Ernennen Sie diesen Raum zu einem Heiligtum. Wenn Sie in einer kleinen Wohnung leben und es keinen Platz gibt, nehmen Sie die Toilette. Das ist sowieso eine ganz natürliche Entscheidung. Hunderte von Erwachsenen haben mir erzählt, dass sie sich als Kinder immer auf der Toilette versteckt haben, wenn Streitereien ausgebrochen waren oder sie ein wenig Freiraum für sich brauchten. Häufig hat es so gut funktioniert, dass sie es immer noch so machen.

Hilfsmittel: Bringen Sie in jedes Zimmer etwas Lebendiges

Als weitere Maßnahme können Sie in jedem Zimmer etwas Lebendiges unterbringen – Topfpflanzen oder Tiere wie zum Beispiel Fische, Vögel, Schildkröten, Hamster oder Mäuse. Entscheidend ist, die Schönheiten und Schwingungen der Natur in seinem Heim zu beherber-

gen. Tiere und Pflanzen erfüllen ein Haus mit Liebe und Leben. Beide verfügen über eine sehr hohe, reine Schwingung und werden helfen, Traurigkeit, Kummer, Ärger und Depression auszuräumen.

Natürlich möchte ich Ihnen nicht vorschlagen, zu viele lebende Tiere zu halten! Dies führt zu meiner ersten Empfehlung zurück – Ordnung. Halten Sie sich nur so viele Tiere und Pflanzen, wie Sie auch versorgen können. Sterbende Pflanzen und leidende Tiere bewirken genau das Gegenteil von dem, was Sie beabsichtigen.

Seien Sie einfühlsam

Zu einem geschützten und energetisch klaren und freundlichen Zuhause gehört auch, dass die Atmosphäre frei ist von Sucht, ständigen Wutausbrüchen, Streitereien, Unaufrichtigkeit, Angst und Missbrauch.

Ich habe viele fröhliche und niedliche Kinder gesehen, strahlende kreative und äußerst intuitive Kinder, die in Familien, in denen Funktionsstörungen, Stress und Terror herrschen, wie vertrocknende Blüten in sich zusammengefallen sind. Spirituell betrachtet sind wir als Eltern aufgerufen, in den Spiegel zu blicken und uns zu fragen, ob wir unser Bestes geben, um unseren Kindern ein energetisch geborgenes und geerdetes Zuhause zu bieten. Unzählige verletzte Erwachsene sind zu mir gekommen, um den Mangel an Sicherheit und Geborgenheit, den sie als Kind erfahren hatten, auszugleichen. Sie sind die Kinder von Alkoholikern, Streitsüchtigen und Workaholics, die der psychischen Umgebung, in der ihre Kinder leben, keine Beachtung geschenkt und sie darüber hinaus noch mehr vergiftet haben. Ich habe so viele verzweifelte Erwachsene kennen gelernt, die nicht wussten, wem sie vertrauen sollten, weil sie in einem Chaos aufgewachsen sind und als Kind niemanden hatten, dem sie vertrauen konnten. Ohne Vertrauen können wir uns nicht mit der Weisheit unseres Herzens verbinden und unsere Intuition erwecken.

Die Atmosphäre, in der unsere Kinder leben, bestimmt mehr als alles andere, ob sie ihre Herzen öffnen, dem folgen, was sie für richtig erkennen, und im Leben sie selbst sein können oder ob sie nur zu Schauspielern werden, die sich einen oberflächlichen Anstrich verleihen, der sie vermeintlich vor dem Chaos und Missbrauch schützen soll, den sie zu Hause erleiden.

Seien Sie fair

Kinder sind sehr verletzlich. Weil sie völlig abhängig sind von uns, ist es für Erwachsene leicht, sie nicht über das mitbestimmen zu lassen, was mit ihnen geschieht. Häufig sehen wir darüber hinweg, dass unsere Probleme sie ebenfalls beeinflussen. Aber auch, wenn wir ihnen nicht von unseren Problemen erzählen, bedeutet das noch lange nicht, dass sie sie nicht spüren. Das tun sie, und das beängstigt sie, weil sie im Allgemeinen nichts dagegen unternehmen können.

Alle Eltern wollen ihren Kindern zwar ein sicheres und geborgenes Zuhause schaffen, aber der Versuch, die Probleme der Familie unter den Teppich zu kehren, ist nicht gerade die beste Vorgehensweise. Zudem ist es unmöglich – das Leben ist einfach voller Probleme. Seien Sie stattdessen so aufrichtig und fair, es Ihren Kindern zu sagen, wenn Sie Probleme haben, und machen Sie ihnen klar, dass nicht *sie* das Problem sind. Weichen Sie anstehenden Problemen nicht aus oder, noch schlimmer, benutzen Sie Ihre Kinder nicht als Sündenböcke, wenn Schwierigkeiten auftreten. Dies wird sie nur verwirren, weil sie intuitiv alles fühlen. Problematisch ist es, dass sie nicht immer sagen dürfen, was sie als richtig spüren. Wenn Sie Schwierigkeiten haben, sich das aber nicht eingestehen und keine Hilfe suchen wollen, werden Ihre Kinder glauben, dass es ihr Fehler sei, und die Schuld auf sich nehmen.

Ich hatte einen Klienten, der sich nach einem drei Jahre währenden kalten

Krieg von seiner Frau trennte. Sie waren wirklich zuvorkommend miteinander umgegangen, aber sie haben nie mit ihren Kindern darüber gesprochen, die vier bzw. acht Jahre alt waren. Diese Kinder fühlten die Spannung, die in der Luft lag, so intensiv, dass das eine Angstattacken bekam und das andere anfing, seine Fingernägel bis zum Fleisch abzukauen.

Mein Klient ist irgendwann ausgezogen und hat seinen Kindern die Gründe für die Scheidung nicht erklärt. Er sagte mir, seine Kinder seien emotional am Ende und würden weder ihm noch sich selbst oder sonst jemandem mehr vertrauen. Und er konnte sich nicht erklären, warum.

»Ich habe nur versucht, sie zu schützen«, sagte er. »Was sollten sie meine Probleme mit ihrer Mutter angehen?«

Aber er hat sie nicht beschützt. Er war lediglich dem ausgewichen, was ihm unangenehm war. Die Familie versucht jetzt, sich in einer Therapie über alles Klarheit zu verschaffen, aber es liegt ein langer Weg vor ihnen.

Wenn die Atmosphäre bei Ihnen zu Hause angespannt, verkrampft, unglücklich, giftig, bedrohlich, nicht geborgen oder nicht sicher ist, fragen Sie sich, warum. Und noch wichtiger: Fragen Sie sich, warum Sie bereit sind, sich mit derartig einschränkenden und entmutigenden äußeren Bedingungen für Sie selbst und Ihre Kinder abzufinden. Wenn Sie

die Anstrengungen meiden, die es kostet, für Frieden zu sorgen, ist jetzt die Zeit, dies zu ändern. Beginnen Sie nach Lösungen zu suchen – für Ihr Wohl und das Ihrer Kinder.

- Wenn Sie Suchtprobleme haben, suchen Sie Hilfe.
- Wenn Sie Eheprobleme haben, suchen Sie Hilfe.
- Wenn Sie sich in einer spirituellen Krise befinden, suchen Sie Hilfe.
- Wenn Sie einsam, erschöpft, überfordert, isoliert sind, seien Sie sanft mit sich … *und suchen Sie Hilfe.*

Die Schwierigkeit, heutzutage Eltern zu sein, besteht zum Teil darin, dass die damit verbundene Arbeit zusätzlich zu den Anforderungen einer Vollzeitstelle nur wenig Raum lässt, etwas für unsere persönliche Entwicklung zu tun. Und wenn Ihre Seele vernachlässigt ist, spürt es jeder und leidet darunter. Gemeinschaft, Freundschaft und die Unterstützung durch andere sind erfrischend und wohltuend und geben Ihnen die Energie, Ihrer Familie das Gleiche anzubieten.

Seien Sie fair zu Ihren Kindern. Nennen Sie ihnen die wirkliche Ursache Ihrer Probleme. Lassen Sie nicht zu, dass sie sich als Sündenböcke fühlen oder anfangen, Sie zu bemuttern. Das ist nicht fair, und es wird ihre offenen Herzen verschließen. Und wenn Sie es bereits getan haben, entschuldigen Sie sich. Ihre Kinder werden Ihnen dankbar dafür sein.

Gehen Sie in die Kirche. Gehen Sie zu einem Therapeuten. Wenden Sie sich an einen Freund. Besuchen Sie einen Kurs, in dem Sie sich künstlerisch oder sportlich betätigen können. Wenden Sie sich im Gebet an Gott. Stellen Sie sich vor den Spiegel und entwickeln Sie die Eigenliebe und die Größe, das zu tun, was Ihnen den Frieden verschafft, den Sie brauchen und verdienen, *was immer es sei*. Dann werden Ihre Kinder in einer Umgebung aufwachsen, die ihnen einen heiligen Ort und den Schutz vor der Welt bietet, den sie verdienen.

Unaufhörlich in einer Atmosphäre von giftiger, negativer, gestresster, bedrohlicher, störender Energie zu leben, beeinträchtigt unsere Seelen grundlegend. Es zehrt uns aus, macht uns krank, lässt unsere Kinder unsensibel werden und kappt die Verbindungen zu unseren spirituellen Zentren. Es vermindert unsere Achtsamkeit und nimmt uns die Fähigkeit, unsere innere Weisheit zu spüren und ihr zu folgen.

Dieser Zustand hat in vielen Ländern bereits epidemische Ausmaße angenommen. Wir müssen uns als Eltern gegen die Neigung wehren, derart giftige Zustände sowohl für uns als auch für unsere Kinder zu akzeptieren. Wir würden niemals daran denken, in einem giftigen Umfeld zu leben, aber wir akzeptieren, in vergifteter Energie zu leben. Wir

müssen diesen Zustand verändern. Ein chinesisches Sprichwort besagt. »Wenn jemand sich so sehr an die Gefahr gewöhnt, dass es sich normal anfühlt, ist die Seele verloren.«

Wir müssen unsere intuitive Umgebung kontrollieren. Wir müssen »Energiepolizisten« werden. Und wir müssen unseren Kindern das Recht einräumen, das Gleiche zu tun. Wir müssen für uns eine ruhige und liebevolle Atmosphäre in Anspruch nehmen, wenigstens in unserem eigenen Haus. Wir müssen auf diesen Ort spiritueller Erneuerung beharren, nicht als Luxus, sondern als Grundlage intuitiver Gesundheit und Wohlbefindens.

Wir sind es unseren Kindern schuldig. Wir sind es uns schuldig.

Hilfsmittel: Frische Luft

Zu den schrecklichsten Situationen für Kinder gehören die Spannungen und die Unruhe, die bei einer Meinungsverschiedenheit oder einem Streit zwischen den Eltern entstehen. Sie bekommen Angst und fühlen sich unsicher. Weil Beziehungen von Zeit zu Zeit unvermeidlich zu Konflikten führen, ist es nicht möglich (oder unbedingt wünschenswert), gelegentlichen Meinungsverschiedenheiten aus dem Weg zu gehen.

Wenn immer wieder Meinungskonflikte oder Spannungen Ihr Zuhause vergiften, dann öffnen Sie Fenster und Türen und lassen Sie ein paar Minuten frische Luft und Energie hereinströmen. Zünden Sie ein Räucherbündel mit getrockneten Salbei an (z. B. im esoterischen Fachhandel zu bekommen) und lassen Sie den würzigen Rauch durch alle Räume ziehen. Fordern Sie die streitenden Parteien auf, einen Spaziergang um den Block zu machen, bis sie sich beruhigt haben.

Hilfsmittel: Segnen Sie Ihr Haus

Lassen Sie jedes Familienmitglied eine Kerze anzünden, gehen Sie dann zusammen von Zimmer zu Zimmer, und segnen Sie Ihr Heim. Wenn Sie das Wohnzimmer segnen, bitten Sie, dass es Ihnen angenehme Gesellschaft und positive Erinnerungen bringen möge. Wenn Sie die Küche segnen, bitten Sie sie, Ihre Körper und Seelen zu ernähren. Wenn Sie die Schlafzimmer segnen, bitten Sie darum, Sie im Schlaf zu beruhigen und zu heilen und Ihnen angenehme Träume zu bringen.

Wenn Ihnen diese Vorgehensweise nicht zusagt, dann danken Sie einfach Ihrem Gott in der Art, wie es in Ihrer Familie üblich ist, dass er Ihnen einen sicheren Hafen und eine Zufluchtsstätte bietet. Bitten Sie um anhaltenden Schutz und Segen in Ihrem Haus.

Hilfsmittel: Verschönern Sie Ihre Umgebung

Die menschliche Seele gedeiht in Harmonie, Schönheit und Ausgeglichenheit.

Streichen Sie Ihr Zuhause in ruhigen Farbtönen. Stellen Sie frische Blumen auf. Stellen Sie Ihre Möbel zu angenehmen Arrangements zusammen. Beseitigen Sie Krimskrams und Unordnung. Zünden Sie Räucherstäbchen an. Hängen Sie schöne Bilder und Spiegel auf, wodurch mehr Licht in den Raum kommt. Ziehen Sie die Rollläden und Rollos hoch und lassen Sie Licht herein. Wenn Ihre Wohnung von Natur aus dunkel ist, hängen Sie Spiegel auf und installieren Sie Tageslichtlampen. Licht hält Energie in Bewegung. Seien Sie liebevoll zu sich selbst, so dass Sie in jedem Raum für Harmonie sorgen.

Hilfsmittel: Tanzen und Singen

Wenn ein Mensch tanzt und singt, erobert die Seele den Körper. Ein Zuhause voller Tanz und Gesang ist ein Zuhause voller Anmut, legen Sie deshalb Ihre Lieblingsmusik auf und überlassen Sie alles Weitere Ihren Füßen.

Hilfsmittel: Ruhe

Laute sowie dissonante Geräusche beunruhigen die Seele. Versuchen Sie die Lautstärke des Hauses auf einem angenehmen Niveau zu halten. Dazu gehört die Lautstärke der Fernsehgeräte, Stereoanlagen und Stimmen. Machen Sie sich bewusst, wie empfindlich wir sind und dass wir ein gewisses Maß an Ruhe benötigen, um uns auf unser Inneres einstimmen zu können.

Ein heiliges Zuhause schaffen

Reflexionen

1. Wie würden Sie den Klang und die Energie Ihres Zuhauses beschreiben?

2. Ist es von Krimskrams befreit und aufgeräumt? Wo erfordert Krimskrams Aufmerksamkeit?

3. Falls nicht, wie fühlen Sie und die anderen Familienmitglieder sich dadurch?

4. Können Sie Spielbereiche und Ruhebereiche in Ihrer Wohnung festlegen? Wo?

5. Haben Sie sich einen privaten Altar errichtet? Wenn ja, wie wirkt sich das auf Sie aus?

6. Haben Sie diese Idee mit Ihren Kindern besprochen? Wie haben sie auf den Vorschlag reagiert?

7. Haben Sie in Ihrer Wohnung Aromatherapie ausprobiert?

8. Wenn ja, haben Sie beobachtet, wie es sich auf Sie und die anderen Mitglieder der Familie auswirkt?

9. Haben Sie bei sich im Haus in irgendeiner Form klassische Musik ausprobiert? In welcher?

Ein heiliges Zuhause schaffen

10. Haben Sie eine erhöhte Achtsamkeit und Empfindsamkeit Ihrer Kinder bemerkt, seit Sie bewusst begonnen haben, das Energieniveau anzuheben?

11. Haben Sie Pflanzen in Ihrer Wohnung? Tiere? Fische? Lebendiges in jedem Zimmer? Spüren Sie, dass diese lebendigen Energien die Atmosphäre beeinflussen?

12. Ist Ihre eigene Energie klar? Sind Sie emotional frei von Krimskrams?

13. Die Energie, die Sie in die Atmosphäre Ihrer Wohnung stecken, ist die einfluss-reichste von allen. Ist Ihre Energie ruhig und heilsam? Oder fühlen Sie sich vergiftet, bedroht und angespannt? Wenn ja, was beabsichtigen Sie zu tun, um das zu heilen?

Zur Erinnerung:

Meditieren Sie täglich?
    Reduzieren Sie Ihr Tagesprogramm?
    Stimmen Sie sich auf Ihr Herz ein?
    Halten Sie Ihr Haus heiter und in Ordnung?

Teil II

DIE
INTUITION
WILLKOMMEN
HEISSEN

In Teil II werden Sie sich darauf konzentrieren, Intuition als ein Geschenk der Seele anzunehmen und es in Ihrem Leben und bei sich zu Hause zu begrüßen. Dies geschieht auf unterschiedliche Weise:

1. Sie werden in die Welt der Energie und der Schwingungen eingeführt und lernen, deren Einfluss auf unser Leben zu verstehen.
2. Sie werden schöpferische Wege kennen lernen, intuitive Gefühle als Teil unserer spirituellen Anatomie anzuerkennen und zum Ausdruck zu bringen.
3. Sie werden lernen, dass Energie auf uns alle einwirkt, und Möglichkeiten ausprobieren, persönliche Grenzen zu ziehen und für psychischen Schutz für sich und Ihre Kinder zu sorgen.
4. Abschließend werden Sie einige verbreitete »blinde Flecken« und schlechte Gewohnheiten genauer betrachten, die die Entfaltung Ihrer Intuition und die Ihrer Kinder behindert, und Techniken erlernen, mit Hilfe derer Sie sich dieses unbewusste Verhalten abgewöhnen können.

Ich hoffe, dass Sie am Ende dieses Teils vom Erwecken Ihrer eigenen intuitiven Achtsamkeit zum Erwecken der Intuition Ihrer Kinder übergegangen sein werden und dass Sie auf dem richtigen Weg sind, die Geschenke der Seele in Empfang nehmen zu können.

5. Sich der Schwingung bewusst werden

Der deutlichste Unterschied zwischen meiner Familie und meiner Freunde bestand darin, dass die Grenzen zwischen der materiellen, der emotionalen und der intuitiven Ebene bei uns nicht vorhanden waren. Wir wurden angehalten, alles auf einer Ebene zu betrachten – der Ebene der Energie.

Als begeisterte Schülerin der Metaphysik brachte meine Mutter uns etwas bei, was die Quantenphysik mittlerweile bestätigt: Alles auf unserem Planeten ist Energie in Bewegung, und ein Tisch, ein Stuhl, eine Pflanze und ein Kind bestehen aus dem gleichen essenziellen Material, nämlich Energie in Bewegung. Lediglich aufgrund der jeweiligen Frequenz, auf der etwas schwingt, nehmen unsere Augen es unterschiedlich wahr. Auf den Alltag bezogen bedeutete dies für uns, dass wir in der Lage waren, Gedanken und Gefühle genauso klar und deutlich zu erkennen, wie wir den Boden unter unseren Füßen spürten. Meine Mutter sagte oft zu uns: »Ich kann fühlen, was ihr denkt, deshalb denkt lieber vernünftig.«

Wir hatten nie das Gefühl, dass etwas nicht existierte, nur weil wir es nicht sehen konnten. Wir stimmten uns oft aus der Entfernung auf Dinge ein. Wir bekamen zum Beispiel die Eingebung, dass Daddy uns Eis mitbringt, um uns zu überraschen, und als er nach Hause kam, stellten wir fest, dass es so war. Oder dass Tante Emma anrufen würde, um zu fragen, ob wir die Nacht bei ihr verbringen wollten, und eine Stunde später war die Einladung da. Häufig verkündete meine Mutter laut, dass der und der an sie denken werde, weil ihr diese Person gerade in den Sinn gekommen war. Es war nicht ungewöhnlich, dass sie mitten im Satz innehielt und einen Finger auf die Lippen legte, damit wir still waren, während sie sich nach innen wandte. »Schsch!«, sagte sie, als würde sie einem intuitiven Sender lauschen. Und wir alle warteten schweigend, während sie sich auf eine andere Frequenz einstellte.

Diese Art, sich auf der intuitiven Ebene aufeinander einzustimmen, wurde zu einem Familienmarkenzeichen. Ziemlich schnell erkannte jeder die einzigartigen Schwingungen jedes Familienmitglieds. Es war, als ob jeder von uns seine eigene Musik oder sein eigenes Lied hätte, das wir auf telepathischer Wellenlänge sendeten, ein Lied, das jedem von uns sehr vertraut wurde und leicht wiederzuerkennen war.

Was ist eine individuelle Schwingung?

Durch meine Beschäftigung mit diesem Thema habe ich gelernt, dass die individuellen Schwingungen eines Menschen aus der Energie des physischen Körpers, des emotionalen Zustands und der ätherischen oder intuitiven Bewusstheit zusammengesetzt sind. Diese Energiesynthese bildet, wenn sie sich in Harmonie befindet, die Grundlage für eine geerdete, friedliche Schwingung, ähnlich wie bei einem gut komponierten Musikstück. Wenn jedoch irgendein Anteil des Selbst gestört oder aus dem Gleichgewicht geraten ist, wird die individuelle Schwingung dissonant, energetisch betrachtet »falsch«. Ein achtsamer, empfindsamer Mensch kann diese Dissonanz,

im Allgemeinen im Bereich des Herzens, der Brust oder des Bauchs, spüren. Eine derartige Achtsamkeit kann empfindsamen Eltern nicht nur die eigenen Dissonanzen bewusst machen, sondern auch die ihrer Kinder. Dies veranlasst sie, etwas zu unternehmen, um die innere Balance wiederzuerlangen.

Ich erinnere mich, dass ich einmal nach der Schule mit einigen Freundinnen, meinen beiden Schwestern und meiner Mutter in der Küche saß, wir lachten und unterhielten uns über den Tag. Plötzlich forderte meine Mutter uns auf, ruhig zu sein. »Still. Irgendetwas stimmt nicht.«

Wir verstummten sofort und versuchten, uns auf das zu konzentrieren, worauf sie sich einstimmte. Abrupt fragte sie: »Wo ist Anthony?« Keine von uns wusste, wo mein Bruder war, deshalb konzentrierte sie sich weiter.

»Anthony ist verletzt. Ich spüre es!«

Schweigend warteten wir und fragten uns gespannt, was passiert sein könnte. Keine zehn Minuten verstrichen, bis das Telefon klingelte. Es war das Krankenhaus. Offensichtlich war Anthony auf dem Heimweg von der Schule mit dem Auto in einen Unfall geraten. Jemand war von hinten auf seinen Wagen geprallt, und er war durch die Windschutzscheibe geschleudert worden. Meine Mutter hatte sich in dem Moment, als er verletzt wurde, auf seine physische Energie eingestimmt. Es war, als ob es sie auch erwischt hätte. Glücklicherweise trug Anthony nur Schnittwunden und Blutergüsse davon. Er wurde genäht und zwei Stunden später nach Hause geschickt.

Dieser Vorfall hat großen Eindruck auf mich gemacht. Er hat mich gelehrt, wie weit unsere Energie sich fortbewegt und spürbar ist. Wir sind wirklich viel mehr als nur unsere Körper.

Jeder besitzt eine individuelle Schwingung

Jeder von uns hat eine individuelle Schwingung, genauso wie wir alle über ein Energiefeld verfügen. Kinder erkennen individuelle Schwingungen, besonders wenn sie noch klein sind. Auf diese Weise spüren sie, wenn Sie planen, das Haus zu verlassen, noch bevor Sie es endgültig beschlossen haben. Deshalb rennen sie zur Tür, bevor Sie wieder zu Hause angekommen sind. Darauf reagieren sie, wenn Sie ärgerlich oder traurig oder ängstlich sind, und verziehen sich schweigend in eine Ecke. Kinder fühlen es, wenn Sie glücklich sind, was sie anzieht, weil sie an den guten Schwingungen Anteil haben wollen.

Unsere individuellen Schwingungen sind wie Fingerabdrücke oder der Klang unserer Stimme und können erfühlt werden, indem man sich gegenseitig wirklich Aufmerksamkeit schenkt und einander wahrnimmt. Diese individuellen Schwingungen übertragen alles, physisch, emotional und psychisch – ob wir stark oder schwach sind, glücklich oder traurig, krank oder gesund, ob wir geerdet sind oder schweben, konzentriert oder durcheinander. Auch ob wir achtsam oder unaufmerksam sind.

Wir stimmen uns mit dem Herzen auf diese individuellen Schwingungen ein. Erinnern Sie sich, als Sie verliebt waren? Erinnern Sie sich an Zeiten, als das Telefon klingelte und Sie wussten, dass ein geliebter Mensch dran war (oder eben nicht)? Worauf Sie sich eingestimmt haben, war eine individuelle Schwingung. Sie ist wie eine Visitenkarte – so einzigartig wie Ihre Persönlichkeit.

Sich die individuelle Schwingung bewusst zu machen heißt, sich selbst beizubringen, die subtilen Energien unserer Existenz wahrzunehmen und darauf zu reagieren. Diese Achtsamkeit geht vom Herzen aus und erfordert Einfühlungsvermögen, Anstrengung und Aufmerksamkeit, wenn Sie Erfolg haben wollen. Ich sage meinen Schülern, dass sich einer individuellen Schwingung bewusst zu werden genauso ist, wie Musik schätzen zu lernen. Musik ist für ein ungeschultes Ohr ein angenehmes Klangwirrwarr. Aber mit Aufmerksamkeit und Achtsamkeit können wir unsere Wahrnehmung steigern und einzelne Instrumente unterscheiden, die zusammen etwas derart Schönes hervorbringen.

Ihre Fähigkeit, individuelle Schwingungen wahrzunehmen, können Sie dadurch entwickeln, dass Sie zunächst Ihre Aufmerksamkeit von Ihrem Kopf und der Welt der Gedanken und Worte in Ihr Herz und die Welt der Emotionen und des Klangs verschieben. Es geht hierbei nicht darum, eine intellektuelle Verbindung herzustellen als vielmehr eine der Gefühle.

Stimmen Sie sich auf Ihr Herz ein und fragen Sie sich, ob sich hinsichtlich Ihrer Familie alles gut anfühlt. Betrachten Sie sie mit der Achtsamkeit Ihres Herzens, einen nach dem anderen. Hören Sie ihnen mit offenem Herzen zu. Beobachten Sie ihre Bewegung, ihren Tonfall, ihre Energie. Denken Sie daran, dass diese Energie sehr subtil ist, und stellen Sie das, was Sie fühlen, nicht deshalb in Abrede, weil sie starke Gefühle erwarten. Mit ein wenig Übung werden Sie immer mehr wahrnehmen, besonders wenn Sie in Ihrer Energie geerdet sind und einen klaren Kopf behalten.

Sie können sich außerdem auf die individuelle Schwingung eines Menschen einstimmen, indem Sie sie bewusst wahrnehmen, wenn Sie mit der Person zusammen sind – mit anderen Worten, indem Sie wahrnehmen, was von ihr *ausgeht*, ob dies ruhig ist, still, gereizt, verstört, gesund oder krank, stark oder schwach. Sie können sich auf die individuellen Schwingungen Ihrer Kinder einstimmen, indem Sie sie schaukeln, ihnen den

Rücken massieren, ihre Hände halten, ihre Stimme und den Herzschlag anhören. Die ganzen Aktivitäten, die in der Psychiatrie als »Bonding« bezeichnet werden, bedeuten also nichts anderes, als mit den individuellen Schwingungen eines anderen Menschen vertraut zu werden.

Weil eine individuelle Schwingung sich aus physischer, emotionaler und intuitiver Energie zusammensetzt, kann sie auf vielfältige Weise geschwächt werden. Schlechte Gesundheit, Stress, Erschöpfung oder mangelhafte Ernährung verändern eine individuelle Schwingung. Zu viel Zucker, Alkohol oder Drogen schwächen sie auf jeden Fall. Gereizt, böse, besorgt oder hysterisch zu sein schwächt sie ebenso wie negative Menschen, die uns auslaugen oder Angst einjagen. Es ist Aufgabe empfindsamer und mit dem Herzen verbundener achtsamer Eltern, eine dissonante individuelle Schwingung wahrzunehmen und zu identifizieren, genauso wie ein empfindsamer Musiker einen »Misston« ausmachen kann.

Misstöne

Achtsame Mütter und Väter spüren es, wenn die individuelle Schwingung eines Kindes aus dem Gleichgewicht geraten ist. Im Allgemeinen beginnt es als ganz feine Verschiebung, und in vielen Fällen werden Eltern es zunächst ignorieren,

Sich der Schwingung bewusst werden

weil sie auf einen konkreteren Hinweis warten, dass etwas nicht in Ordnung ist. Wenn wir als Eltern aufhören würden, an unserer Weisheit zu zweifeln und hinsichtlich unserer Kinder unserer Intuition und unseren Wahrnehmungen vertrauten, könnten viele Probleme gelöst werden, bevor sie völlig aus dem Ruder laufen.

Allen, ein Klient von mir, ist geschieden und Vater eines Jungen und eines Mädchens. Eines Tages war sein Sohn Larry bei ihm zu Besuch, und es ging ihm anscheinend gut, aber wie Allen sagte: »Er wirkte eine Nuance anders, und das beunruhigte mich.« Allen rief seine Ex-Frau an und fragte sie aus. War alles okay mit Larry? Ging es ihm ihrer Meinung nach gut? Sie versicherte ihm, dass es Larry gut gehe, aber Allen gab sich nicht zufrieden. Er stellte Larry viele Fragen über sein Leben, seine Gesundheit, seine Gemütsverfassung, und nach einigem Bohren räumte Larry ein, dass er sich nicht toll fühle und in letzter Zeit immer ziemlich müde gewesen sei. Er hat das nur verheimlicht, weil er seinen Eltern nicht noch mehr Probleme machen wollte.

Seine Ex-Frau hielt ihn zwar für zwanghaft, aber Allen folgte seinem Herzen und bestand darauf, dass Larry untersucht würde. Am nächsten Tag gingen sie mit Larry zum Arzt, der nach eingehenden Untersuchungen feststellte, dass Larrys Blutbild unnormal war und

Leukämie diagnostizierte. Larry konnte dank seines sehr aufmerksamen und intuitiven Vaters glücklicherweise früh behandelt werden und ist jetzt auf dem Wege der Besserung. Allen fragt sich oft, was passiert wäre, wenn er seine Eingebungen nicht bemerkt, ihnen nicht vertraut und zusammen mit seiner Frau die Sache nicht vorangetrieben hätte.

Eine andere Klientin, Dylan, kannte ebenfalls die Schwingung ihres siebenjährigen Sohns John gut genug, um zu spüren, dass etwas mit ihm nicht in Ordnung war. Er war ein äußerst kluges Kind, von seinen Lehrern wurde es sogar als hoch begabt eingestuft, weshalb Dylan keinen Grund sah, sich Sorgen um ihn zu machen. In ihrem Herzen aber tat sie es doch. Als sie ihre Gefühle ihrem Mann mitteilte, meinte er, sie sehe Gespenster, aber selbst seine Kritik und Zurückweisung hinderten sie nicht.

Schließlich ließ sie John aus einem Instinkt heraus in einem pädagogischen Zentrum testen. Dort wurde eine schwere Dyslexie sowie eine zunehmende Hörschwäche entdeckt. Nur Johns fotografisches Gedächtnis war der Grund dafür, weshalb das nicht sofort klar zu erkennen war. Es half ihm, seine Schwierigkeiten zu kompensieren. Dylan begann sofort, sich um Hilfsmittel zu kümmern, und er bekam ein Hörgerät. Seine Probleme wurden früh genug diagnostiziert, wodurch verhindert wurde, dass er ernsthaft ins Hintertreffen geriet. Das war

Dylans Intuition zu verdanken sowie der Tatsache, dass sie die Schwingung ihres Sohnes so gut kannte, dass sie nicht locker ließ.

Sie können Ihre Kinder schützen und ihnen helfen, wenn Sie sensitiv werden und sich auf ihre individuelle Schwingung einstimmen. Ob es körperlicher Stress ist oder intuitiver, unsere Kinder senden uns, wenn sie aus dem Gleichgewicht geraten sind, Signale, die wir wahrnehmen müssen.

Vertrauen Sie Ihren Gefühlen

Intuitiv zu leben bedeutet, sich mit den nichtkörperlichen Dimensionen unseres Daseins genauso wohl zu fühlen wie mit den körperlichen. Es bedeutet, in der Lage zu sein, nichtkörperliche Schwingungen genauso zu spüren und bereitwillig anzuerkennen, wie wir rotes oder grünes Licht und ein Bremslicht zur Kenntnis nehmen. Wenn Sie sich der individuellen Schwingungen Ihrer Kinder bewusst sind, werden Sie gewarnt, falls auf irgendeiner Ebene etwas nicht stimmt, aber das wird nicht genügen, um es wieder ins Gleichgewicht zu bringen. Erst wenn Sie Ihrem Herzen vertrauen, auf diese Signale *reagieren* und entsprechend Ihren Eingebungen handeln, wird Ihre Intuition Ihnen und Ihren Kindern gute Dienste erweisen. Da wir die individuellen Schwingungen unserer Kinder kennen, können wir als Eltern ihre unsichtbaren Energiefelder besser spüren. Sie müssen wissen, dass wir sie fühlen *können*. Wir müssen diese Gefühle einfach ohne zu zweifeln respektieren. Unsere Kinder werden sich nach uns richten. Wenn wir unbefangen unsere Energiefelder zur Kenntnis nehmen und auf die subtilen, vom Herzen ausgehenden intuitiven Eingebungen in Bezug auf sie hören und sie zum Ausdruck bringen, werden unsere Kinder das auch tun. Es ist so ermutigend, wenn das passiert. Es bedeutet, die Dinge beim Namen zu nennen, und berücksichtigt die Tatsache, dass sich die individuellen Schwingungen gelegentlich anpassen müssen.

Lernen Sie die individuellen Schwingungen Ihrer Familienmitglieder kennen. Das eine Kind wird sich fest und geerdet anfühlen, das andere vielleicht eher ätherischer und zart. Ein Kind, das sportlich und eher körperlich veranlagt ist, wird eine intensivere individuelle Schwingung haben als eines, das empfindsam und künstlerisch veranlagt ist. Was nicht heißt, dass ein Kind nicht zugleich künstlerisch und stark oder künstlerisch und geerdet sein könnte – das geht durchaus. Jeder ist einzigartig. Es liegt an Ihnen, sich mit der einzigartigen Energiepersönlichkeit Ihres Kindes vertraut zu machen. Ihre Instinkte werden Sie leiten. Wenn Sie die Energie Ihres Kindes gut kennen, werden Sie gewarnt, sollte etwas nicht stimmen. Nehmen Sie diese Instinkte immer ernst und handeln Sie danach.

Ob es darum geht, ihr körperliches Wohlbefinden, ihre emotionale Verfassung, ihre soziale Orientierung oder ihre spirituelle Integrität wahrzunehmen, machen Sie sich klar, wer Ihre Kinder wirklich sind, und vertrauen Sie Ihren Instinkten, als ob sie das Wichtigste auf der Welt wären. Sie sind es tatsächlich.

Was ist mit Ihrer individuellen Schwingung?

Genau wie jedes andere Mitglied Ihrer Familie eine individuelle Schwingung hat, besitzen Sie sie ebenfalls. Wenn nun Ihre Schwingung gestört ist, wird Ihre Sensibilität und Offenheit für die anderen in der Familie beeinträchtigt, und das spüren sie! Eine übertrieben negative Einstellung, Wut, starker Stress, Krankheit und Erschöpfung verändern die intuitive Wahrnehmung eines Menschen erheblich und bringen sie aus dem Gleichgewicht, genau wie etwa eine Sucht oder schlechte Ernährung. Diese Faktoren beeinträchtigen Ihre Klarheit und die Fähigkeit, intuitiv auf Ihre Familie eingestimmt zu sein, und bringen diese ebenfalls aus dem Gleichgewicht.

Vor kurzem habe ich an einer Veröffentlichung gearbeitet und mich fürchterlich unter Druck gefühlt. Meine Sorgen übertrugen sich auf die Atmosphäre, und recht bald spürte ich, dass meine Tochter Sabrina auf die Anspannung reagierte. An dem Tag stimmte meine individuelle Schwingung nicht. Ich saß in einer Ecke des Zimmers und schrieb, während Sabrina am anderen Ende des Zimmers mit etwas beschäftigt war. Keine von uns beiden hat etwas gesagt, wir waren beide sehr konzentriert, aber nach einer Viertelstunde stand Sabrina auf.

»Das reicht, Mom. Ich geh nach unten. Deine Energie füllt diesen Raum mit unangenehmen Gefühlen, und ich kann nicht atmen. Ich brauche Sauerstoff!« Sie suchte ihre Sachen zusammen und ging hinaus. Auf dem Weg zur Tür rief sie mir zu: »Du solltest nicht so hart arbeiten. Deine Energie ist völlig *daneben*!«

Sie hatte Recht. Ich legte meinen Stift weg, atmete tief ein und lachte. Dann stand ich auf und unternahm eine Fahrradtour, um mich wieder ins Gleichgewicht zu bringen. Meine individuelle Schwingung musste offensichtlich wieder eingestellt werden!

Es ist nicht entscheidend, wessen Energie aus dem Lot ist oder wer es zuerst spürt. Es ist wichtiger, bei allen auf die Energie zu achten und es zu sagen, falls jemand »daneben« ist. Und dann sollte man sich ein wenig Zeit nehmen und sich wieder ins Gleichgewicht bringen.

Neben der Tatsache, dass sie sich auf das Gleichgewicht Ihrer individuellen

Schwingung auswirken, werden körperliche Erschöpfung, emotionale Belastung und geistige Erschöpfung zudem Ihre Fähigkeit zunichte machen, die individuelle Schwingung anderer genau wahrzunehmen. Dies kann zwei Konsequenzen haben. Es führt entweder zu einer Hypersensitivität, bei der Ihre Intuition verrückt spielt und Sie beginnen, alles mögliche aus dem »Äther« aufzuschnappen. Das entspricht auf seelischer Ebene in etwa der Tatsache, sein Radio bei voller Lautstärke auf zehn Sender gleichzeitig einzustellen; dies kann zu Verwirrtheit, übertriebenen Reaktionen, Angstattacken und Wutausbrüchen führen und Sie daran hindern, die Energie um sich herum mit klarer und geerdeter Achtsamkeit wahrzunehmen.

Ein zweiter entgegengesetzter Effekt wäre, sich Schwingungen gegenüber völlig zu verschließen bzw. Scheuklappen anzulegen, damit man nur das sieht, was man sehen will. Wenn das geschieht, nehmen Sie nur einen Teil des Ganzen bewusst wahr, so dass Sie kein umfassendes, klares Bild der Wirklichkeit um sich herum haben. Dadurch entfernen Sie sich von Ihren Kindern und erkennen nicht mehr ohne weiteres, was eine Situation erfordert. Ich nenne dies das »Rosa-Brille-Syndrom«. Beide Zustände sind alles andere als wünschenswert und werden Sie dabei beeinträchtigen, auf dem Niveau eingestimmt und achtsam zu sein, das für den seelischen Schutz

und die Empfindsamkeit, die eine höhere Achtsamkeit bieten kann, am besten ist.

Wenn Sie dies verhindern wollen, sollten Sie für sich die Verantwortung übernehmen sowie geistig gesund und körperlich geerdet bleiben. Das heißt, man sollte wissen, wann man sich entspannen muss. Sich bewegen. Meditieren. Es bedeutet, sich nicht zu überarbeiten und auch nicht irgendeiner Sucht nachzugeben, die Sie vielleicht haben. Es bedeutet auch, sich mit zuverlässigen Informationen zu versorgen, anstatt sich von seinen Ängsten leiten zu lassen. Darüber hinaus bedeutet es, einen gesunden Optimismus zu besitzen und mit seinem Herzen in Kontakt zu stehen. Im Grunde geht es darum, ein gewisses Gespür dafür zu haben, dass Sie ein spirituelles Wesen in einem physischen Körper sind und dass für Körper und Seele gewisse Voraussetzungen erfüllt sein müssen, damit ein klares und einfühlsames seelisches Wohlbefinden aufrechterhalten wird.

Hilfsmittel: Seelische Verschnaufpausen

Wenn Sie Ihre Wahrnehmung klar und geerdet halten und auf die Anteilnahme an Ihrer Familie und des Lebens um Sie herum eingestimmt bleiben wollen, sollten Sie »seelische Verschnaufpausen« einlegen. Unterbrechen Sie täglich ein- bis zweimal Ihre Arbeit und gewähren Sie sich einen Augenblick der Ruhe. Diese seelischen Verschnaufpausen können Sie bei einer Tasse Tee (nicht Kaffee – zu viel aufputschendes Koffein) einlegen, bei einem kurzen Spaziergang um den Block oder indem Sie sich einfach zurücklehnen und aus dem Fenster schauen. Seelische Verschnaufpausen während des Tages werden Ihre individuelle Schwingung kräftigen und stabilisieren und jegliche kleinere Dissonanz, die vielleicht aufgetreten ist, wieder ausgleichen.

Wenn Sie diese seelischen Verschnaufpausen zu einer festen Gewohnheit machen, schaffen Sie sich eine innere Oase, in die Sie sich zurückziehen können, wenn Sie gereizt, verärgert oder besorgt sind, und die es Ihnen ermöglicht, Ihre individuelle Schwingung klar und geerdet zu halten. Indem Sie regelmäßig seelische Verschnaufpausen einlegen, verstärken Sie diese innere Oase, was Ihnen hilft, zwischen wahrhaft »schlechten Gefühlen im Bauch« und einem Stillstand oder einer Unausgewogenheit bei sich zu unterscheiden.

Hilfsmittel: Machen Sie sich eine Notiz

Eine etwas spannendere Möglichkeit, um sich auf individuelle Schwingungen einzustimmen, besteht darin, ein kleines Notizbuch oder einen Kassettenrecorder bei sich zu haben. Jedes Mal, wenn Sie einen kleinen Hinweis, ein »Zwicken«, eine Eingebung oder eine leise Vorstellung Ihr Kind oder einen anderen Angehörigen betreffend bekommen, schrei-

ben Sie das »Gefühl im Bauch« einfach in das Buch oder sprechen es auf Band, anstatt darüber zu grübeln und sich zu fragen, ob es zutreffend ist oder nicht. Sie könnten zum Beispiel schreiben: »Anna war heute nach der Schule sehr nervös und bedrückt – ich frage mich, ob etwas oder jemand sie beunruhigt.« Oder: »Ich habe den ganzen Tag über Phil nachgedacht. Ich frage mich, ob auf der Reise zu seinem Vater alles in Ordnung ist.« Diese Gefühle aufzuschreiben oder auf Band aufzunehmen ist in mehrfacher Hinsicht wichtig. Erstens teilen Sie Ihrem Unbewussten mit, dass Sie jetzt beabsichtigen, Ihre Intuitionen wahrzunehmen und zu achten. Zweitens bewahrt es Sie vor der Versuchung, derartige Gefühle zu ignorieren.

Marianne, eine Klientin, hat dieses Hilfsmittel mit ihren Kindern ausprobiert. Sie sagte, sie habe anfangs beinahe den Eindruck gehabt, Gefühle zu erfinden, damit sie etwas zum Aufschreiben hatte. Aber nach etwa einer Woche bekam sie das deutliche Gefühl, dass ihre 16-jährige Tochter Ida, die mit zwei Freundinnen ihren ersten Campingurlaub ohne Eltern machte, in Schwierigkeiten steckte. Nachdem sie ihren Eindruck auf Band aufgenommen hatte, wurde das Gefühl noch stärker – so stark, dass sie sich ins Auto setzte und zu dem Campingplatz fuhr, wo sich die Mädchen aufhielten. Sie kam sich zwar etwas albern vor, folgte ihrem Gefühl aber dennoch. Als sie auf dem Camping-platz ankam, sah sie, dass Ida und ihre Freundinnen sich um das Auto drängten und im Dunkeln versuchten, einen platten Reifen zu reparieren. In dem Augenblick, in dem Ida ihre Mutter sah, ließ sie einen Freudenschrei los. Sie hatten keine Ahnung, was sie machen sollten, und was eigentlich eine relativ einfache Reparatur ist, hatte sich zu einem größeren Fiasko entwickelt. Ida hatte sich besonders darüber Sorgen gemacht, dass sie mit dem Auto liegen bleiben könnten, und obwohl die Situation nicht aussichtslos war, fanden die Mädchen es sehr beängstigend, sich nachts fern von zu Hause in einer derartig misslichen Situation zu befinden. Die drei waren heilfroh, als sie die Hilfe nahen sahen. »Mom, ich habe dir die ganze Zeit Schwingungen geschickt, damit du uns hilfst«, sagte Ida. »Ich kann es kaum glauben, dass sie tatsächlich bei dir angekommen sind!«

Die Wahrnehmungen aufzuschreiben macht den Kopf frei und schärft die Achtsamkeit. Die regelmäßige Anwendung bestätigt Ihnen zudem, wie wichtig es ist, seine Wahrnehmung nicht zu ignorieren.

Hilfsmittel: Sprechen Sie es deutlich aus

Sprechen Sie mit Ihrer Familie über ihre individuellen Schwingungen. Ermutigen Sie sie ebenfalls dazu. Das wird Ihren Kindern zeigen, dass bei Ihnen zu Hause

der subtile, nichtphysische Bereich der Energie genauso anerkannt ist wie die körperliche Ebene.

In unserer Familie stimmen wir uns gegenseitig auf unsere Schwingungen ein und sprechen die Gefühle dann aus, wenn wir sie haben. Ich hatte zum Beispiel einmal die Eingebung, dass mit Sonia etwas nicht stimmte, und ich fragte sie, ob etwas nicht in Ordnung sei. Zuerst antwortete sie: »Mir geht es gut«, aber dann überlegte sie kurz. »Mir geht es nicht richtig gut. Ich hab Schwierigkeiten mit Französisch, und ich hab den Eindruck, dass die anderen in der Klasse denken, ich sei doof.« Sie brach in Tränen aus. Nachdem sich mein Gefühl als richtig erwiesen hatte, unterstützten Patrick und ich sie viel mehr, und in kürzester Zeit hatte sie ihr Selbstvertrauen wieder gefunden.

Individuelle Schwingungen mitzuteilen hilft uns, sich auf unser Herz einzustimmen, reinigt die Luft und hält die Achtsamkeit aller Beteiligten frisch, klar und präzise. All dies bietet die beste Voraussetzung, um Intuition zu wecken. Nachdem wir diese Methode eine Zeit lang angewendet haben, konnten wir feststellen, dass wir unsere Empfindsamkeit füreinander auf einer fürsorglichen, sanften Ebene eingestellt haben. Das macht uns immer wieder bewusst, wie verletzlich wir alle sind, und verhindert, dass wir in einen unbewussten Alltagstrott verfallen. Es hält unsere Achtsamkeit empfänglich und unsere Herzen offen für Inspiration.

Falscher Alarm versus wirkliche Probleme

Unweigerlich gilt die höchste Priorität in einer Familie der Sicherheit und dem Schutz der Kinder. Wirkliche Vertrautheit mit den individuellen Schwingungen Ihrer Kinder wird Ihnen dabei helfen.

»Aber woher weiß ich, ob ich mich auf wirkliche Probleme meiner Kinder eingestimmt habe oder ob ich mich grundlos beunruhige?«, fragte eine engagierte, aber ängstliche Mutter. »Ich mache mir oft Sorgen über meinen Sohn, besonders wenn er im Flugzeug unterwegs ist. Wenn ich nicht aufpasse, kommt es zu einer ausgewachsenen Angstattacke, bis er sicher gelandet ist. Ist das ein echtes Bauchgefühl oder nur falscher Alarm?«

Das ist eine gute Frage und für Eltern wahrscheinlich wichtiger als jede andere. Wenn Sie zu den Eltern gehören, denen dies häufiger passiert (und es passiert nahezu *allen* Eltern das eine oder andere Mal), ist es wichtig zu wissen, dass die Angst, die Sie spüren, ihren Ursprung im medialen Bereich hat, aber nicht notwendigerweise auf die Katastrophe hindeutet, die Sie befürchten.

Tatsächlich ist es vielmehr so, dass dabei die intuitive Verbindung zu Ihrem Kind vorübergehend unterbrochen ist, so wie ein Radio aufgrund von Interferenzen zeitweise einen bestimmten Sender nicht empfängt. Diese Unterbrechung kann durch Besorgtheit, Verwirrung oder den Wunsch des Kindes nach Freiheit und Unabhängigkeit verursacht sein, besonders wenn Sie als Eltern kontrollierend oder dominierend sind.

Diese mediale »Unterbrechung« ist es eigentlich, die Sie alarmiert, also normalerweise keine Bedrohung oder Vorwarnung von außen. Die Tatsache, dass Sie die Energie Ihres Kindes überhaupt nicht spüren können, ist der Grund, weshalb Sie sich Sorgen machen und dazu neigen, sich alle Arten von Schreckensszenarien auszumalen. In den meisten Fällen geht es Ihrem Kind gut, aber wenn Sie derartige mediale Empfangsstörungen erleben, können Sie etwas dagegen unternehmen, statt zu einem Nervenbündel zu werden:

Hilfsmittel: Verbindungen wiederherstellen

Wenn Sie sich nicht mehr mit Ihrem Kind verbunden fühlen, konzentrieren Sie sich auf Ihr Herz und denken Sie an Ihr Kind. Nennen Sie seinen Namen und bitten Sie das Göttliche Bewusstsein, Ihr Kind mit reinem weißen Licht liebevollen Schutzes zu umgeben. Stellen Sie sich vor, dass dieses weiße Licht Ihr Kind und diejenigen, mit denen es zusammen ist oder in Kontakt kommt, vollständig umhüllt, wo auch immer sie sind. Sehen Sie vor Ihrem geistigen Auge, dass Ihr Kind sicher, geborgen und voller Ruhe und Frieden ist. Schicken Sie Ihrem Kind außerdem Ihre Liebe.

Diese Visualisierung wird Ihnen helfen, sich wieder mit den Schwingungen Ihrer Kinder zu verbinden und sie in Sicherheit zu wissen, wo immer sie sind. Sie sind damit auf energetischer Ebene tätig, um Ihre Schwingung und die Ihrer Kinder ins Gleichgewicht zu bringen und die gemeinsame Verbindung wiederherzustellen.

»Aber was ist, wenn man etwas Schlimmes fühlt und Visualisierungen überhaupt nicht helfen?«, fragte eine andere besorgte Mutter. Wenn Sie schlechte Schwingungen in Bezug auf Ihre Kinder spüren, sich nicht beruhigen können und keine Möglichkeit besteht, Ihre Familie zu kontaktieren, dann schlage ich vor, für ihren Schutz zu beten. Das ist alles, was Sie tun können. Obwohl es großartig wäre, wenn man jede potenzielle Schwierigkeit, mit der Ihre Kinder jemals konfrontiert werden könnten, mithilfe Ihrer Intuition vermeiden oder kontrollieren könnte, wäre das mehr, als ein menschliches Wesen vermag oder von sich selbst auch nur erwarten kann. Das fällt in Gottes Zuständigkeit. Sich zu beruhigen und denen, die Sie am meisten lieben, Liebe und schützende Energie zu schicken,

hilft außerordentlich, welcher Art die Umstände auch immer sein mögen. Wenn Sie Eingebungen verspüren, die so stark sind, dass Sie sich nicht entspannen können, bevor Sie etwas in der betreffenden Richtung unternommen haben, dann empfehle ich Ihnen, dass Sie die Betroffenen zu informieren versuchen und das tun, was ich in Kapitel 1 vorgeschlagen habe. Bitten Sie Ihre Familie, Ihre Gefühle zu respektieren und ihre Pläne zu ändern oder in Kontakt zu bleiben und Sie zu beruhigen, sei es auch nur, um Ihnen einen Gefallen tun. Auf diese Weise hätten Sie alle Maßnahmen getroffen, um Ihre Familie zu schützen und selbst ruhig und gelassen zu bleiben, egal ob die »Bauchgefühle« zutreffend sind oder falscher Alarm.

Energie in Bewegung

Wenn Sie anfangen, sich auf die Welt der Energie einzustimmen, wird es Zeiten geben, in denen Ihre intuitiven Regungen Sie durcheinander bringen. Sie haben zum Beispiel eine beunruhigende Eingebung über Ihr Kind, es stellt sich jedoch heraus, dass alles in Ordnung ist. Bedeutet das, dass Sie sich nicht auf Ihre Intuition verlassen können?

Nicht unbedingt. Im Zusammenhang mit Intuition sollte »Recht haben« nicht Ihr oberstes Ziel sein, besonders nicht,

Sich der Schwingung bewusst werden

wenn Sie gerade erst damit beginnen, für Energie empfindsamer zu werden. Energie präzise wahrzunehmen ist eine erlernte Fertigkeit, die sich mit viel Übung und durch viele Irrtümer erst entwickelt. Seien Sie sich außerdem nicht so sicher, dass Sie danebenlagen, wenn Sie beunruhigende Schwingungen aufgegriffen haben, aber offensichtlich keine Schwierigkeiten zu entdecken sind. Sie können sich in einem heiklen Moment eingestimmt haben, in dem eine reale Gefahr oder eine Unausgewogenheit zwar tatsächlich vorhanden waren, sich aber irgendwie wieder korrigiert haben, bevor sie sich zu einem ernsthaften Problem ausweiteten. Schließlich sind Energie und das Leben nicht starr, sondern immer in Bewegung, fließend.

Eine Klientin von mir berichtete folgende Geschichte von ihrer Tochter. Janice, die sehr intuitive und achtsame Mutter der 17-jährigen Lisa, bot ihrer Tochter und deren Freundinnen an, sie in den Osterferien als Anstandsdame auf einer Reise nach Cancún in Mexiko zu begleiten. Weil sie ihrer Tochter »Freiraum« geben wollte, auch wenn sie dabei ist, schlief Janice während der fünf Tage in einem eigenen Zimmer.

Eines Morgens erzählte Lisa ihrer Mutter, dass sie und ihre Freundinnen an den Strand gingen, und sie verabredeten sich für fünf Uhr zum Abendessen. Den ganzen Tag lang hatte Janice ein furchtbar schlechtes Gefühl bezüglich der

Schwingung ihrer Tochter. Sie spürte, dass mit ihr etwas nicht in Ordnung war. Dieses Gefühl schwankte zwischen leichter Sorge und realer seelischer Aufregung. »Was ist los mit Lisa?«, fragte sie sich, überzeugt, dass irgendetwas nicht stimmte. Sie umgab Lisa mit weißem Licht, und allmählich verzog sich ihre Angst.

Schließlich ging es auf fünf Uhr zu und Janice rief ihre Tochter auf dem Zimmer an. »Lisa ist unter der Dusche«, sagte Chris, eine von Lisas Freundinnen. »Warten Sie, ich schaue nach, ob sie fertig ist.«

Während sie wartete, konnte Janice hören, wie sich die Mädchen miteinander unterhielten, und sie bekam mit, dass Chris sagte: »Gott sei Dank habe ich Lisa heute vom Sex am Strand abgehalten!«

Janice ließ fast den Hörer fallen. Kein Wunder, dass ich so aufgeregt war! sagte sie sich. Was hat Lisa sich dabei gedacht? Was hatten die Mädchen vor?

Kurze Zeit später war Lisa am Telefon. »Hi, Mom!«, sagte sie und klang so fröhlich wie immer.

»Lisa«, sagte Janice und zügelte ihre berechtigte Empörung und Bestürzung. »Ich muss mit dir sprechen! Bitte komm sofort zu mir aufs Zimmer.«

Ein paar Minuten später spazierte Lisa in Janices Zimmer und setzte sich. Da sie sich nicht länger beherrschen konnte, platzte Janice heraus: »Lisa, ich habe Chris sagen hören, dass sie dich von Sex am Strand abgehalten hat! Was im Himmel hast du getan?«

Lisa war überrascht und verwirrt. »Ich weiß nicht, wovon du sprichst, Mom. Wie kannst du auch nur denken, dass ich etwas so Lächerliches machen würde!«

»Lisa, ich hatte den ganzen Nachmittag lang ein furchtbar schlechtes Gefühl. Es hat keinen Zweck, etwas zu verheimlichen zu versuchen. Ich habe selbst gespürt, dass du etwas vorhattest!«

Lisa schaute einen Augenblick lang verwundert und lachte dann los.

»Entschuldige, Mom! Es ist mir gerade eingefallen! ›Sex am Strand‹ ist der Name der Tequila-Cocktails, die an der Strandbar verkauft werden, und ich hatte überlegt, einen zu probieren.«

Janice war sehr erleichtert und musste auch lachen.

Lag Janice mit ihren Schwingungen daneben? Ich glaube nicht. Eine 17-Jährige sollte keine Tequila-Cocktails trinken. Haben Janices Visualisierung und Gebete geholfen? Nun, Lisa hat keinen »Sex am Strand« getrunken.

Wenn man Schwingungen aufgreift, geht es nicht darum, ob sie sich später als »richtig« oder »falsch« erweisen. Es geht darum, sich auf Energie einzustimmen, die in Bewegung ist, und sie im Gleichgewicht zu halten. Unsere Energie ist nicht statisch. Sie ist fließend, beweg-

lich und lebendig, sie verändert sich mit den äußeren Umständen. Lisa hatte sich kurz in einer Situation befunden, in der sie sich selbst Schaden zugefügt hätte, und genau darauf hatte Janice sich eingestimmt. Aber vielleicht waren es Janices Gebete, die die Situation veränderten und das Gleichgewicht wiederhergestellt haben. Ich persönlich glaube, dass es so war.

Sich auf eine individuelle Schwingung einzustimmen ist eine Fähigkeit, die Achtsamkeit, Sensitivität und Geerdetsein voraussetzt. Sie hat ihren Ausgangspunkt im Herzen und verbindet Sie mit Ihren Kindern, und mit der Zeit kann sie so selbstverständlich werden wie Atmen. Die Fähigkeit, die individuelle Schwingung Ihres Kindes genau zu erkennen und Unausgewogenheiten oder Bedrohungen dieser Energie besonders deutlich auszumachen, erfordert eine klare, zentrierte Achtsamkeit auf Ihrer Seite. Sich seelische Verschnaufpausen zu gönnen, zu meditieren, sich körperlich und emotional im Gleichgewicht zu halten, die Wohnung klar und geerdet zu halten und sich die Zeit zu nehmen, eine Bindung zu den Kindern herzustellen, sind die wesentlichen Faktoren, um die Verbindung stark, intakt und ungestört zu halten. Diese klare Verbindung ist die Rettungsleine zu dem intuitiven Leben, das Sie miteinander teilen.

Hilfsmittel: Energieaustausch

Atmen Sie entspannt und legen Sie eine Hand auf Ihr Herz, die andere Hand auf das Herz Ihres Kindes. Schließen Sie jetzt Ihre Augen, nehmen Sie im Geist die Energie des Kindes wahr und bitten Sie Ihr Herz, Sie über jede körperliche, emotionale oder mentale Dissonanz zu informieren. Gehen Sie bei dieser Übung nicht zu analytisch vor. Entspannen Sie sich und akzeptieren Sie, was entsteht. Öffnen Sie dann Ihre Augen und erzählen Sie Ihrem Kind, was Sie gefühlt haben, wenn es dazu alt genug ist. Falls nicht, schreiben Sie es in Ihrem Notizbuch auf.

Sie können dies auch aus der Distanz durchführen, indem Sie visualisieren, dass Sie eine Hand auf das Herz Ihres Kindes legen. Dies ist auch eine Übung, die Sie Kindern beibringen können. Diese genießen sie im Allgemeinen und können sie ihr ganzes Leben lang anwenden.

Hilfsmittel: Körperliche Nähe

Wenn Sie mit Ihrem Kind zusammen sind, schließen Sie Ihre Augen für einen Moment und achten Sie sehr aufmerksam darauf, wie es sich anfühlt, ihm physisch nahe zu sein, es zu umarmen, seinen Atem zu hören und aus der Nähe zu spüren. Atmen Sie dabei ein.

Machen Sie dann die gleiche Übung mit offenen Augen.

Hilfsmittel: Hände und Füße massieren

Sagen Sie Ihrem Kind, dass Sie einige besondere Augenblicke mit ihm verbringen möchten. Schlagen Sie vor, während dieser Zeit nicht zu sprechen. Massieren Sie Ihrem Kind fünf Minuten lang Hände oder Füße. Richten Sie einfach Ihre Achtsamkeit auf den Körper Ihres Kindes und beobachten Sie, wie Ihre Energie auf das Kind einwirkt. Vergessen Sie nicht zu atmen. Achten Sie darauf, ob Ihr Kind während dieser Zeit ruhig oder unruhig wirkt. Achten Sie darauf, ob Ihr Kind sich gesund und kraftvoll anfühlt oder matt und schwach. Ist Ihr Kind offen dafür, Energie zu empfangen oder blockt es Ihre Aufmerksamkeit ab? Was fällt Ihnen sonst noch auf? Fragen Sie Ihr Kind, wie es sich fühlt, wenn es von Ihnen massiert wird.

Lassen Sie Ihr Kind das Gleiche bei sich machen.

Hilfsmittel: Ihre Schwingung heilen

Beruhigen Sie zunächst Ihre individuelle Schwingung, indem Sie einige Male tief und entspannend ausatmen. Richten Sie als Nächstes Ihre ganze Aufmerksamkeit auf Ihr Herzzentrum und nennen Sie drei Dinge, die Ihnen an sich selbst gefallen. Seien Sie ehrlich, großmütig und sanft zu sich. Spüren Sie, wie der sanfte Strom aus Selbstliebe und Anerkennung durch Ihr gesamtes Energiefeld fließt, wenn Sie Ihre liebenswerten Eigenschaften benennen. Sprechen Sie als Nächstes den Namen Ihres Kindes aus und visualisieren Sie, dass Sie es im Zentrum Ihres Herzens platzieren.

Senden Sie Ihrem Kind jetzt den gleichen sanften Strom aus Selbstliebe und Anerkennung. Stellen Sie sich vor, dass diese liebevolle Energie im Herzzentrum Ihres Kindes entspringt und nach außen strömt, wobei es das ganze Wesen mit Liebe und Anerkennung erfüllt. Sehen Sie, dass Ihr Kind völlig von Ihrer Liebe umgeben ist – dabei wird die Schwingung Ihres Kindes geachtet, geheilt, beruhigt und ausgeglichen. Machen Sie dies etwa drei Minuten lang. Öffnen Sie die Augen, wenn Sie fertig sind.

Hilfsmittel: Sieben Möglichkeiten, sich einzustimmen

1. Blicken Sie Ihrem Kind zwei Minuten lang ohne zu sprechen in die Augen und schicken Sie ihm Ihre Liebe.

2. Wecken Sie Ihr Kind morgens sanft und schicken Sie ihm Ihre Liebe.

3. Bringen Sie Ihr Kind mit einem gemütlichen »Gute Nacht« ins Bett, und schicken Sie ihm Ihre Liebe.

4. Blicken Sie Ihrem Kind in die Augen, sagen Sie »Ich hab dich lieb« und schicken Sie ihm dann wieder Ihre Liebe.

5. Beachten Sie, wie Ihr Kind sich bewegt, spricht, sitzt, redet, spielt. Achten Sie auf jede kleine Veränderung. Bitten Sie Ihr Herz, Sie zu führen, damit Sie es bemerken, wenn etwas aus dem Gleichgewicht gerät.

6. Umgeben Sie Ihr Kind jeden Tag mit einem liebevollen weißen Licht des Schutzes.

7. Umgeben Sie auch sich selbst mit einem liebevollen weißen Licht.

Sich der Schwingung bewusst werden

Reflexionen

1. Schenken Sie der individuellen Schwingung aller Familienmitglieder Aufmerksamkeit. Können Sie sie auf irgendeine Weise beschreiben? Und Ihre eigene?

Die Ihres Partners?

Die Ihres ältesten Kindes?

Ihres zweiten Kindes?

Ihres dritten Kindes?

Ihres vierten Kindes?

2. Können Sie feststellen, wann die Schwingungen Ihrer Familienmitglieder aus dem Gleichgewicht geraten sind? Und Ihre eigenen?

3. Nehmen Sie es zur Kenntnis? Was machen Sie mit diesem Wissen?

4. Haben Sie feste Beziehungsgewohnheiten in Ihrer Familie, die Ihnen helfen, sich mit den individuellen Schwingungen der Einzelnen in Verbindung zu setzen?

Sich der Schwingung bewusst werden

5. Achten Sie auf Ihre geistige, körperliche und emotionale Gesundheit und Ihr Wohlbefinden, damit Sie in der Lage sind, sich klar auf individuelle Schwingungen einzustimmen?

6. Erfahren Sie mehr über Ihre Familie, wenn Sie sich der individuellen Schwingungen bewusster werden? Über Ihren Partner? Sich selbst?

7. Hatten Sie irgendwelche Intuitionen über Familienangehörige? Welche?

Zur Erinnerung:

Stimmen Sie sich auf ihr Herz ein?
    Reduzieren Sie Ihr Tagesprogramm?
    Halten Sie Ihr Haus heiter und in Ordnung?
    Beachten Sie feine Schwingungen und stimmen sich auf Ihre Gefühle im »Bauch« ein?

Anmerkung

Eine weitere Möglichkeit, individuelle Schwingungen wieder ins Gleichgewicht zu bringen, bieten die vielen Arten von Blüten-Heilmitteln. Es gibt Blütenessenzen, die speziell dazu bestimmt sind, im Falle von emotionaler oder intuitiver Dissonanz Harmonie und Gleichgewicht wiederherzustellen. Blütenessenzen und Informationen über Ihre Wirkungen können Sie in den meisten Bioläden und zahlreichen Apotheken erhalten. Falls Sie keine finden, gehen Sie in eine öffentliche Bibliothek und sehen Sie im Schlagwortkatalog unter »Blütentherapie« nach.

Diese Heilmittel können Ihnen helfen, Ihr seelisches und emotionales Gleichgewicht wiederzuerlangen, aber sie sind kein Ersatz für eine gesunde Lebensführung, ausgewogene Ernährung und eine emotional gesunde Atmosphäre. Sie sind jedoch eine wundervolle Ergänzung und können zu großen Veränderungen in der individuellen Schwingung eines Menschen führen. Probieren Sie es selbst aus!

6. Die Sprache der Seele

Einer meiner geistigen Mentoren, Charlie Goodman, hat mir hinsichtlich des Erweckens von Intuition etwas sehr Wichtiges weitergegeben. Er sagte, dass das wirklich Entscheidende sei, eine Intuition nicht nur zu fühlen, sondern sie tatsächlich *zum Ausdruck zu bringen*.

»Sich der Intuition bewusst zu sein, ist nur ein Teil des Vorgangs«, sagte er. »Diesem Gefühl Ausdruck zu verleihen und es damit in die Welt zu entlassen, ist der andere Teil. Wenn man das tut, misst man ihm einen Wert bei, und wenn man seiner Intuition Wert beimisst, kann sie einem im Leben helfen.«

Weil viele Menschen aus Familien kommen, in denen Intuition nicht anerkannt war, sind sie oft verlegen oder fühlen sich unwohl, wenn sie intuitive Regungen offen mitteilen sollen. Zu einem großen Teil kann dies einfach daran liegen, dass ihnen keine Ausdrucksmöglichkeit zur Verfügung steht, um ihre Intuition ruhig und unbefangen zu äußern.

Wenn manche Leute über ihre Eingebungen sprechen, nennen sie sie »ein unheimliches« oder ein »komisches«, »sonderbares«, »gruseliges« oder »beängstigendes« Gefühl. Das Problem bei diesen Begriffen ist, dass man etwas Negatives mit ihnen verbindet. Infolgedessen werden auch intuitive Regungen mit etwas Unangenehmem assoziiert. Wenn Sie zum Beispiel sagen, dass Sie eine unheimliche Eingebung hatten, werden viele Sie automatisch betrachten, als wären *Sie* unheimlich, egal, was für eine Erfahrung Sie gemacht haben. Und wie die meisten Eltern wissen, will kein Kind gerne als unheimlich gelten! Kinder reagieren sehr sensibel darauf, wie sie von anderen Kindern wahrgenommen werden. Oft leiden sie, wenn sie auf diese Weise wahrgenommen werden. Dann würden sie ihre Intuition lieber ignorieren, und so geschieht es dann auch.

Sie können Intuition auch beschreiben, indem Sie derartige Eingebungen ein »merkwürdiges Erlebnis« oder einen »seltsamen Zufall« nennen. Diese Begriffe ermöglichen es, intuitive Erfahrungen zur Kenntnis zu nehmen, lassen sie aber als Glückstreffer, als Abweichungen von der Norm erscheinen, bestimmt nicht als etwas Außergewöhnliches.

Wahrscheinlich sind die besten Ausdrucksmöglichkeiten, um intuitive Gefühle mitzuteilen, diejenigen, die auf Organen beruhen – »ich hab da so ein Gefühl im Bauch«, »meine Brust zieht sich zusammen«; man hat »einen Kloß im Hals« oder »Schmetterlinge im Bauch«. Diese Ausdrücke richten sich auf die Körperstelle, an der intuitive Energie wahrgenommen worden ist, gefühlt wurde. Aber auch sie erreichen es oft nicht, ernst genommen zu werden.

In unserer Familie war Intuition so grundlegend für unser Leben, dass wir Codewörter für das Erkennen und Ausdrücken einer Intuition hatten, Wörter, die ziemlich konkret waren und trotzdem komplexe Gefühle übermitteln konnten. Diese Begriffe erleichterten es uns, mitzuteilen, was wir fühlten, weil sie die intellektuellen und emotionalen Barrieren umgingen, die Erklärungen errichten. Allein die Tatsache, dass es Wörter gab, die wir für unterschiedliche intuitive Geistesblitze benutzen konnten, war Rechtfertigung genug, dass es diese Gefühle gab und dass sie es wert waren, bemerkt zu werden.

Das erste unserer Codewörter war »Schwingungen« und bezeichnete die anfängliche Energieempfindung der Intuition im Körper. »Schwingungen« wurden in Unterkategorien aufgeteilt. Wir hatten »gute Schwingungen«, die Menschen, Orte, Ideen und Möglichkeiten bezeichneten, die positive, sichere und glückliche Empfindungen hervorriefen. Gute Schwingungen deuteten auf Entscheidungen des Typs: »Grünes Licht, mach das« hin und beschrieben Synchronizitäten, wohltuende Begegnungen und Empfindungen von Geborgenheit und Anmut.

Wir hatten auch »schlechte Schwingungen«, die für alle unangenehmen, beunruhigenden, unsicheren Gefühle standen. Schlechte Schwingungen führten zu vorsichtigen Entscheidungen vom Typ »Lass die Finger davon, tu das nicht, verlass dich nicht drauf, pass auf, sei vorsichtig, sei auf der Hut«, die uns darauf aufmerksam machten, dass etwas nicht in Ordnung war.

Wir benutzten auch Wörter wie »geerdet«, um den intuitiven Zustand zu beschreiben, dass man präsent, stabil und sicher ist und sich stark und verbunden fühlt. Daneben gab es »ungeerdet«, ein Wort, das beschreibt, dass man gehetzt ist, übermannt, überlastet, unverbunden, nicht mehr in Harmonie mit der Umgebung ist, sich unbehaglich, beunruhigt, nervös, defensiv, gereizt und verletzlich fühlt.

Die Sprache der Seele

Sie sehen, wie viele fein unterschiedene Zustände diese zwei Wörter beschreiben können, und Sie werden verstehen, dass es für uns eine große Erleichterung war, alles das so einfach ausdrücken zu können. Wenn wir schlechte Schwingungen hatten, machten wir uns darüber nicht mehr Gedanken, als wenn wir ein rotes Auto gesehen hätten. Es war einfach ein zusätzlicher Teil unserer Sinneseindrücke. Mit einem derart grundlegenden Wortschatz für Intuition aufgewachsen zu sein hat es mir äußerst erleichtert, meine Intuition als einen alltäglichen, nüchternen Aspekt meiner Sinneswahrnehmung in mein Leben zu integrieren.

Einfache Ausdrücke – Schutzmaßnahmen

Ich habe die Gewohnheit, »die Sprache der Intuition zu sprechen«, mit meinem Mann und meinen Kindern beibehalten. Ich habe ihnen die Begriffe, die mir so vertraut sind, nahe gebracht, und wir haben zusätzlich zusammen neue erfunden.

Sonia hat den Begriff »kratzig« geprägt, um das Gefühl zu beschreiben, dass jemand oder etwas ihre innere Harmonie oder ihr Gleichgewicht stört. Sie benutzt es für Zustände oder Menschen, die sie reizen wie Wolle auf nackter Haut. Wenn Sonia sagt, jemand »sei für sie kratzig«, weiß ich, dass sie sich in dessen Gegenwart nicht wohl fühlt. Es war gut, dies zu wissen, als sie noch jünger war und zu den vielen Geburtstagsfeiern ihrer Klassenkameradinnen eingeladen wurde. Wenn Sie bei einem »Kratzigen« eingeladen war, hat sie einfach abgesagt, weil sie wusste, dass es ihr nicht gefallen würde. Es bewahrte sie davor, eine unangenehme Erfahrung durchstehen oder uns erklären zu müssen, warum sie nicht gehen wollte. Ihr Gefühl, jemand sei »kratzig«, war uns Erklärung genug.

Ein anderer Ausdruck bei uns zu Hause ist »weit offen«. Das bedeutet, dass wir mehr Stimulation bekommen als angenehm ist, und hat zur Folge, dass wir »ungeerdet« sind. In der Welt der Erwachsenen kann man sich »weit offen« fühlen, wenn man unerwartet zum Chef gerufen wird, der einem dann Vorwürfe macht oder, noch schlimmer, entlässt. Oder Sie nehmen den Telefonhörer ab und es ist jemand dran, der seine Aggressionen an Ihnen auslässt. Sie kennen das Gefühl. Man fühlt sich überrollt, auf dem falschen Fuß erwischt, überrumpelt.

Ein anderer gemeinsamer Ausdruck ist »zumachen«. Zumachen ist vergleichbar mit dem Verschließen der Fenster eines Hauses, eine Schutzmaßnahme, um unerwünschte Einflüsse auszuschließen. Einmal stand ich mit Sonia am Flughafen bei der Gepäckaufgabe, als der Mann vor uns am Schalter einen Wutanfall bekam. Er verursachte eine derartige Szene wegen einer Unklarheit bei seiner Reservierung, dass er schließlich drei Angestellte beschäftigt hatte, die dann miteinander zu streiten begannen. Ihre Erregtheit übertrug sich auf die wartenden Passagiere, und es kamen wütende Kommentare, er solle »die Klappe halten« und »voranmachen«. Es war eine unangenehme Situation, die immer schlimmer wurde.

Sofort drehte sich Sonia zu mir um und sagte: »Oje, Ärger. Lieber zumachen und es nicht beachten.« Sie hatte Recht. Sonst hätten wir, wie die anderen Menschen um uns herum, die Spannung ebenfalls absorbiert.

Ein weiterer Ausdruck, den meine Kinder sehr schätzen und mit dem wir unangenehme Energien beschreiben, ist »Ekelattacke«, ein Begriff, der für sich spricht. Es ist das Gefühl, das in der Nähe von jemandem oder etwas aufkommt, der oder das das Gefühl von angewidert sein oder »eklig« hervorruft.

Ich erinnere mich, dass ich als Neuntklässlerin an einer katholischen Schule immer eine Ekelattacke bekam, wenn ich mich in der Nähe des Mädchen-Volleyballtrainers befand. Alle Mädchen fanden ihn toll, und er sah auf den ersten Blick gut aus, aber jedes Mal fühlte ich mich in seiner Nähe »eklig«, auf irgendeine Weise angegriffen, deshalb ging ich ihm außerhalb des Unter-

richts unter allen Umständen aus dem Weg. Und als mir in der zehnten Klasse meine Freundin Gina gestand, dass sie seit mehr als einem Jahr Sex mit ihm hatte, war ich angewidert, aber nicht überrascht. Kein Wunder, dass er bei mir eine »Ekelattacke« verursacht hatte! Er war pervers, ein widerlicher Fiesling.

Das letzte Codewort, das ich gelernt habe und meinen Kindern weitergegeben habe, ist »Seelenattacke«. Eine Attacke auf die Seele ist stärker als eine Ekelattacke, weil eine Ekelattacke bedeutet, dass jemand oder etwas unangenehm oder ungesund ist, während Seelenattacke besagt, dass jemand oder etwas einen tatsächlich verletzen will. Seelenattacken kommen ständig vor. Zum Beispiel als Hinterhalt des Arbeitskollegen, der Ihren Job möchte, oder in Form des angeblichen Freunds, der einen tadelt, obwohl er den Fehler begangen hat; der gehässige Nachbar, der mit Ihnen konkurriert, oder der tobende Alkoholiker. Seelenattacke ist ein Begriff, um niederträchtiges, negatives Verhalten eines Menschen zu beschreiben, das sich gegen Sie richtet. Eine Seelenattacke ist sehr verletzend, und es ist wichtig, Kindern die Fähigkeit zu vermitteln, derartige Attacken als solche zu erkennen und ihnen aus dem Weg gehen zu können.

Vielleicht ist es nicht so offensichtlich, aber Seelenattacken kommen bei

Kindern, besonders bei Teenagern ständig vor, weil sie unsicher sind und sich für machtlos halten. Eine Seelenattacke fühlt sich an wie ein Angriff, eine Wunde oder eine Verletzung. Sie ist nicht nur schädlich, weil sie schmerzt, sondern weil sie Zweifel hervorruft. Sie ist ein sehr realer Pfeil negativen Denkens, der in Ihre Richtung abgeschossen wird, und kann lang anhaltende Folgen nach sich ziehen.

Kinder über Seelenattacken aufzuklären wird ihnen helfen, schädigenden Einflüssen aus dem Weg zu gehen und sich von negativer Energie fern zu halten. Dann werden sie auch nicht – im Gegensatz zu vielen anderen, besonders Kindern – die Negativität als Scham internalisieren. Wenn eine Seelenattacke erfolgt, werden Kinder sich verletzt fühlen und nicht wissen, was sie getroffen hat. Aber es ist etwas passiert: Negative Energie hat sich in ihrem Energiefeld festgesetzt. Sehr viele Kinder haben derartige seelische Verletzungen und wissen nicht, was sie tun sollen. Es führt dazu, dass sie sich verschließen, sich zurückzuziehen, sich unsicher fühlen. Sie müssen es erkennen lernen, wenn ihnen etwas Derartiges passiert, und mit ihnen darüber sprechen. Im nächsten Kapitel werde ich Ihnen zeigen, was Sie tun können, um das Gleichgewicht wiederherzustellen, wenn Ihr Kind mit einer Seelenattacke fertig werden muss.

Reagieren Sie, wenn sich die Intuition meldet

Diese einfachen Ausdrücke übermitteln Kindern äußerst wichtige Botschaften. Sie übermitteln: »Ich verstehe«, »Ich glaube dir«, »Ich spüre es auch«, »Ich nehme diese Energie als wirklich zur Kenntnis« und nicht zu vergessen: »Wir unternehmen jetzt etwas, um uns zu beschützen und auf diese Information zu reagieren.«

Am letzten Nationalfeiertag, am 4. Juli, haben alle Familien um uns herum die Straße für das jährliche Straßenfest gesperrt. Die Kinder rannten den ganzen Tag umher, fuhren Rad und spielten, und abends setzten wir uns zu einem Essen zusammen, zu dem jeder irgendetwas mitbrachte. Nach Einbruch der Dunkelheit brannten einige Eltern ein kleines Feuerwerk ab, und Eltern und Kindern schauten es sich gemeinsam an.

Nach etwa einer halben Stunde voller Explosionen und Donnerschlägen kam Sabrina zu mir und flüsterte: »Mom, ich habe irgendwie Angst. Es ist zu aufregend für mich. Ich fühle mich nicht wohl, und ich habe schlechte Schwingungen. Ich bin zu weit offen. Ich mag das nicht.«

Sonia dagegen gefiel es gut und wollte weiter dabeibleiben. Sie ist von Natur aus viel stärker als Sabrina, und die heftige Energie des Feuerwerks hatte nicht die gleiche Wirkung auf sie. Als ich sie nach ihren Schwingungen fragte, sagte sie, dass sie die Energie auch spüre, aber deshalb das Spektakel nicht verpassen wollte. Sabrina wollte nach Hause gehen, was für mich in Ordnung war. Sie brauchte nicht mehr zu sagen. Wir gingen ins Haus, nachdem wir Patrick, der sich ein Stück entfernt aufhielt, darüber informiert hatten, wie sich die Mädchen fühlten. Patrick beschloss, die Kinder vorsichtshalber noch vier bis fünf Meter weiter vom Feuerwerk wegzuholen und Sonia dicht bei sich zu behalten.

Im Haus hörten Sabrina und ich nur wenige Augenblicke später plötzliche Explosionen und Schreie. Sekunden danach kam Sonia atemlos ins Haus gerannt.

»Du hättest sehen sollen, was gerade passiert ist!«

Patrick kam direkt hinterher, sichtlich geschockt. »Deine schlechten Schwingungen haben genau zugetroffen, Sabrina! Als Joe den Turbo Man anmachte (das große Finale des Feuerwerks), fiel der um und schoss direkt in die Menge! Es wurde niemand verletzt, aber es war nahe dran. Wir sind knapp einer Katastrophe entgangen und haben beschlossen, dass es für heute genügt.«

Sabrina sagte: »Bin ich froh, dass ich nicht dort war.«

Wir alle gingen an diesem Abend sehr erleichtert schlafen.

Wörter und Ausdrücke wie »Schwingungen«, »geerdet«, »weit offen« oder »zumachen« sind für Kinder hervorragend geeignet, um zum Ausdruck bringen zu können, was sie fühlen, ohne dass sie ihre Empfindungen rechtfertigen müssen.

Ihre Wörter sind immer die richtigen

Aufgrund meiner Tätigkeit als intuitive Beraterin haben meine Kinder von Anfang an die feinen Ebenen der psychischen und intuitiven Energie sowie Mittel und Wege kennen gelernt, darüber zu reden. Es ist keineswegs ungewöhnlich, mit ihnen nicht nur über Schwingungen, Ekelattacken und dergleichen zu sprechen, sondern auch über Energiefelder, Auren, Chakren und andere sehr komplexe Vorstellungen. In meiner Familie funktioniert dieses Vokabular zwar sehr gut, aber man muss es nicht unbedingt benutzen, um sich die wunderbare innere Stimme der Seele zu erschließen. Sie ziehen vielleicht religiöse Ausdrücke wie »mein Engel« oder auch »Seele« vor, wenn Sie über Schwingungen sprechen. Oder Sie möchten einfache und deutliche Formulierungen verwenden wie »mein Bauch«, »mein Instinkt« oder »mein Gefühl«. Bekannte von mir nennen eine Seelenattacke eine »Stinkbombe«. Eine andere Familie nennt eine »Ekelattacke« ein »ätzendes Gefühl«. Eine dritte nennt Schwingungen »Radar«. Worauf es mir ankommt ist, dass Sie Ihre eigene Seelensprache erfinden können. Die Wörter, die sich für sie richtig *anfühlen, sind* richtig für Sie.

Wenn Kinder die Möglichkeit erhalten, ihre intuitiven Regungen zu erkennen und auszudrücken, werden sie diese Erlebnisse leichter in ihr Leben integrieren können. Es ist so viel einfacher für Kinder, der Intuition Beachtung zu schenken und auf sie zu reagieren, wenn sie nicht *erklären* müssen, was sie fühlen oder noch schlimmer, warum. Wenn sie lernen, sie einfach zu spüren und auszusprechen, und wenn ihre Gefühle dann respektiert werden, werden sie auch kommunizieren.

Wissen, wann man etwas für sich behält

Zwar sind intuitive und mediale Regungen ganz natürlich, aber manche Menschen müssen einen weiten Weg zurücklegen, bis sie ihre intuitive Natur verstehen. Die Welt verändert sich zwar, aber falsche Wahrnehmungen kommen überall vor und können ein Kind dazu veranlassen, seine intuitiven Regungen nicht mehr spontan zu äußern. Meiner Mutter war klar, dass wir Kinder mit negativen Reaktionen anderer nicht eingeweihter Personen zu rechnen hatten, deshalb wies sie uns an, unsere Codesprache vor fremden Ohren geheim zu

halten. Sie erklärte uns, dass Menschen für intuitive oder mediale Regungen entweder offen sind oder nicht und dass es eine Energieverschwendung sei, über Dinge wie Schwingungen mit Leuten zu sprechen, die nicht offen dafür sind.

»Es ist, als ob man jemanden auf Griechisch anspricht, der es nicht versteht. Warum Zeit verschwenden? Besser, es für jene aufzubewahren, die damit etwas anfangen können.«

Es war ein guter Rat für mich als Kind und ersparte mir die abschätzigen Bemerkungen derer, die nicht »eingestimmt« waren. Meinen Kindern habe ich den gleichen Rat gegeben. Vielleicht möchten auch Sie Ihren Kindern empfehlen, dass sie ihre Begriffe für intuitive Erfahrungen vor denen geheim halten, die sich darüber lustig machen könnten oder es ihnen nicht leicht machen, intuitiv oder medial zu sein. Informieren Sie Ihre Kinder darüber, dass manche Menschen für Schwingungen vielleicht nicht so empfänglich sind wie sie. Einer ihrer Lehrer kann zum Beispiel skeptisch oder unsensibel sein oder, was wahrscheinlicher ist, sie könnten sich mit einem Kind anfreunden, das die Welt der intuitiven und medialen Energie nicht kennen gelernt hat.

Andererseits ist es gut, sich andere zu suchen, die dieselbe Sprache sprechen. Ich erinnere mich, dass ich als Kind zwei Freundinnen hatte, Sue und Vickie, mit denen ich über meine »Gefühle im Bauch« sprach. Eines unserer Lieblingsspiele in der Junior High School war »Ich bin ein Medium«, bei dem wir Dinge vorhersagten, wie zum Beispiel, wer wen in der Klasse mochte oder wer den Cheerleader-Wettbewerb gewinnen oder welcher Lehrer uns mit einer Klassenarbeit überraschen würde, wobei wir alle möglichen Codewörter, Zeichensprachen und Signale benutzten. Diese kleinen Intuitionsübungen halfen uns, unser unsicheres jugendliches Selbstbild zu festigen, und es machte uns riesigen Spaß, unsere Fähigkeiten zu testen. Mediale Abenteuer mit Freunden zu erleben war unsere größte Freude, und wir waren immer wieder überrascht, wie präzise wir durch die gegenseitige Ermutigung wurden. Ich bin mir sicher, dass sie meine Liebe für die Erforschung der Intuition bis auf den heutigen Tag beeinflusst haben.

Körpersprache: Der direkte Weg

Zusätzlich zur verbalen Sprache wird in meiner Familie noch ein Codesystem benutzt, mithilfe dessen meine Kinder ihre Schwingungen offen und angstfrei übermitteln können: die Körpersprache. Wir haben vereinbart, dass in jeder Situation jeder von uns die Hand eines anderen nehmen darf und unterschiedliche Gefühle übermitteln kann, je nachdem, wie oft er die Hand des anderen

drückt. Wenn Sonia oder Sabrina zum Beispiel nervös sind, bedeutet einmal Drücken der Hand: »Ich bin ungeerdet, schütze mich«. Zweimal Drücken bedeutet: »Schlechte Schwingungen, gefällt mir nicht, lass uns gehen!« Und ein langes Händedrücken bedeutet »Gute Schwingungen, es gefällt mir *gut*.« Diese stille Verbundenheit erlaubt uns, auf eine noch tiefer gehende Weise, als es mit Wörtern möglich ist, Kontakt miteinander und mit uns selbst zu halten.

Bei Jungen, die Händehalten nicht mögen, können ein Drücken der Schulter oder das Berühren eines Armes das Gleiche erzielen. Jede Familie kann ihren eigenen Code erfinden, ob in Wörtern oder mittels Körpersprache. Wichtig ist, ein System abzusprechen, damit Sie Ihre intuitiven Regungen ungehindert und *nicht-öffentlich* austauschen können.

Erfinden Sie eine Seelensprache für Ihre Familie

Eine Seelensprache gibt Ihnen einen Bezugsrahmen, der Ihrem Kind hilft, über Intuition ohne Angst vor Zensur zu sprechen, ihr den Wert beizumessen, den sie verdient, und den Nutzen daraus zu ziehen, den sie bietet. Sie ermöglicht Ihnen und Ihren Kindern, von der gewohnten Vorstellung wegzukommen, dass Intuition nicht real und uns nicht verfügbar sei.

Die Sprache der Seele

Intuition ist ein natürlicher Teil dessen, wer wir sind, und wenn wir ein geeignetes kreatives Vokabular haben, sie zum Ausdruck zu bringen, hilft uns das, sie als Teil unseres Lebens in Anspruch zu nehmen.

Hilfsmittel: Erfinden Sie Ihre eigene Sprache

Bitten Sie jedes Familienmitglied, seine Intuition mit seinen eigenen Codewörtern zu beschreiben. Machen Sie sich zusammen den Spaß, einen intuitiven Wortschatz zusammenzutragen, der alles umfasst und Ihre innere Führung unterstützt. (Falls jemand in Ihrer Familie nicht daran interessiert ist, machen Sie sich keine Sorgen. Neugier wird im Allgemeinen auch den größten Skeptiker fesseln, besonders wenn der Rest der Familie viel Freude an diesem Hilfsmittel hat.)

Hilfsmittel: Welche Sprache sprechen die anderen?

Achten Sie als Familie auf die Wörter und Redewendungen, die andere Menschen benutzen, um sich ihre Intuitionen mitzuteilen, sprechen Sie dann zu Hause über diese Ausdrucksweisen.

Hilfsmittel: »Top secret«

Vereinbaren Sie einige Codesignale innerhalb Ihrer Familie, um Ihre Intuition nonverbal mitteilen zu können. Bitten Sie jedes Familienmitglied um seinen Beitrag zur Erschaffung einer Geheimsprache, die jeden beschützt und unterstützt.

Reflexionen

1. Schreiben Sie die in Ihrer Familie beliebtesten Ausdrücke auf für:

eine Intuition

_____

_____

_____

eine gute Intuition

_____

_____

_____

eine schlechte Intuition

_____

_____

_____

2. Schreiben Sie die in Ihrer Familie benutzten Ausdrücke auf für:

sich energetisch unwohl fühlen

_____

_____

_____

Die Sprache der Seele

eine Seelenattacke

die »Kratzigen«

eine »Ekelattacke«

alle weiteren

3. Gab es in Ihrer Kindheit Codewörter in der Familie, um Intuition zum Ausdruck zu bringen? Wie lauteten sie?

Teil II · Die Intuition willkommen heißen

4. Konnten Sie als Kind offen über Ihre Intuitionen sprechen? Wer hat Ihnen zugehört und wie war die Reaktion?

5. Sprechen Sie heutzutage offen über Ihre Intuition? Mit wem?

6. Sprechen Ihre Kinder offen über Ihre Intuition? Mit wem?

7. Spricht Ihr Partner offen mit Ihnen über seine Intuition? Wie reagieren Sie?

8. Wird in Ihrer Verwandtschaft (Eltern, Geschwister) offen über intuitive Regungen gesprochen? Welche Ausdrücke verwenden sie?

Die Sprache der Seele

9. Verwenden Ihre Familienmitglieder bejahende Begriffe für Intuition?
   Oder ist ihre Sprache geprägt von Unbehagen, Verwirrung oder Missbilligung ihrer Intuition?

   _____

   _____

   _____

10. Haben Sie einen Unterschied bezüglich Ihrer Intuition bemerkt, seitdem Sie eine Seelensprache vereinbart haben?

    _____

    _____

    _____

Zur Erinnerung:

Reduzieren Sie Ihr Tagesprogramm?

Halten Sie Ihr Haus heiter und in Ordnung?

Beachten Sie feine Schwingungen und stimmen sich auf sie ein?

Erfinden Sie eine eigene Seelensprache?

7. Grenzen setzen

Wenn Sie Intuition weiterhin als natürlichen Teil Ihres spirituellen Wesens akzeptieren, werden Sie rasch in eine ganz neue Dimension von Achtsamkeit vordringen. Sie werden entdecken, dass das Erwecken von Intuition so ist, als würde man auf Sterne aufmerksam. Sie können lange umhergehen und den Nachthimmel über sich nicht zur Kenntnis nehmen. Dann schauen Sie eines Nachts hoch und bemerken die funkelnden Sterne am Himmel. Begeistert von ihrem schönen Glitzern werden sie auf der Suche nach weiteren leuchtenden Himmelslichtern von der Schwärze angezogen. Anfangs sehen Sie vielleicht nur wenige, dann mehr, dann noch mehr, bis sich plötzlich Ihre ganze Wahrnehmung verändert und der Himmel auf einmal vor Tausenden und Abertausenden von Sternen zu explodieren scheint. Es erfüllt einen mit Demut, wenn man erkennt, dass man die Sterne zum ersten Mal wahrgenommen hat, obwohl diese Lichter sich schon immer am Himmel befanden.

Wenn Sie beginnen, sich in das Reich der Seele einzustimmen, beginnt die Intuition wie Sterne in der Nacht zu funkeln. Ist Ihre Wahrnehmung einmal darauf ausgerichtet, Intuition zu beachten, beginnt plötzlich eine Welle von Synchronizitäten und »Aha«-Erlebnissen medialer Wahrnehmung wie Wasser zu strömen. Sie werden Ihre Intuition unter anderem dadurch immer mehr bemerken, dass Sie und Ihre Familie beginnen, die Energiefelder der Menschen in Ihrer Umgebung wahrzunehmen. Und je mehr Sie über diese Felder wissen, desto besser werden Sie darauf reagieren können.

Als ich Sonia eines Abends ins Bett brachte, sagte sie: »Mom, weißt du, dass Menschen glühen?«

»Was meinst du damit?«, fragte ich.

»Ich habe heute in der Schule mitbekommen, dass sich Bob richtig über Susan aufgeregt hat, und als er sie anschrie, sah ich direkt über seinem Kopf ein glühendes rotes Licht. Wirklich!« Sie brach in Lachen aus.

»Du hast Bobs Aura gesehen, Sonia. Das ist das Energiefeld, das seinen Körper umgibt. Manchmal kann sie wie ein Schwamm sogar die Energie anderer aufsaugen. Wenn ein Mensch wütend ist, wie Bob, dann wird das Energiefeld rot. Deshalb sagen die Leute manchmal: ›Ich war so wütend, dass ich rot gesehen habe.‹ «

Ich erklärte Sonia, dass dieses Energiefeld viele Namen hat. Eine andere Bezeichnung für das Energiefeld ist »ätherischer Körper«. Ätherisch stammt von dem Wort »Äther« ab, was Geist bedeutet. Die Aura oder der ätherische Körper ist unser spiritueller Körper. Er folgt der äußeren Form unseres physischen Körpers und kann sich zwischen dreißig Zentimeter bis eineinhalb Meter über ihn hinaus ausdehnen. Eine sensitive, intuitive Person kann dieses Feld manchmal sehen, so wie Sonia an diesem Morgen. Aber auch wenn man es nicht sieht, ist es zu spüren, und es beeinflusst uns.

Ein Regenbogen an Möglichkeiten

Dieses Energiefeld verändert seine Färbung und die Farbsättigung je nachdem, wie die Person sich körperlich, mental und emotional fühlt. Wenn jemand begeistert, wütend oder auch verstört ist, leuchtet das Energiefeld rot und fühlt sich intensiv, empfindlich und gereizt an. Wenn ein Mensch verstört, müde oder körperlich krank ist, kann dieses Rot zu einem schlammigen Braun werden, und die Person wird sich unwohl, erschöpft und lustlos fühlen. Wenn ein Mensch erregt ist, beglückt, sich kreativ fühlt oder Freude empfindet, wird seine Aura leuchtend orange werden und sich lebhaft, energetisiert und lebendig anfühlen. Wenn jemand in Gedanken versunken ist, sich konzentriert oder versucht, die Kontrolle zu behalten, wird seine Aura leuchtend gelb werden und sich intensiv, heftig und dynamisch anfühlen. Wenn eine Person sich geliebt fühlt, jemanden liebt oder mit seiner Umgebung zufrieden ist, wird ihre Aura leuchtend grün werden und sich einnehmend, warm und heilend anfühlen. Wenn jemand Freundlichkeit, Zuneigung, auch romantische Liebe spürt, wird das Grün pinkfarbene Flecken bekommen und sich geborgen, beruhigend und verlockend anfühlen.

Hört ein Mensch auf sein Herz oder ist er aufnahmebereit, wenn er zum Beispiel lernt oder Ideen austauscht, wird seine Aura himmelblau werden und sich durchsichtig, klar und inspirierend anfühlen. Wenn eine Person eine rege Vorstellungskraft hat oder visuell denkt, wird sich ihr Energiefeld zu einem tiefen Indigo verändern und sich abenteuerlustig, tief und einsichtsvoll anfühlen.

Grenzen setzen

Wenn ein Mensch im Gebet ist, meditiert oder nachdenkt oder die Liebe und Führung des Universums fühlt, wird seine Aura violett-weiß werden, manchmal mit Gold gefleckt und sich beruhigend, tiefgründig und auch heilig anfühlen.

Diese Farbveränderungen des Energiefelds reflektieren die Vitalität, das Denken, die Wahrnehmung, Gefühle und körperliche Verfassung eines Menschen. Weil Menschen komplexe Wesen sind, sind diese Energiefelder im Allgemeinen eine Mischung aus Farben und Einflüssen. Wenn wir entspannt und uns der Energie jenseits der physischen Dimension bewusst sind, können wir diese Energiefelder fühlen und manchmal auch sehen.

Die Aura sehen

Dass Sonia Bobbys Energiefeld gesehen hat, ist nichts Besonderes. Ich glaube, dass alle Kinder zu einer gewissen Zeit Auren sehen, normalerweise solange sie noch sehr jung sind. Ihre Augen sind auf diese Schwingungsfrequenz eingestellt, weil ihr Kopf frei und ihre Herzen offen sind. Sie sind sich ihrer energetischen Umgebung viel stärker bewusst als wir Erwachsene, die wir viel Zeit damit verbringen, Informationen auszufiltern, weil unser Verstand mit zurückliegenden oder zukünftigen Ereignissen beschäftigt ist.

Sue, eine Klientin mit zwei Adoptivkindern, hat einen Termin mit mir vereinbart, um mit mir über ihre vierjährige Tochter Linda zu sprechen, die erzählt hatte, dass alle Familienmitglieder mit Farben umgeben seien. »Manchmal erzählt sie mir, dass sie um den Kopf ihres Bruders herum ein gelbes Licht sieht«, sagte sie. »Und einmal erwähnte sie, dass sie ein pinkfarbenes Licht um mein Gesicht sähe. Ich weiß, dass sie unsere Auren sieht, aber ich weiß nicht genau, wie ich es ihr erklären soll.«

Ich schlug vor, ihrer Tochter einfach zu erläutern, dass sie sich in Energiefelder einstimmte. »Ich glaube, Sie werden überrascht sein, wie bereitwillig Linda Ihre Erklärung annimmt. Erzählen Sie ihr einfach, dass die Energie, die sie sieht, die Körper aller Menschen umgibt, und dass sie das Glück hat, sie sehen zu können.«

Sue erklärte es ihrer Tochter, woraufhin Linda antwortete: »So nennst du also dieses Licht!«

Ich glaube, dass alle Babys am Anfang Auren sehen. Einige, wie Linda, behalten diese Fähigkeit länger als andere, aber die meisten verlieren sie mit drei oder vier Jahren. Zu diesem Zeitpunkt haben die äußeren Einflüsse auf ihre Wahrnehmung dazu geführt, dass sie ihren Blick nicht mehr auf die eher subtile Energieebene richten, sondern ausschließlich auf die körperliche Welt.

Die Aura fühlen

Kinder hören zwar auf, Auren zu sehen, aber sie können sie nach wie vor *fühlen* oder auf sie reagieren, und wenn man sich ein wenig um Achtsamkeit bemüht, können wir es als Erwachsene ebenso. Unsere Auren sind die Summe unseres Bewusstseins und der individuellen Schwingung zu einem bestimmten Zeitpunkt, und Kinder können dieses Bewusstsein ziemlich genau fühlen.

Wenn wir angespannt oder verärgert sind, wird unsere Aura dies genauso übermitteln wie unsere individuelle Schwingung. Wenn wir schwach oder müde, fröhlich oder glücklich, ängstlich oder mutig sind, wird unsere ganze Energie in unsere Aura übertragen. Wenn wir mit den Energiefeldern anderer Personen in Kontakt kommen, werden wir von ihnen beeinflusst, wir können sogar die Energie eines anderen Menschen absorbieren. Das ist gut, solange wir uns im Umfeld einer positiven Schwingung befinden, aber wenn wir nicht aufpassen, kann sich auch negative Energie auf uns auswirken.

Können Sie sich daran erinnern, einmal in der Nähe von jemandem gewesen zu sein, der so gereizt und unangenehm war, dass sie seine Energie über sich kriechen fühlten wie Käfer? Oder Sie so ausgelaugt hat, dass Sie anschließend ein Nickerchen brauchten? Erinnern Sie sich, dass Sie, nachdem diese Person fort war, immer noch die hektische Energie spüren konnten, als ob dieser Mensch immer noch da wäre? Und zwar so sehr, dass sie genauso aufgeregt wurden wie er? Das liegt daran, dass das Energiefeld dieses Menschen – seine Aura – Ihre Aura vergiftet hat. Sind Sie jemals mit dem falschen Bein aufgestanden und haben sich wie ein ausgewrungener Putzlappen gefühlt, noch bevor sie an den Frühstückstisch geschlurft kamen? Haben Sie sich nie gewundert, dass die ganze Familie bei Ihrem Erscheinen schon unruhig wurde, ohne dass Sie überhaupt guten Morgen gesagt haben? In dem Falle ist es Ihre Aura, die den Raum vergiftet.

Waren Sie andererseits schon einmal mit einem liebenswürdigen, netten Menschen zusammen, beispielsweise einem sechs Monate alten gut gelaunten Baby? Sind Sie sich dessen bewusst, wie dieses liebende, offene Herz ihre Stimmung sofort aufhellt, so dass Sie vergnügt und glücklich sind? Oder haben Sie einmal den Blick eines Kindes gesehen, das einen festlichen Umzug beobachtet? Das Staunen und die Freude, die davon ausgehen, sind ansteckend.

Der Grund hierfür ist, dass menschliche Wesen Harmonie und Resonanz mit ihrer Umgebung suchen. Wenn in unserem Umfeld eine Schwingung dominiert, stimmen wir uns unbewusst darauf ein. Halten Sie zum Beispiel zwei Gitarren nebeneinander und schlagen bei einer

Grenzen setzen

eine Saite an, wird die gleiche Saite der anderen Gitarre mitschwingen. Das ist das Gesetz der Resonanz. Wir alle sind wie diese Gitarren, nur in noch stärkerer Weise. Wir fühlen die ganze Zeit das Energiefeld anderer Menschen und schwingen mit ihm, nur sind die meisten sich dieses Phänomens nicht bewusst. Deshalb werden wir in der Nähe ruhiger Energie entspannter, und wenn wir in der Nähe verstörter Energie sind, kann es uns leicht passieren, dass wir diese Erregung selbst fühlen.

Wie Sie sehen können, sind Energiefelder real, und sie wirken leicht auf uns ein, besonders auf Kinder. Haben Sie schon einmal bemerkt, wie schnell Kinder auf jemanden reagieren, der nervös ist? Sie halten es nicht aus. Sie reagieren sich ab, werden unhöflich und unverschämt oder ziehen sich zurück, weil sie sich wegen der Energie dieser ängstlichen Person unwohl fühlen.

Ich erinnere mich an die Kraft der Aura meiner Mutter. Wenn sie unglücklich war, konnte man es bei uns zu Hause unter der Tür durchsickern fühlen, bevor man sie nur geöffnet hatte. Sie brauchte ein Zimmer nur zu betreten, und wenn etwas nicht in Ordnung war, hatte ihre Energie uns alle im Griff. Bei uns war der Spruch »Glückliche Mutter, glückliche Familie« sozusagen Gesetz. Ihre Energie war so kraftvoll, das wir alle fühlten, was sie fühlte, deshalb wollten wir natürlich, dass sie

glücklich war. Ich frage mich, ob die Auren aller Mütter die gleiche Wirkung haben wie die unserer Mutter. Nachdem ich jahrelang mit Klienten darüber gesprochen habe, glaube ich, ja.

Kinder können die Aura-Energie wahrnehmen und mit der Zeit lernen, wie man ihr ausweicht. Oder sie können versuchen, sie zu kräftigen. Beides sind Wege, wie Kinder, die in Familien mit Gewalt, Alkoholismus und überwiegend destruktiven Schwingungen aufwachsen, überleben können, obwohl sie sich dessen gar nicht bewusst sind. Die empfindsameren Kinder werden ermüden, sich zurückziehen und krank werden, wenn die Energie um sie herum sehr negativ ist. Aber den Kindern, die nicht ermüden, gelingt es dadurch zu überleben, dass sie ihr Herz völlig verschließen und anderen gegenüber nicht mehr aufgeschlossen sind. Problematischerweise ist es schwierig, Schwingungen auszuschalten, wenn man sie fühlt – so schwierig, dass Kinder manchmal die äußersten Mittel anwenden. Sie greifen zu Drogen, Alkohol, sogar zu Essen. Diese Substanzen übertönen ihre Achtsamkeit und verschließen ihre Empfindsamkeit, zeitweise dämpfen sie den Schmerz chaotischer Familienschwingungen. Sucht ist eine traurige Lösung, aber sie dient einem bestimmten Zweck. Unglücklicherweise macht sie auch das Bewusstsein unzugänglich, sie nimmt die Selbstachtung, Empathie, Kreativität und Freude.

Wir müssen sorgfältig Acht geben, *wie* die Energie anderer auf uns einwirkt, damit wir Maßnahmen treffen können, die verhindern, dass sie uns negativ beeinflusst. Wie oft ist ein Kind der unangenehmen oder negativen Energie eines anderen Menschen ausgesetzt und wird von Eltern oder einer anderen anwesenden Autoritätsperson zum Schweigen gebracht oder ignoriert. Manchmal ist es sogar ein Elternteil, das die giftige Energie abgibt. Wenn Kinder zum Schweigen gebracht oder ignoriert werden oder wenn ihnen immer wieder negative Energie aufgebürdet wird, werden sie an ihren Erfahrungen zweifeln und ihre Achtsamkeit verschließen.

Invasion der Aura

Dawn, eine Klientin, erzählte mir die folgende Geschichte von ihrer Tochter Sharon. In einem Sommercamp freundete sich Sharon mit einem kleinen Mädchen mit einer sehr unruhigen Aura an. Sie war neidisch und eifersüchtig. Sharon spielte zwar mit ihr, sie tat dies aber hauptsächlich, weil sie zu anpassungsfähig war, um sich gegen die Behandlung durch das andere Mädchen zu wehren. Jeden Tag kam Sharon mit einer Aura nach Hause, die auf Anspannung und Missbrauch durch die Begegnung mit dem neuen Mädchen im Camp hinwies. Sie absorbierte den ganzen Tag lang die

negative Energie, nahm die spitzen Bemerkungen, Knüffe und Manipulationen hin, ohne etwas dagegen zu sagen, vielleicht weil sie nicht ganz begriff, was vor sich ging. Sobald sie nach Hause kam, wo sie sich geborgen fühlte, »spuckte« sie die giftige Energie aus, indem sie eine furchtbare Szene machte. Sie weinte oder jammerte oder brach einen Streit mit ihrem jüngeren Bruder vom Zaun. In Wirklichkeit brachte sie die gleichen scheußlichen Verhaltensweisen und die Missachtung zum Ausdruck, die sie den ganzen Tag über ertragen musste. Dies ging einen Monat lang so.

Eines Tages rief Dawn an und bat mich um Rat. Ich empfahl ihr, Sharon zu erklären, dass sie von dem anderen Kind negative Energie aufnimmt und dass sie sich jedes Mal wieder reinigen müsse.

Sharon war gleichzeitig verblüfft und erleichtert, dass ihre Mutter bemerkt hatte, dass sie Hilfe brauchte und reagierte begeistert.

»Eine Aura zu reinigen ist einfach«, erklärte ihr Dawn, »und man sollte dies machen, wenn man sich in einem Umfeld von Negativität, Grobheit, Missbrauch oder in einer Energie aufgehalten hat, die man nicht mag.«

»In dem Fall, Mom, muss ich sie jeden Tag reinigen, weil im Camp immer jemand ist, der mich nicht in Ruhe lässt«, sagte Sharon. Und so sind sie dabei vorgegangen:

Grenzen setzen

Hilfsmittel: Haus reinigen

Gehen Sie als Erstes nach draußen. (Falls das Wetter es nicht zulässt, gehen Sie in ein ruhiges Zimmer.) Stampfen Sie mit den Füßen auf oder noch besser, springen Sie ein paar Mal hoch und atmen Sie tief ein. Als Nächstes streichen Sie sich mit den Händen über die Aura, als würden Sie eine Windschutzscheibe waschen, und schütteln sie dann heftig in der Luft aus. Stellen Sie sich dann vor, Sie sind in liebevolles weißes Licht getaucht, das an Ihrem Scheitel in Ihren Kopf fließt und sich in Ihrem Herzen sammelt. Stellen Sie sich dieses Licht als eiförmige Hülle vor, die Ihren Körper etwa 15 Zentimeter von der Haut entfernt völlig umschließt.

Dabei stellen Sie sich vor, dass alle Menschen, Gegenstände und Situationen, die Ihnen zu schaffen machen, im Boden verschwinden und sich von Ihrer Aura entfernen. Beobachten Sie mit geschlossenen Augen, ob Ihnen ein Gesicht in den Sinn kommt und wessen. Falls das Gesicht von jemandem auftaucht, über den Sie sich geärgert haben, dann stellen Sie sich vor, wie sich die Energie dieses Menschen von Ihnen wegbewegt und wieder im Boden verschwindet. Stellen Sie sich jetzt vor, dass eine weißgoldene Energie diesen Platz einnimmt, Ihr Herz und Ihre Aura mit friedlichen Gedanken füllt und Ihren Körper mit einem warmen Leuchten umgibt.

Visualisieren Sie abschließend, dass Sie durch die Fußsohlen Energie aus der Erde holen. Atmen Sie tief ein und visualisieren Sie, wie sich der Körper mit dieser irdischen Energie füllt. Es beginnt an den Fußsohlen, geht bis zum Scheitel, und dann breitet sich die Energie etwa eineinhalb Meter in alle Richtungen über den Körper hinaus aus. Atmen Sie dann aus. Das war's. Jetzt sind sie vollkommen gereinigt.

Die Aura nach der Schule zu reinigen ist in unserer Familie ein beliebtes Ritual. Diese Reinigung benötigen Kinder oft, weil ihre Welt genauso toxisch und unangenehm sein kann wie die der Erwachsenen. Dieses Reinigungsritual bietet ihnen die Möglichkeit, die Schwingungen anderer Menschen zu beseitigen und ihre persönlichen Grenzen zu festigen. Sie hilft, wenn sie gerade durch eine Prüfung gefallen oder wenn sie beim Fußball nicht aufgestellt worden sind. Es hilft, wenn der beste Freund nicht mit ihnen sprechen will. Es hilft bei Enttäuschungen, wenn man im Stich gelassen wurde, bei Fehlern, Misserfolg und wenn man aufgeregt ist. Es beseitigt die negative Energie und hilft Ihren Kindern, das Gleichgewicht der Aura wiederherzustellen. (Bei Ihnen funktioniert es natürlich auch!)

Machen Sie Ihr Kind mit seiner Aura vertraut

Sie können Ihren Kindern helfen, sich Negativität oder unangenehmer Energien bewusster zu werden, wenn Sie sie darin unterweisen, ihre Auren tatsächlich zu *fühlen*. Das ist nicht schwierig.

Bitten Sie Ihr Kind, seine Füße fest auf den Boden zu stellen und sein Gleichgewicht zu finden. Lassen sie es dann die Hände ausschütteln und tief einatmen. Wenn es ausatmet, soll es die Handflächen vor der Brust mit etwa einem Zentimeter Zwischenraum gegeneinander halten und die Hände langsam kreisend bewegen, ohne dass sie sich berühren. Fragen Sie es, ob es irgendwelche Energien zwischen seinen Handflächen spürt.

Probieren Sie diese Übung mit Ihrem Kind. Sie werden begeistert sein. Sie und Ihr Kind werden den vibrierenden Energiefluss zwischen ihren Handflächen spüren können. Dieser Energiefluss mag als warm oder als kalt empfunden werden. Es wird sich auf jeden Fall wie »dickere Luft« anfühlen.

Schließen Sie die Augen und vergrößern Sie allmählich den Abstand zwischen Ihren Handflächen, bis Sie die Schwingung zwischen ihnen nicht mehr spüren. Wie groß ist der Abstand? Manche Kinder werden ihre Handflächen bis zu 30 – 35 Zentimeter auseinander ziehen können, bevor die Schwingung allmählich nachlässt. Stellen Sie sich jetzt vor Ihr Kind, halten Sie die Handflächen gegeneinander und fühlen Sie, wie die Energie zwischen Ihnen hin- und herfließt. Die Energie, die Sie spüren, *ist* Ihre Aura.

Falls Ihre Kinder ihre Aura bei dieser Handflächen-Übung nicht fühlen, gibt es eine andere Möglichkeit, wie sie sie spüren können. Streichen Sie ihnen ganz langsam über den Rücken, wobei die Kinder die Augen schließen, heben Sie dann Ihre Hand ganz sanft drei bis fünf Zentimeter von der Haut ab und streicheln sie die Aura. Dies einige Male durchgeführt erhöht die Sensitivität. Probieren Sie anschließend noch einmal die Handflächen-Übung. Wenn ein Kind die Aura einfach nicht fühlen kann: Keine Sorge – es ist nicht wirklich wichtig. Schon das Wissen darum wird die Achtsamkeit Ihres Kindes erhöhen, egal, ob es sie nun fühlen kann oder nicht.

Unsere Aura ist wie ein Schwamm

Erklären Sie Ihren Kindern, dass die Aura wie ein Schwamm wirkt und leicht Energie anderer bzw. aus der Atmosphäre absorbiert. Wenn Sie sich in einem Umfeld mit positiver Energie befinden, werden sie die möglicherweise absorbieren, das Gleiche gilt jedoch für negative Energie. Deshalb ist es wichtig, keine Energie zu absorbieren, die man nicht fühlen möchte.

Eine andere Technik, die Aura von negativer Energie zu reinigen, wird Erdung genannt. Erdung heißt buchstäblich, seine Achtsamkeit mit dem Boden zu verbinden. Rennen, springen, Sport treiben, Dreck anfassen, Bäume umarmen, Blumen riechen – alle diese Aktivitäten erden die Energie im Körper und ziehen unerwünschte Negativität ab.

Es ist zudem wichtig, jegliche aufgenommene Energie »herauszuquetschen« und sie durch klare, positive Energie zu ersetzen. Kinder können dies tun, indem sie ihre Hände aneinander reiben, sie dann durch ihr Energiefeld bewegen, als ob sie den Unrat wegfegen, und schließlich ihre Hände ausschütteln. Diese Technik ist bei Masseuren beliebt, weil sie gut funktioniert. Sie können dies auch bei Ihren Kindern anwenden, und Ihre Kinder können es bei anderen Kindern oder auch bei Ihnen machen.

Normalerweise akzeptieren Kinder den Begriff Aura leicht, weil sie sie spüren, obwohl sie oft nicht wissen, wie sie dieses Gefühl benennen sollen. Zu wissen, wie sie sie spüren und reinigen, hilft ihnen, sich auch gegen Angriffe durch andere Kinder zu schützen. Sonia

ist zum Beispiel ganz erpicht darauf, erwachsen zu werden, und spielt gern mit Älteren, die sie auch einmal ausnützen könnten. Eines Tages sagte ich zu ihr: »Mein Schatz, ich weiß, dass du gern mit diesen älteren Kindern spielst, und das finde ich auch in Ordnung. Aber wenn du mit ihnen zusammen bist, musst du auch zu verhindern wissen, dass du von ihnen herumgeschubst wird.«

»Was soll ich denn machen, Mom?«

»Immer wenn du dich bei einem Spielkameraden unwohl fühlst, kannst du dich entschuldigen und ihm sagen, dass du ein bisschen frische Luft brauchst. Dann gehst du nach draußen, reibst deine Hände aneinander, schüttelst die negative Energie ab und holst dir frische Energie von der Erde.«

»Und wenn es kalt ist oder schneit? Oder ich bei jemandem übernachte?«

»Dann gehst du ins Bad und schließt die Tür. Du schüttelst die Energie ab, atmest tief durch und wäschst dir die Hände und das Gesicht. Wenn der Punkt erreicht werden sollte, dass das nicht mehr hilft, kommst du einfach nach Hause.«

Grenzen setzen

Zu den wichtigsten Dingen, die ein Kind lernen sollte, gehört das Setzen von Grenzen, damit es nicht von anderen manipuliert wird. Kindern beizubringen, ihre Aura zu fühlen, sich bewusst zu machen, wie die Energie anderer Menschen sich auf sie auswirkt, die Energie, die sie nicht mögen, fortzuschaffen oder ihr jederzeit aus dem Weg zu gehen, wenn sie das Bedürfnis haben, sind Hilfsmittel, wie sie sich selbst um ihre Intuition kümmern können. Manche Eltern fragen: »Warum verhindern Sie nicht einfach, dass Ihre Kinder negativen Menschen oder Situationen ausgesetzt werden?« Nun, bis zu einem gewissen Punkt kann und sollte man das tun, aber man kann unmöglich jede einzelne negative Person oder Situation, die Ihrem Kind begegnet, identifizieren, bevor sie sie beeinflusst. Damit würde man sie vor dem Leben abschirmen. Versuchte man dies, würde man zu einem Kontrollfanatiker, was nur dazu führte, dass Sie Ihre Kinder gegen sich aufbringen. Viel besser ist es, seine Kinder in intuitiver Selbstverteidigung zu unterweisen und ihnen Hilfsmittel an die Hand zu geben, die sie jederzeit und überall selbst anwenden können, um Schwierigkeiten zu erkennen und sich von deren Quelle zu entfernen.

Persönliche Ermächtigung

Grace, eine Klientin, erzählte mir, dass sich ihr Sohn Everett bewusster darüber geworden ist, wie andere Menschen auf ihn einwirken, seit sie ihm die Aura und

persönlichen Energiefelder erklärt und ihm gezeigt hat, wie man Grenzen setzt. Im Alter von elf Jahren kann er jetzt selbst erkennen, wann ihn die Energie eines anderen beunruhigt, und er zieht sich einfach von dieser Person zurück, wenn ihm deren Energie nicht gefällt. Er hat sich zunehmend mehr von Kindern fern gehalten, die ihn dominierten, und hat angenehmere und ausgeglichenere Spielkameraden und Freunde gefunden. Dies war seine eigene ganz bewusste Entscheidung.

In diesem Jahr war Everett zum Beispiel auf seinem ersten Sommercamp mit Übernachtung. In der Woche, in der er im Camp war, fühlte er sich in der Nähe eines der Jungen immer unwohl. Er mochte seine Energie nicht. Sie fühlte sich ärgerlich, aggressiv, unruhig und auch gefährlich an. Noch bevor sie miteinander gesprochen hatten, zog Everett sich zurück.

Am vorletzten Tag des Ferienlagers, nachdem Everett sich wieder einmal davongemacht hatte, hob der Junge einen großen Stein auf, warf damit nach einem nichts ahnenden Mädchen und traf es mit voller Wucht im Rücken. Dann fing er an zu lachen, obwohl er sie ernsthaft verletzt hatte. Ihm wurde ein Verweis erteilt und er durfte unter strengen Auflagen weiter im Camp bleiben. Dies beinhaltete, dass er für den Rest des Tages nicht in die Nähe der anderen Kinder gehen durfte. Seine Aggressionsbereitschaft war bedenklich, und nach Auskunft des Rechtsanwalts, der sich für ihn entschuldigte, war es offensichtlich nicht das erste Mal. Er hatte im Jahr zuvor ebenfalls ein Kind verletzt und durfte nur wieder mit ins Ferienlager, weil seine Eltern sich so sehr für ihn eingesetzt hatten. Wer weiß, warum dieser Junge so wütend und aggressiv war; es war nicht Everetts Aufgabe, das herauszufinden. Dennoch hatte Everett Recht damit, ihm aus dem Weg zu gehen. Ich frage mich, ob er mit der gleichen Achtsamkeit und Entschlossenheit seine Entscheidung hätte treffen können, wenn seine Mutter ihm ständig den Weg geebnet hätte. Seine Mutter war froh, als sie erfuhr, dass er ein so feines Gespür für seine Grenzen hatte. Es half ihr als Mutter, ruhiger zu sein.

Befördern Sie toxische Energie an die frische Luft

Ich habe meinen Kinder außerdem beigebracht, sich dessen bewusst zu sein, wie ihre Energie andere beeinflusst – vor allem mich! Ich habe ihnen erklärt, dass sich zu streiten und zu zanken, anstatt miteinander zu reden, toxische Energie erzeugt, die ich nicht ausstehen kann. Wenn es denn doch einmal so weit ist, sind sie gehalten, es mit nach draußen zu nehmen und ihre Auren zu reinigen, bevor sie wieder hereinkommen. Das

nervt sie zwar über alle Maßen, aber sie entwickeln auch ein stärkeres Bewusstsein für diese Dinge. Selten wollen sie ihre Meinungsverschiedenheiten draußen austragen, besonders dann nicht, wenn es kalt ist, deshalb sind sie eher bereit, in zivilisierter Manier über die Streitpunkte zu verhandeln. Natürlich gelten die gleichen Regeln auch für Patrick und mich. Wenn wir uns streiten (und das tun wir wie alle Paare), versuchen wir darauf zu achten, unsere Negativität von den Kindern fern zu halten, und sie haben das Recht, uns daran zu erinnern, falls wir das vergessen. Streitereien und Meinungsverschiedenheiten treten zwangsläufig in jeder Familie auf. Dies wäre an sich nicht das Problem, wären da nicht die ganzen Emotionen, die während eines Streits in einem geschlossenen Raum freigesetzt werden. Die Negativität verteilt sich im Raum und fängt sich in der Atmosphäre, wodurch sie die Menschen daran hindert, eine Einigung zu erzielen; oder es führt eben dazu, dass der Streit immer wieder von vorne beginnt.

Eine Möglichkeit, die Luft zwischen Ihnen und einem Familienmitglied zu bereinigen, besteht also darin, Ihre Meinungsverschiedenheiten nach draußen an die frische Luft zu befördern. Einerseits hat die Erde eine erdende und beruhigende Wirkung, zum anderen löst sich die Energie in der Atmosphäre auf und bleibt nicht in den kleinen Räumen und Ecken hängen.

Der beste Schutz, den Sie Ihren Kindern mitgeben können, ist Bewusstheit. Wenn man ihnen beibringt, wie man auf seine Energie achtet, liebevoll zu sich selbst ist, wählerisch, wessen Einfluss man zulässt, und geübt darin, die Energie zu reinigen, gibt man ihnen die Hilfsmittel, mit denen sie in der Welt für sich sorgen können.

Ein abschließendes Wort: Sich der Energie bewusst zu sein und die Auren zu reinigen ist ein ausgezeichnetes Hausmittel, um selbst für seine Intuition zu sorgen. Aber wenn Ihr Kind schon richtig angeschlagen oder deprimiert ist, oder sich nicht auf konstruktive Weise mit der Welt auseinander setzt, kann eine Aurareinigung keine Beratung, Therapie oder im schlimmsten Falle medikamentöse Behandlung ersetzen. Seien Sie sehr achtsam und spüren Sie den Unterschied zwischen einem einfachen Fall von seelischer Verunreinigung und einem Fall gravierender körperlicher, emotionaler oder mentaler Probleme.

Benutzen Sie Ihre Intuition und Ihren gesunden Menschenverstand, wenn es um das seelische Wohlbefinden Ihrer Kinder geht. Ihnen Hilfsmittel zur Selbsthilfe mitzugeben ist für ihr Gleichgewicht wesentlich, aber Sie müssen unterscheiden können, wann sie Hilfsmittel benötigen und wann einen professionellen Helfer.

Hilfsmittel: Der Aurareinigungs-Tanz

Ihre Seele geht beim Tanzen ganz in den Körper ein und bringt jeder Zelle und Faser Heilung.

Holen Sie Ihre liebste rhythmische Musik hervor, um ihre Aura zu reinigen und Ihren Geist zu energetisieren. Das kann Rock 'n' Roll sein, Rockabilly, Zydeco, Reggae, Disco, Motown – jegliche Musik, die energetisch, *fröhlich* und motivierend ist. Stellen Sie die Musik so laut, wie es Ihre Stereoanlage (und Sie selbst) vertragen und tanzen Sie so lange barfuß, bis der Schweiß fließt. Dies ist eine *sehr* Seelen reinigende Familienaktivität, die Negativität beseitigt und Ihre Lebensgeister erfrischt!

Versuchen Sie ein paar Mal pro Woche zu tanzen, und schauen Sie, wie es sich anfühlt.

Hilfsmittel: Laufen Sie es sich von der Seele

Nichts klärt eine Aura und reinigt Negativität wirkungsvoller als ein Spaziergang in der Natur. Das ist so effektiv für die Aura-Balance, dass Sie und Ihre Kinder einen kurzen Spaziergang vielleicht zu einer täglichen Gewohnheit machen sollten. Schon zweimal um den Block gehen genügt, um Störungen zu beseitigen, seelische Verunreinigung zu entfernen und Ihrer Aura wieder zu Klarheit zu verhelfen.

Grenzen setzen

Hilfsmittel: Schütteln Sie die »Kratzigen« ab

Wie Sie wissen, ist »kratzig« eine klebrige, eklige Empfindung, die dazu führt, dass Sie sich gereizt fühlen. Kinder fühlen sich »kratzig« von Kindern, die sie nicht mögen, vom Busfahren oder auch, wenn sie an einem unangenehmen Ort vorübergehen. In der Tat können Kinder in jeder unangenehmen Atmosphäre oder Situation »Kratziges« einfangen, was dazu führt, dass sie sich ängstlich, gereizt, rastlos und unwohl fühlen. Probieren Sie einmal diese Übung, wenn Ihr Kind die »Kratzigen« hat:

Bitten Sie Ihr Kind, (vorzugsweise draußen!) ein oder zwei Minuten lang hoch zu springen. (Sprungseile eignen sich hierfür ausgezeichnet). Bitten Sie es als Nächstes die Augen zu schließen und beide Füße fest nebeneinander auf den Boden zu stellen.

Fordern Sie es dann auf, sehr tief und sehr langsam ein- und auszuatmen und sich vorzustellen, es wäre ein Baum. Sagen Sie ihm, es möge sich ausmalen, wie die Energie von der Erde durch die Wurzeln, den Stamm, die Zweige, die Blätter und hinaus in den Weltraum emporsteigt.

Leiten Sie Ihr Kind bei dieser Übung Schritt für Schritt durch die Imagination, und fordern Sie es immer wieder auf, langsam ein- und auszuatmen, bis es sich von der ganzen »kratzigen« Energie befreit fühlt.

Hilfsmittel: Verletzte Gefühle heilen

Mithin am schwierigsten ist es für Eltern, mitzuerleben, wie ihre Kinder Schmerzen, Enttäuschungen, Zurückweisung, Verlust oder sogar Grausamkeit aushalten müssen. Gemeine Spielkameraden, unsensible Lehrer und sogar unverantwortliche Eltern können diese Unliebsamkeiten verursachen. Stolz oder Angst hält Kinder oft davon ab, ihre verletzten Gefühle offen zu zeigen, wenn sie derartige Schwierigkeiten erfahren, dies bedeutet aber nicht, dass sie ihnen nicht weh tun oder dass es ihnen gut geht damit.

Wenn Sie feststellen, dass Ihr Kind an seelischen Verletzungen oder unter emotionalen Schmerzen leidet, probieren Sie diese Übung aus, um ihm zu helfen, sein Gleichgewicht und seine innere Freude wiederzuerlangen:

Bitten Sie Ihr Kind still zu sein, seine Augen zu schließen und tief und langsam zu atmen. Fragen Sie dann:
»Wo ist deine Traurigkeit?« (Lassen Sie es auf die Stelle zeigen oder sie berühren, wo die Traurigkeit steckt.)
»Welche Farbe hat deine Traurigkeit?« (Fordern Sie es auf, ihr eine Farbe zu geben.)

»Welche Form hat deine Traurigkeit?« (Lassen Sie es die Traurigkeit mit etwas vergleichen, was es anfassen oder in Gewicht bemessen kann.)

»Wende dich an dein Herz und frage deine Traurigkeit, was sie möchte.« (Lassen Sie Ihr Kind sich nach innen wenden und herausfinden, was es braucht.)

»Lass uns deiner Traurigkeit jetzt zusammen Liebe und heilende Gefühle senden, damit du dich wieder glücklich fühlen kannst.«

Reiben Sie jetzt Ihre Hände aneinander, und legen Sie sie sanft auf die traurige Stelle Ihres Kindes. Schließen Sie die Augen und visualisieren Sie ein liebevolles, heilendes weißes Licht, das durch Ihre Hände auf die wunde Stelle strömt. Bitten Sie die Liebe des Universums, sich durch Sie hindurch zu begeben und das schwere Herz Ihres Kindes zu heilen.

Machen Sie dies ein oder zwei Minuten lang, je nachdem, wie unruhig Ihr Kind ist, und bitten Sie es, während es Ihre Liebe empfängt, entspannt ein- und auszuatmen.

Nach etwa zwei Minuten ziehen Sie langsam Ihre Hände zurück, umarmen Ihr Kind, geben ihm einen Kuss und sagen ihm, dass Sie es lieben.

Hilfsmittel: Waschen Sie es ab

Entfernen Sie unruhige Energie, indem Sie ein Bad mit Bittersalz nehmen, eine Technik, die ich von meiner Schwester Cuky, Masseurin und Trance-Heilerin, gelernt habe.

Füllen Sie hierzu eine Badewanne bis oben hin mit heißem Wasser und geben Sie drei Tassen Bittersalz hinein. Lassen Sie Ihr Kind so lange darin baden, bis das Wasser abgekühlt ist und spülen Sie es dann unter der Dusche ab.

Das ist eine fantastische Maßnahme, um toxische oder negative Schwingungen sowie Giftstoffe im Körper zu beseitigen, und dank ihrer entspannenden Wirkung verhilft sie zu einem wunderbaren Schlaf.

Hilfsmittel: Aromatherapie

Die Aromatherapie ist eine weitere wirkungsvolle Methode, um die Aura eines Kindes rein zu halten. Lavendel, Bergamotte und Kamille sind besonders effektiv. Ein Tropfen auf das Kopfkissen oder ein paar wenige Tropfen ins Badewasser können die Schwingungen reinigen, eine aufgewühlte Seele besänftigen und beruhigen sowie toxische Schwingungen beseitigen.

Hilfsmittel: Welche Farbe haben Sie?

Wenn Sie das Energiefeld eines Kindes überprüfen wollen, lassen Sie es sich auf einen großes Bogen Papier hinlegen und zeichnen Sie seinen Körperumriss nach.

Grenzen setzen

Geben Sie ihm dann eine große Schachtel mit Malstiften und lassen Sie es sein Energiefeld anmalen. Wenn es leuchtende klare Farben wählt, ist sein Energiefeld in Ordnung. Wenn es Schwarz, Braun oder schlammige Farben benutzt, lassen Sie es ein Bittersalz-Bad nehmen und träufeln Sie ein wenig Lavendel auf das Kopfkissen oder stellen Sie eine Aromalampe in sein Zimmer. Das wird helfen, den seelischen Schutt zu entfernen.

Hilfsmittel: Bleib weg, Freundchen!

Wenn Sie Freiraum brauchen und Ihre Kinder Ihnen den nicht gewähren wollen, erklären Sie ihnen sanft, aber entschieden, dass Sie ein wenig Ruhe brauchen, um wieder zu Kräften zu kommen. Und *nehmen* Sie sie sich dann auch.

Bitten Sie Ihre Kinder, in den nächsten Minuten still zu spielen, ein Buch zu lesen oder auch fern zu sehen, bis Sie sich ausgeruht haben. Ihre Kinder sträuben sich vielleicht gegen diesen Vorschlag oder wollen auch ein wenig Ihre Grenzen testen, aber wenn Sie wirklich entschlossen sind, sich ohne schlechtes Gewissen ein paar Minuten Ruhe zu gönnen, werden sie es intuitiv fühlen und es respektieren, selbst wenn sie noch sehr klein sind.

Setzen Sie sich auf einen Stuhl, schließen Sie die Augen, stellen Sie Ihre Füße flach auf den Boden und atmen Sie ruhig und tief ein. Konzentrieren Sie sich beim Ausatmen darauf, Ihren Verstand zu beruhigen und gleichmäßig zu atmen. Machen Sie dies fünf Minuten lang. Hetzen Sie nicht durch diese zentrierende Übung. Ein paar Minuten Ruhe werden dazu beitragen, dass Sie mit Ihren Kindern harmonieren und geduldig sind. Allen wird es besser gehen.

Reflexionen

1. Haben Sie Ihre Aura gespürt? Beschreiben Sie sie.

2. Werden Sie sich der Auren Ihrer Kinder mittlerweile stärker bewusst? Wie?

3. Haben Sie Ihr Kind mit seiner Aura vertraut gemacht? Was geschah daraufhin?

4. Haben Sie die Aura-Reinigungs-Techniken ausprobiert? Welche?

5. Welche funktioniert bei Ihnen am besten?

Grenzen setzen

6. Welche funktioniert bei Ihren Kindern am besten?

7. Sind Sie in der Lage, eine toxische Aura wahrzunehmen? Ihre eigene?
Die Ihres Kindes? Die anderer? Nennen Sie ein Beispiel.

8. Sind Sie bereit, etwas zu unternehmen, um sie zu reinigen? Welche Hilfsmittel
haben Sie dazu benutzt?

9. Haben Sie Ihre Kinder gefragt, ob sie Ihre Aura sehen können?
Oder ihre eigene?

10. Falls das der Fall ist: Fragen Sie sie, welche Farbe sie hat.

148   *Teil II ❧ Die Intuition willkommen heißen*

11. Falls nicht: Fragen Sie sie, was sie fühlen, welche Farbe sie hat.

_____

_____

_____

12. Stellen Sie sich selbst die gleichen Fragen.

_____

_____

_____

13. Fühlen sich Ihre Kinder irgendwie anders, seitdem sie gelernt haben, wie man eine Aura von negativer Energie reinigt? Beschreiben Sie es.

_____

_____

_____

Sprechen Sie mit Ihren Kindern über Auren und fordern Sie sie auf, sich oft auf ihre Aura »einzustimmen«.

Zur Erinnerung:

Halten Sie Ihr Haus heiter und in Ordnung?

Beachten Sie feine Schwingungen und stimmen sich auf sie ein?

Erfinden Sie eine eigene Seelensprache?

Reinigen Sie Ihre Aura und die Ihrer Kinder?

8. Blinde Flecken und schlechte Gewohnheiten

Immer wieder erinnere ich Eltern daran, dass ein Bewusstsein für Intuition zu entwickeln nur ein Teil dessen ist, was zu einem intuitiven Leben gehört. Darüber hinaus zählen die Bereitschaft und die Flexibilität, Intuition vollständig zu akzeptieren und auf sie zu reagieren. Wenn Sie die subtilen Botschaften, die Sie und Ihre Kinder empfangen, nicht vollständig annehmen können und dementsprechend handeln, werden Sie ihren Wert und ihren Nutzen nicht spüren. Intuition ist ein Geschenk, aber es liegt an Ihnen, dieses Geschenk anzunehmen. Das bedeutet, dass Sie vielleicht manchmal Pläne ändern, alte Gewohnheiten aufgeben, mit Traditionen brechen, ein Risiko eingehen, Autoritäten herausfordern oder Ihre Einstellung ändern und Glaubenssätze umstoßen müssen.

Die Aufgabe der Intuition ist, uns zu besseren Entscheidungen zu verhelfen und uns davon abzuhalten, kostspielige oder störende Fehler zu begehen. Intuition dient dazu, unsere Aufmerksamkeit darauf zu lenken, wie wir unser Ziel am besten erreichen können, sie warnt uns vor möglichen Problemen und Gefahren, schützt uns und geleitet uns sicher auf unserem Pfad. Deshalb erscheint es absolut sinnvoll, dass eine intuitive Regung – besonders die intuitive Empfindung eines Kindes – nach einer Veränderung der Ausrichtung verlangt oder Sie auffordert, Ihre Einstellung zu den Dingen einmal zu überdenken.

Dies ist eine sehr wichtige Mitteilung für Eltern, weil eines der größten Hemmnisse beim Erwecken der Intuition eines Kindes meist darin besteht, dass Eltern unbewusst oder ganz automatisch dazu neigen, die Einsichten Ihrer Kinder nicht zur Kenntnis zu nehmen. Selbst Eltern, die sich vorgenommen haben, die intuitive Entwicklung ihrer Kinder zu fördern, können dieser schlechten Gewohnheit auf den Leim gehen. Wir sind nun einmal Gewohnheitstiere. Besonders wenn es um Intuition geht, enthalten einige unserer ererbten Gewohnheiten blinde Flecken, die sich störend auf unsere Ziele auswirken.

Intuition ist real

Diese Geschichte erzählte mir eines Tages meine Freundin Julia.

Ihre Tochter Domenica war gerade nach einem Jahr im College nach Hause gekommen. Kurz nachdem sie ihre Taschen ausgepackt hatte, sagte sie zu ihrer Mutter, dass sie das »unheimliche Gefühl« habe, dass jemand sie beobachte. Julia beachtete es nicht weiter, weil sie dachte, dass Domenica sich einfach etwas unsicher fühlte, nachdem sie ein Jahr lang weg gewesen war. Schließlich lebten sie weit außerhalb ihrer kleinen Stadt in New Mexico in einer sicheren, kaum besiedelten Gegend.

In der Nacht kam Domenica in das Schlafzimmer ihrer Mutter und erzählte ihr noch einmal von dem schrecklichen Gefühl, beobachtet zu werden. Sie fragte ihre Mutter, ob sie etwas dagegen habe, wenn sie in dieser Nacht in ihrem Zimmer schlafe. Julia bemerkte, dass Domenica tatsächlich unruhig war und machte Platz in ihrem Bett, aber sie dachte zu keiner Zeit daran, dass tatsächlich jemand sie beobachten könnte.

Am dritten Abend ging Domenica, die sich schon selbst vorwarf, paranoid zu sein, wieder in ihr Zimmer, um sich auszuziehen und schlafen zu gehen. In ihrem Spiegel sah sie einen mit einer Kapuze verhüllten Mann, der draußen vor dem Fenster kauerte und sie beobachtete. Sie schrie so laut, dass es einen Toten geweckt hätte, woraufhin ihre Mutter herbeigeeilt kam. Der Voyeur rannte weg, und Julia rief die Polizei an.

Domenica war in den letzten drei Tagen beobachtet worden, und sie war nicht die Einzige. Einige andere Leute hatten den Mann in der Zeit bei der Polizei angezeigt. Das Erschreckende für Julia an dieser Situation war, dass sie nicht einmal in Erwägung gezogen hatte, dass Domenicas Intuitionen zutreffen könnten. Und das, obwohl sie für die Unsicherheiten ihrer Tochter empfänglich und sehr bereitwillig war, sie zu trösten.

»Ich hatte nicht die *Absicht*, an ihren Gefühlen zu zweifeln oder diese herunterzuspielen«, sagte Julia. »Es geschah ganz automatisch.«

In einem anderen Fall erzählte mir meine Freundin Carol eine Geschichte, die ihren Nile betraf. Vor vielen Jahren, als Nile acht oder neun Jahre alt war und sie auf dem Land lebten, war ihr Hund Bowser verschwunden. Carol und Nile waren furchtbar besorgt. Sie suchten überall nach ihm – vergeblich.

Fünf Abende nach dem Verschwinden von Bowser nahm Carol an einer wichtigen Dinner-Party teil. Nile rief

Carol bei der Feier an und sagte: »Mom, ich höre ein Atmen draußen. Ich glaube, es ist Bowser. Kannst du bitte heimkommen?«

»Nile, ich kann mir beim besten Willen nicht vorstellen, wie du Bowser von drinnen atmen hören könntest«, sagte Carol. »Du weißt, dass wir überall ums Haus herum gesucht haben. Ich glaube, du bildest dir das ein. Bitte geh wieder ins Bett.«

Ein paar Tage später kam ein Lohnarbeiter von der Nachbarfarm vorbei, um ihnen mitzuteilen, dass er Bowser neben dem Rohr gefunden habe, über das Pestizide in das Bewässerungssystem gepumpt werden. Das Gift habe sich dort in einer Pfütze befunden und Bowser habe davon getrunken. Das Traurigste war, dass Bowser vielleicht hätte gerettet werden können, wenn Carol auf Niles Anruf reagiert hätte.

Weder Julia noch Carol haben die Intuition ihrer Kinder bewusst in Abrede gestellt. Es geschah automatisch. Ihre Reaktionen sind Bestandteil einer tief verwurzelten Einstellung, die die Intuitionen von Kindern (oder auch jeglicher anderer Personen) ohne nachzudenken für nichtig erklärt. Ihr Bemühen als gute Mütter war mehr darauf ausgerichtet, dafür zu sorgen, dass die »schlechten« Gefühle verschwanden, als sich zu fragen, was es mit diesem Gefühl auf sich hat. Sie haben ihren Kindern lieber versichert, dass alles in Ordnung sei, als in

Erwägung zu ziehen, dass ihre Kinder Übermittler wichtiger Informationen waren.

Hören Sie zu und glauben Sie ihnen

Kinder empfangen spontane intuitive Botschaften direkter als Erwachsene, und als Eltern müssen wir ihnen zuhören. Nachdem wir jahrelang eingetrichtert bekamen, uns an die Tagesordnung zu halten – an das, was zu sein *scheint* anstatt zu *sein* –, wird unser intuitiver Scharfsinn mit der Zeit stumpf. Bei Kindern ist dieser Instinkt, dazwischen zu unterscheiden, im Allgemeinen ziemlich ausgeprägt. Deshalb ist es gut, die ersten Eindrücke der Kinder zu respektieren, ihre Schwingungen zu beachten, ihren natürlichen Reaktionen darauf Raum zu geben und sie zu ermutigen, Ihnen diese Regungen mitzuteilen, damit Sie die Instinkte der Kinder wach halten sowie Ihre eigenen reaktivieren. Erachten Sie ihre Gefühle als wertvoll, und glauben Sie, was sie Ihnen erzählen, auch wenn es unwahrscheinlich klingt oder sie in eine unangenehme oder sogar missliche Lage geraten.

Eine kleine Änderung unserer Einstellung und unserer Reaktion, wenn unsere Kinder Intuitionen zum Ausdruck bringen, kann bei ihnen zu einem wahren Durchbruch führen. Vor allem wenn es darum geht, diese Fähigkeit zu erwecken und ihr Bedeutung beizumessen, und sie kann das Reaktivieren Ihrer eigenen Intuition bewirken. Nehmen Sie alle intuitiven Gefühle ernst und schenken Sie dem Aufmerksamkeit, was Ihre Kinder sagen und was sie tun möchten oder auch was Sie tun möchten. Kinder haben von irgendwoher »Gefühle im Bauch«, und wenn Sie erkennen, dass diese Gefühle eine wichtige Reaktion auf bestimmte Energien darstellen, dann werden Sie verstehen, wie ein sensitiver Verstand derartige Energien aufnimmt. In der Tat nimmt der klare Verstand eines Kindes oft Dinge wahr, die Erwachsene übersehen oder herausfiltern, weil sie es nicht wissen möchten. Kinder stimmen sich auf das ein, was wir ausschließen, und sie brauchen Sie als Bestätigung, dass jenes, worauf sie sich einstimmen, wichtig ist.

Haben Sie Respekt

Im letzten Winter fing Sabrina aus blauem Himmel an zu klagen, sie habe Angst, in ihrem eigenen Bett zu schlafen. Sie bat mich, sie in unserem Zimmer schlafen zu lassen. Nach ein paar Nächten sagte ich ihr, dass ich es lieber hätte, wenn sie in ihrem Zimmer schläft, und dass wir ihren Ängsten auf den Grund gehen müssten.

Weinend ging sie ins Bett und sagte: »Es tut mir Leid, Mom. Ich weiß nicht,

was das Problem ist! Ich habe einfach nur schlechte Schwingungen.«

Ich setzte mich aufs Bett und versuchte, ihr bei der Klärung dieser Gefühle zu helfen. Ich habe selbst schon Hunderte von Attacken schlechter Schwingungen hinter mir. Dann möchte ich am liebsten aus der Haut fahren, besonders wenn das unangenehme Gefühl so vage ist, dass ich keine Ahnung habe, wodurch es ausgelöst worden ist.

Ich beschloss, mit ihr eine Übung durchzuführen, die meine Mutter mit mir gemacht hat, wenn ich als Kind schlechte Schwingungen hatte. Ich lenkte meine Aufmerksamkeit auf ihre Schwingungen und sagte: »Sabrina, schließ die Augen, höre auf dein Herz und frage dich, worüber du dir Sorgen machst. Kannst du sagen, um wen oder was sich deine Gefühle drehen?«

»Ich weiß es nicht!«, weinte sie mit geschlossenen Augen. »Ich mache mir einfach Sorgen, dass einem von uns etwas passieren könnte. Sonia zum Beispiel oder dir.«

»Nun, Sabrina, wenn es das ist, was deine Schwingungen dir sagen, dann lass uns besser um Schutz bitten und weißes Licht um uns alle herum visualisieren«, antwortete ich.

Sabrina fand diesen Vorschlag großartig, und wir beteten zusammen. Dann massierte ich ihr ein paar Minuten lang die Füße, um sie zu beruhigen, und blieb in ihrem Zimmer sitzen, bis sie schlief.

Blinde Flecken und schlechte Gewohnheiten

Als ich ins Bett kam, war es schon spät. Dies war die vierte Nacht mit schlechten Schwingungen, und ich muss gestehen, dass ich mich gefragt habe, ob sie ein Drama aufführte, um im Mittelpunkt des Interesses zu stehen, wozu sie durchaus fähig war, oder ob sie wirklich eine Warnung erhielt. Aber die Erfahrung hat mich gelehrt, dass es immer besser ist zuzuhören und eine Schwingung zu respektieren. Als zusätzliche Maßnahme notierte ich mir, in den nächsten Tagen einen Schutzschild um uns alle aufrechtzuerhalten.

Als wir am nächsten Morgen erwachten, war alles mit einer wunderschönen frischen Schneeschicht bedeckt. Spontan beschlossen Patrick und ich, mit den Mädchen in ein Skigebiet zu fahren, das etwa eine Stunde von uns entfernt liegt. Im Auto erwähnte Sabrina ihre Schwingungen noch einmal, und wir waren uns einig, deshalb an diesem Tag besonders vorsichtig zu sein.

Als wir erst einmal dort waren, war es fantastisch. Patrick hatte den Mädchen jeweils das Skifahren beigebracht, als sie gerade drei Jahre alt waren, sie fühlen sich also recht sicher am Hang. Als Sonia und ich uns nach einer Weile einem Sessellift näherten, bemerkten wir, dass der Lift sich schneller bewegte als sonst. Noch bevor wir bereit waren, kamen die Sessel von hinten angeflogen und gabelten uns auf. Sonias Skier verhakten sich, sie rutschte plötzlich und

fiel auf die Erde. Sie hob den Kopf, kaum dass sie gelandet war.

»Runter!«, schrie ich ihr im Sessel hängend zu, und instinktiv duckte sie sich, gerade rechtzeitig, um dem nächsten Sessel auszuweichen.

Der Liftbetreiber hielt die Maschine an und zog Sonia zur Seite, während ich aus dem Sessel sprang und zu ihr hinstolperte. Mit ein paar blauen Flecken schleppten wir uns zu einer Hütte, arg mitgenommen, aber erleichtert, dass wir einem schlimmen Unfall entkommen waren .

Drinnen fragte mich Sonia bei einer heißen Schokolade: »Glaubst du, dass es das war, was Sabrina in den letzten Nächten wahrgenommen hat?«

Ich nickte. Auch wenn ihre Warnung nicht verhindert hat, dass der Unfall eingetreten ist, so bin ich mir doch sicher, dass die Tatsache, dass wir gewarnt und ihretwegen an diesem Tag besonders vorsichtig waren, uns vor einem schweren Unfall bewahrt hat. Weil mit Sonia alles in Ordnung war, beschlossen wir, Patrick und Sabrina nicht die Freude zu nehmen und ihnen erst später von dem Unfall zu erzählen. Als wir ihnen auf dem Heimweg davon berichteten, weiteten sich Sabrinas Augen: »Das war es also, was ich gefühlt habe!«

Wir werden es niemals sicher wissen. Aber ich weiß, dass Sabrina in der kommenden Nacht tief und ohne jegliches Theater schlief.

Schlechte Schwingungen und schlechte Nachrichten

Manchmal beziehen sich die schlechten Schwingungen von Kindern auf Menschen, die wir am wenigsten verdächtigen. Es können sogar Freunde oder Familienangehörige sein. Wir können es uns als Erwachsene vielleicht nur schwer vorstellen, dass man in der Umgebung von jemandem, den wir kennen und mögen, nicht wirklich sicher ist.

Ron, einer meiner Klienten, berichtete von einem frustrierenden Erlebnis als Teenager. Jim, der Mann von Irene, der besten Freundin seiner Mutter, rief schlechte Schwingungen bei ihm hervor. Jim war seit langem mit Irene verheiratet und galt als guter Freund der Familie. Als Ron elf Jahre alt war, begann Jim die Familie regelmäßig während einer Geschäftsreise zu besuchen. Jim schien ein umgänglicher, netter Kerl zu sein, aber Ron wurde das Gefühl nicht los, auf der Hut sein zu müssen. Er hielt sich von Jim fern, obwohl er nicht sagen konnte, weshalb. Rons kleinere Brüder, der neunjährige Sam und der zehnjährige Howie, liebten Jim und teilten sein Misstrauen nicht, obwohl Ron sie jedes Mal warnte, wenn Jim zu ihnen kam.

Als Jim einmal im Sommer zu Besuch war, fing er mit Howie im Hof an zu ringen, und kurz darauf drückte er ihn zu Boden, so dass sich Howie nicht mehr bewegen konnte. Ron, der das von der Veranda aus beobachtet hatte, wurde richtig wütend. Er rannte aus dem Haus, zog Jim heftig von Howie weg und schrie: »Lass ihn *sofort* los!«

Jim, Howie und Rons Eltern, die ihn schreien gehört hatten, schauten Ron an, als ob er verrückt geworden sei. Er bekam eine ordentliche Standpauke zu hören, weil er so grob gewesen war, und wurde in sein Zimmer geschickt.

»Ich werde den Augenblick nie vergessen, als ich Jim von Howie wegzog«, sagte Ron. »Einen Moment lang blickten wir uns in die Augen, dann sah *er* weg. Dieser Besuch war Jims letzter. Danach haben wir den Kontakt verloren.«

Ein paar Jahre später wartete Rons Mutter nach der Schule auf ihn. Sie schaute ihn merkwürdig an.

»Ich habe heute überraschend einen Anruf von Irene bekommen«, sagte sie. »Sie hat mir erzählt, dass ihr Mann Jim festgenommen worden ist. Er ist angezeigt worden, weil er ein Kind in der Nachbarschaft belästigt hat. Wir sind wirklich schockiert!«

Ron warf seine Bücher auf den Boden. »Dieser Mistkerl! Ich habe euch zu sagen versucht, dass irgendetwas mit ihm nicht stimmte, aber ihr wolltet nicht auf mich hören!«

»Das stimmt«, sagte Rons Mutter, »du hast etwas gespürt, was wir nicht gespürt haben.« Seine Eltern entschuldigten sich an diesem Tag bei ihm, dank-

Blinde Flecken und schlechte Gewohnheiten

bar, dass Ron oder seine beiden Brüder nicht zu Schaden gekommen waren.

Ob Sie es glauben oder nicht, Rons Erlebnis ist nicht ungewöhnlich. Ich habe mit Hunderten von Leuten gesprochen, die mir berichteten, dass sie als Kind schlechte Schwingungen bezüglich Menschen wahrgenommen hätten. Doch statt dass man ihnen zuhörte, wurden sie völlig ignoriert oder schnell abgewiesen und manchmal sogar bestraft, wenn sie meinten, dass etwas nicht in Ordnung sei. Wenn Kinder Hinweise auf Gefahr oder Unaufrichtigkeit äußern, können die Reaktionen der Eltern schnell in folgende Richtungen gehen: Eine ist, »den Boten der schlechten Nachricht zu bestrafen«, wie dies Ron geschah. Eine andere ist zu versuchen, die Empfindung des Kindes zu beeinflussen. Dies geschieht, wenn Ihr Kind ein negatives Gefühl über jemanden hat und Sie das nicht hören wollen, weil sie die fragliche Person mögen.

Wenn Liebe blind macht

Meine Freundin Renee lieferte mir dafür ein weiteres Beispiel. Renee hatte als allein erziehende Mutter der sechsjährigen Laura kein großes Liebesleben, deshalb war sie froh, als sie einen Mann kennen lernte, bei dem es funkte. Renee dachte, dass Fred der perfekte Gentleman sei, aber Laura mochte ihn nicht.

Anfangs verdächtigte Renee Laura, auf Fred eifersüchtig zu sein. Sie meinte, dass sie ihre Meinung mit der Zeit ändern würde, aber sie tat es nicht. Renee erzählte Laura, wie nett Fred sei und wie sehr sie seine Gesellschaft genieße, aber das half auch nicht. Laura mochte Fred trotzdem nicht. Schließlich entschied Renee erbost, dass Laura einfach nur dickköpfig sei, und ignorierte sie, weil sie Fred mochte, und dies war für sie zu der Zeit das einzig Wichtige. Sie traf sich weiter mit ihm und freute sich auf eine gemeinsame Zukunft.

Renee war verliebt.

Einen Monat später wurde Renee auf der Arbeit von Freds Frau angerufen! Sie konnte nicht glauben, dass er eine *Frau* hatte. Als sie ihn darauf ansprach, gab er es widerwillig zu.

»Dann dachte ich nur noch, dass Laura die ganze Zeit Recht gehabt hat. Fred war nicht so, wie er sich gab, und sie hatte es gespürt. Ich sagte Laura, dass es mir Leid täte, so über sie hinweggegangen zu sein. Ich habe geglaubt, was ich glauben wollte. Laura hat das geglaubt, was sich als richtig herausstellte.«

»Als ich dann Herb kennen lernte, mochte Laura ihn von Anfang an. Es störte sie nicht, wenn er vorbeikam, sie lachte über seine Witze und zog uns sogar auf, wenn wir uns zum Ausgehen verabredeten. Wir sind jetzt seit drei Jahren verheiratet, und ich habe das Gefühl, dass wir eine richtige Familie sind.«

Wie im Falle von Renee und Rons Eltern, kann es sehr leicht passieren, dass wir die sinnliche Achtsamkeit von jemandem nicht zur Kenntnis nehmen oder in Abrede stellen, wenn wir das Beste von jemandem glauben wollen. Vielleicht ist die sinnliche Achtsamkeit von Kindern, was ihre Intuition betrifft, deshalb normalerweise auf »hoch« eingestellt, weil sie so klein und für ihren Schutz in großem Maße von Erwachsenen abhängig sind.

Ich denke, wir sollten niemals die intuitive Empfindung eines Kindes ignorieren. Meine Freundin Phyllis hat einmal zu mir gesagt: »Es ist schwierig zu entscheiden, worauf man hören soll, wenn sie klein sind. Sehr viel von dem, was sie sagen, ist reine Einbildung.«

»Stimmt«, habe ich erwidert, »aber jegliche Intuition entspringt der Einbildung. Es ist besser, ihr unsere Aufmerksamkeit zu schenken, als sie zu ignorieren und es anschließend zu bereuen.«

Die schlechten Schwingungen eines Kindes anzuerkennen, ist eine Möglichkeit, es und oft genug sich selbst vor Schaden zu bewahren. Kinder, die gut geerdet und überzeugt sind, dass ihnen respektvoll zugehört wird, werden von den Kriechern und Opportunisten des Lebens normalerweise gemieden. Von meinen Lehrern weiß ich: »Wenn einem zugehört und man respektiert wird, ist dies eine natürliche Form des Schutzes im Leben.«

Vorsicht ist besser als Nachsicht

Meine Freundin Amy berichtete mir von einem intuitiven Erlebnis aus ihrer Kinderzeit, das damals für viel Aufregung gesorgt hatte. Als Amy drei war, besuchte die Familie die Großeltern, denen Amys Eltern einen gebrauchten Oldsmobile abkauften, mit dem sie dann nach Long Island zurückfahren wollten.

Kaum saß die Familie im Auto und war losgefahren, begann Amy verrückt zu spielen. Weil sie noch nie einen solchen Anfall bekommen hatte, war dieses Verhalten für sie sehr untypisch. Sie strampelte und schrie, sagte, dass sie das Auto hasse, und ließ sich nicht beruhigen. Dies ging eine ganze Zeit lang und verärgerte ihre Eltern zunehmend, besonders weil ihre vier Geschwister inzwischen eingeschlafen waren. Schließlich bestand Amys Mutter darauf, dass ihr Vater an einer Tankstelle anhielt, damit sie noch einmal versuchen konnten, Amy zu beruhigen. Amys Mutter ging mit ihr zu den Toiletten und versuchte sie zu besänftigen, doch vergeblich. Amy schrie, dass sie das Auto hasse, warf sich auf den Boden und weigerte sich aufzustehen.

Amys Vater, der allmählich die Geduld verlor, versuchte sie hoch zu ziehen, aber plötzlich hielt Amys Mutter ihn zurück. Sie wusste, dass dieses Verhalten für Amy völlig untypisch war, und ihre Intuition sagte ihr, dass vielleicht irgendetwas nicht stimmte. Sie bat ihren Mann, das Auto überprüfen zu lassen, ob vielleicht etwas nicht richtig funktionierte.

Amys Vater willigte ein. Er war zu allem bereit, wenn diese Szene nur vorbei wäre und sie weiterfahren könnten.

Der Schock war enorm, als ein Mechaniker ein Loch in der Größe eines Zehnpfennigstücks in der Kraftstoffzuleitung fand, wodurch Kohlenmonoxid in das Auto gelangen konnte. Das erklärte, weshalb Amys Bruder und die drei Schwestern so schnell eingeschlafen waren.

»Wenn Sie weitergefahren wären, hätten Sie in ein paar Stunden alle tot sein können«, sagte der Mechaniker sehr drastisch. »Gott sei Dank haben Sie es gemerkt. Das ist ein Wunder.«

Alle Augen richteten sich auf Amy, dieses Mal allerdings in Erstaunen und Anerkennung.

Macht es so viel Mühe, der Intuition eines Kindes Aufmerksamkeit zu schenken? Womöglich – aber nicht ein Bruchteil der Mühen, die durch die Folgen verursacht werden, wenn man sie ignoriert! Das heißt nicht, dass wir übertrieben wachsam werden sollen bei allem, was Kinder sagen. Auch das wäre unnatürlich und würde unangenehme Aufmerksamkeit auf die Kinder lenken. Hören Sie ihnen einfach zu, wenn sie ein ungutes Gefühl über irgendetwas zum Ausdruck bringen. Wenn sie schlechte Schwingungen haben, lassen Sie sie wissen, dass sie achtsam sind, dass Sie aufpassen werden, dass das, was sie spüren, wichtig ist und dass Sie Ihr Möglichstes tun werden, um die Situation zu ändern, falls es nötig wird.

Zu vertraut werden

Es besteht ein Unterschied zwischen einem schlechten Gefühl im Bauch und genereller natürlicher Zurückhaltung, um sich zu schützen. Zu Beginn unseres Lebens verfügen wir alle über den sechsten Sinn, wozu auch die Intuition gehört. Zu deren Aufgaben gehört es, uns zu schützen und uns vor Schaden zu bewahren. Sie überprüft unsere Umgebung und warnt uns vor allem, was sich von unserem Energiefeld unterscheidet. Bei Kindern führen diese Unterschiede zu einer natürlichen Zurückhaltung. Wenn sie mit einem neuen Menschen oder mit einer neuen Situation konfrontiert werden, müssen sie sich erst mit der neuen Energie vertraut machen, bevor sie sich öffnen. Aus diesem Grund wenden zum Beispiel Babys ihren Blick ab, wenn ein Fremder sie aus zu großer Nähe ansieht. Wenn sie spüren, dass die Energie, die von der neuen Person auf sie zukommt, freundlich ist, riskieren sie vielleicht einmal einen Blick. Ansonsten vermeiden sie den Blickkontakt. Wenn sie sich an die Energie gewöhnt haben und sich wohler fühlen, werden sie sich der Person oder der Situation in ihrem Tempo und zu dem für sie richtigen Zeitpunkt auf natürliche Weise öffnen.

Ein sehr extrovertierter Freund von mir namens Alan hat eine zweijährige Tochter, Jennifer. Alan begrüßt jeden mit einem Lächeln, während Jennifer sich hinter seinen Beinen versteckt und um die Ecke späht. Alan ermutigt Jennifer ständig, hervorzukommen und Hallo zu sagen, besonders im Fahrstuhl. Ich habe Alan empfohlen, damit aufzuhören, weil es für Zweijährige instinktiv nicht natürlich sei, auf fremde Menschen zuzugehen. Dadurch, dass Alan Jennifer trotzdem dazu bringen wollte, hat er ihre natürlichen instinktiven Grenzen durcheinander gebracht und unnötig Angst verursacht.

Wenn Eltern diesen Prozess stören, indem sie Kinder voreilig zu Kontakt mit nicht vertrauten Menschen drängen, werden die natürlichen Instinkte der Kinder regelrecht überfahren, und sie verlieren die Verbindung zu ihnen. Wenn das passiert, werden sie verletzlich. Diese Kinder benehmen sich dann wie Erwachsene, die ihre Instinkte ignorieren und sich an den äußeren Schein halten, was nicht verwundert. Das führt im Erwachsenenleben zu Schwierigkeiten, was ebenfalls nicht überraschen sollte. Wenn wir den Kontakt zu unseren Instinkten verlieren, kann es uns passieren, dass wir uns mit Menschen

zusammentun, denen nicht unser Bestes am Herzen liegt – und wir es nicht wissen, bis es zu spät ist, wie im Fall des Geschäftspartners, der uns übervorteilt, oder einem Freund, der uns betrügt.

Eine andere zwiespältige Botschaft, die wir unseren Kindern oft mitgeben, steckt in unseren Vorstellungen von einem höflichen Verhalten. Wenn wir unsere Kinder zu einem Besuch bei Freunden oder Verwandten mitnehmen, sagen wir oft: »Gib Tante Mary ein Küsschen«, oder »Lass dich von Onkel Joe drücken«, was oft nur dazu führt, dass unsere Kinder zurückschrecken oder sich weigern. Das bringt uns in Verlegenheit und gibt den Kindern das Gefühl, ungezogen zu sein.

Tatsächlich ist spontane Zuneigung zu Fremden, auch zu solchen, mit denen wir verwandt sind, sehr unnatürlich, und der intuitive Instinkt, von derartig forcierter Vertrautheit Abstand zu nehmen, ist vollkommen berechtigt. Wir müssen die Energie eines Menschen erst einschätzen und dann entscheiden, ob wir uns mit der Person wohl fühlen oder nicht, bevor wir uns ihr öffnen. Dies gilt für uns und noch mehr für unsere Kinder. Schließlich sind sie als Kinder noch verletzlicher, deshalb müssen sie intuitiv auch vorsichtiger sein. Respektieren Sie deshalb die natürlichen Grenzen Ihrer Kinder und bieten Sie ihnen angenehmere Möglichkeiten, höflich zu sein, damit sie ihre Selbstachtung wahren kön-

Blinde Flecken und schlechte Gewohnheiten

nen. Ein einfaches »Sag dem und dem Guten Tag« ist genauso höflich und viel angemessener, als eine ungewollte Umarmung zu erzwingen.

Es erfordert Aufmerksamkeit und Einfühlungsvermögen, daran zu denken, dass Kinder viel ehrlicher und lockerer sind, wenn es darum geht, ein energetisches Gleichgewicht zu erreichen. Man benötigt nur ein wenig Fantasie und gesunden Menschenverstand, um sich den unterschiedlichen Situationen anzupassen. Dies umzusetzen fällt uns viel leichter, wenn wir daran denken, dass unsere intuitiven Bedürfnisse und die unserer Kinder genauso wirklich und wichtig sind wie das Bedürfnis nach Nahrung, Wasser und Sauerstoff. Und deshalb verdienen sie auch die gleiche Beachtung.

Lassen Sie sie selbst zu Wort kommen

Ich kenne eine Frau mit mehreren Kindern, die sie sehr liebt, aber jedes Mal, wenn ich sie besuche, passiert etwas Merkwürdiges. Ich frage die Älteste, sie ist elf: »Wie geht es dir, Lucy?« Und bevor Lucy noch ihren Mund öffnen kann, ertönt ihre Mutter: »Oh, ihr geht's richtig gut, danke. Stimmt doch, Lucy?« Dann lächelt Lucy und steht untätig da. Oder ich sage: »Wie geht es dieses Jahr in der Schule?«, und die Mutter legt los: »Großartig, es gefällt ihr prächtig, nicht

wahr, Lucy?« Und Lucy nickt nur, die Augen auf ihre Mutter gerichtet.

Ich weiß, dass Lucys Mutter versucht, ihre Tochter in der Kunst der Unterhaltung zu unterweisen. Aber indem sie an ihrer Stelle antwortet, vermittelt sie ihr in Wirklichkeit, dass sie kein Vertrauen in Lucys Fähigkeit hat, zu antworten und ihre Gefühle auszudrücken. Oder vielleicht möchte sie auch nicht, dass Lucy ihre Unzufriedenheit äußert. Vielleicht hat das Bedürfnis ihrer Mutter, der Welt ein zufriedenes, perfektes Bild zu präsentieren, Lucys Fähigkeit verdrängt, wirkliche Gefühle zu empfinden und zum Ausdruck zu bringen. Vielleicht ist es eine Angewohnheit, die sie selbst als Kind erfahren hat. Wer weiß?

Aber ich bin mir ziemlich sicher, dass Lucy sich an ihrer Mutter orientiert anstatt an sich selbst, wenn es um ihre Gefühle geht. Als ob sie sagen würde: »Mom, sag mir, wie ich mich diesbezüglich fühle.« Dies kann in Zukunft zu schwerwiegenden Problemen führen. Bereits mit elf hat sie ihr eigenes Feedbacksystem aufgegeben und ist von ihrer Intuition abgeschnitten.

Haben Sie Geduld mit Ihren Kindern, wenn es um Gefühlsäußerungen geht. Geben Sie ihnen den Freiraum, mit sich selbst in Kontakt zu kommen, wenn sie sich unterhalten. Machen Sie sich klar, dass ein Kind normalerweise die Frage »Wie geht es dir?« sehr ernst nimmt und es nicht nur für eine Höflichkeitsfloskel hält. Deshalb neigen sie dazu, einen Augenblick länger darüber nachzudenken, bevor sie antworten. Oft platzt ein begeistertes Elternteil, dem dieses Schweigen unangenehm ist, mit einer Antwort in diese Pause.

Ein wenig Geduld zu haben, wenn man mit Kindern und besonders mit Jugendlichen spricht, zahlt sich normalerweise aus, sowohl für die Kindern als auch für Sie. Es ermöglicht Ihnen, mehr als nur auf oberflächliche Weise mit Ihren Kindern in Kontakt zu treten und vermittelt den Kindern, dass ihre Gefühle Ihnen so wichtig sind, dass Sie Geduld haben.

Schlechte Schwingungen oder Angst vor dem Unbekannten?

Genauso wie ein Unterschied zwischen schlechten Schwingungen und natürlicher Zurückhaltung besteht, gibt es einen Unterschied zwischen schlechten Schwingungen und einer natürlichen Angst vor dem Unbekannten. Die Angst vor dem Unbekannten ist ein natürliches Kontrollsystem. Sie bremst uns und erhöht unsere Achtsamkeit, wenn wir möglicher Gefahr ausgesetzt sind. Sie ist unser elementarer Überlebensinstinkt.

Mein Freund Detective Bittenbinder nennt unsere Angst vor dem Unbekannten das »Aufgestellte-Nackenhaare-Syndrom«, das uns als Spezies am Leben er-

hält. Ein gutes Beispiel dafür ist, wenn Sie nachts allein eine unbekannte dunkle Straße entlanggehen. Dies ist zwar nicht zwingenderweise gefährlich, *kann* es aber sein. Deshalb haben Sie wahrscheinlich eine gesunde Portion »Angst vor dem Unbekannten«, die zu der Zeit durch Ihre Adern strömt.

Dieser Instinkt ist je nach Situation unterschiedlich intensiv. Je verletzlicher Sie sind, desto furchtsamer werden Sie sein. Aus diesem Grund sind Kinder, besonders diejenigen, die sich selbst überlassen oder vernachlässigt sind oder in einer Umgebung mit hoher Gewaltbereitschaft leben, äußerst furchtsam. Sie befinden sich in Gefahr, und ihre größere Angst kann ihnen das Leben retten, weil sie sie äußerst wachsam sein lässt.

Meistens beruht die Angst vor dem Unbekannten bei Kindern jedoch weniger auf einer körperlichen Bedrohung als auf einer seelischen Erregung, die durch Situationen oder Umstände hervorgerufen wird, die ihnen nicht vertraut sind und die emotionale Verletzlichkeit verursacht: wenn ein Kind zum Beispiel einen neuen Babysitter hat oder zum ersten Mal zu einem Besuch bei einem neuen Freund eingeladen ist oder wenn es zum ersten Mal zum Zahnarzt oder auf eine neue Schule geht. Obwohl diese Situationen normalerweise nicht gefährlich oder bedrohlich sind, ist die Energie dennoch ungeerdet und isolierend, wodurch das Kind nervös, verletzlich und ängstlich reagiert.

Ich habe erlebt, dass Eltern sehr genervt und ungeduldig mit ihren Kindern wurden, wenn diese in offensichtlich unbedrohlichen Situationen Angst bekamen. Ein Vater sagte einmal zu mir: »Meine Tochter reagiert nur übertrieben. Sie muss darüber hinwegkommen und neue Dinge entdecken.«

»Ja, das stimmt«, pflichtete ich ihm bei. »Aber das ändert nichts an der Tatsache, dass es für Kinder energetisch erschütternd und beängstigend sein kann, auch wenn es notwendig ist, neue Situationen auszuprobieren.«

Wenn Ihr Kind sich vor neuen Situationen fürchtet, versuchen Sie ihm mit ein paar verständnisvollen Worten zu vermitteln, dass Sie seine Ängste anerkennen, anstatt zu sagen, dass es keine Angst haben müsse. Schließlich können auch Erwachsene Angst bekommen, wenn sie auf unbekanntes Terrain stoßen. Weshalb sollte es bei Kindern dann anders sein?

Sie können die Angst eines Kindes vor dem Unbekannten auf mehrfache Weise mindern. Bitten Sie Ihr Kind zuerst, so gut es geht zu identifizieren, worin die Angst besteht. Manchmal vermindert schon die Aufforderung, seine Ängste zu beschreiben, die Angstgefühle und hilft dem Kind, sie zu relativieren. Schlagen Sie Ihrem Kind als weitere Möglichkeit vor, zu visualisieren, dass es von einem liebevollen weißen Licht umgeben ist, von Gott und seinen Engeln behütet. Zu wissen, dass sie in einem derartigen Kokon geschützt sind, hilft unsicheren Kindern geerdeter zu werden und sich wohler zu fühlen. Es erinnert sie daran, dass sie als spirituelle Wesen niemals wirklich allein sind, dass das Universum sie jederzeit liebevoll bewacht.

Sie können auch einige der Aurareinigungs- und Energieerdungstechniken ausprobieren, die wir bisher vorgestellt haben, wie etwa den »Aura-Säuberungs-Tanz« oder »Die Kratzigen abschütteln«. Diese Hilfsmittel und Rituale eignen sich großartig in den ambivalenten Momenten des »Ich möchte es machen, ich möchte es nicht machen!« im Leben, wenn der Wunsch eines Kindes mit seinen Ängsten kollidiert.

Die beste Methode, mit der Angst eines Kindes vor dem Unbekannten umzugehen, ist, geduldig, sachlich und respektvoll zu sein und seinen Gefühlen und Ängsten zuzuhören. Reagieren Sie nicht übertrieben und versuchen Sie nicht zu leugnen, was ihre Kinder fühlen, damit sie sich vielleicht besser fühlen. Hüten Sie sich besonders davor, ihre Gefühle als »nichts« abzutun. Es mag zwar nichts Körperliches sein, aber energetisch ist es *etwas* und für sie sehr *real*. Fragen Sie Ihr Kind ruhig, wie sich seine Schwingungen anfühlen und ob es etwas gibt, was Sie als Eltern tun können.

Äußert das Kind seine Gefühle, dann fordern Sie es auf, möglichst genau zu sein, wie zum Beispiel: »Ich weiß, dass du den Babysitter nicht magst. Ist es etwas Bestimmtes, was dir nicht gefällt?« Oder: »Ich weiß, dass du heute Angst davor hast, Susie zu besuchen. Gibt es dabei etwas, was dich besonders beunruhigt?«

Solche gezielten Fragen werden Ihrem Kind dabei helfen, vage Angstgefühle von wirklicher Gefahr zu unterscheiden, und sie erinnern es daran, dass Sie ihm helfen, für seinen seelischen Zustand empfänglich und bereit sind, es zu schützen und ihm Geborgenheit zu geben.

Angst vor der Dunkelheit

Angst vor der Dunkelheit ist ebenfalls eine verbreitete Angst bei Kindern. Viele Kinder fürchten sich im Dunkeln und schlafen nicht allein in einem dunklen Zimmer ein, weil sie davon überzeugt sind, dass der »schwarze Mann« oder irgendeine andere finstere Gestalt dort auf sie wartet, um sie zu holen. Ich hatte einen Klienten, dessen Sohn schreckliche Angst vor der Dunkelheit hatte. Tagsüber war er ein richtig unternehmungslustiger Junge, extrovertiert und voller Interesse allem Neuen gegenüber, aber zur Schlafenszeit war er ganz aufgelöst und bat darum, nicht allein gelassen zu werden.

Seine Eltern verstanden diesen Gegensatz nicht. »Wovor hat er nachts so viel Angst, wenn er tagsüber so selbstbewusst ist?«, fragten sie.

»Es kann mehrere Ursachen haben«, sagte ich. »Vielleicht verliert er nachts den Kontakt zu Ihren individuellen Schwingungen, was ihn beunruhigen könnte. Oder er ist im Dunkeln ungeerdet und fühlt sich zu offen und verletzlich. Aber der wichtigste Grund für seine Angst vor dem Dunkeln ist wahrscheinlich, dass er gelernt hat – vielleicht sogar von Ihnen –, dass man alles unter Kontrolle haben muss, um im Leben sicher zu sein. Im Dunkeln allerdings weiß er nicht, was los ist, er kann es nicht kontrollieren. Dies wird ihn sicherlich sehr ängstigen.«

Es ist nicht wirklich entscheidend, warum sich ein Kind im Dunkeln fürchtet. Wichtig ist, diese Angst ernst zu nehmen und ihm dabei zu helfen, sie zu überwinden, damit es sich sicherer und geerdeter fühlt. Eine Lösung wäre, ihn in Ihrem Zimmer schlafen zu lassen. Einige Eltern machen dies, weil sie an das »Familienbett« glauben. Bei vielen Eltern hingegen ist diese Methode wenig populär, da sie ihre Intimsphäre dadurch gestört sehen. Eine andere Lösung wäre, dem Kind zu erlauben, das Licht an und die Tür offen zu lassen, wenn es ins Bett geht, damit es sieht, was »draußen« passiert. Oder sie können auch ein Nachtlicht anbringen, das nicht zu hell ist.

Eine weitere Möglichkeit ist, die Energie des Zimmers mit ätherischen Ölen zu reinigen. Kamille ist wunderbar geeignet, um Ruhe herbeizuführen und eine entspannende Atmosphäre zu schaffen, in der es sich bestens einschlafen lässt. Sie können auch das Zimmer mit »Räucherbündeln« reinigen. Das sind Bündel aus getrocknetem Salbei und Zeder, die im esoterischen Fachhandel erhältlich sind. Räucherbündel sind energetische Hilfsmittel der Indianer, die dazu dienen, Energie zu reinigen und einen heiligen Raum zu schaffen. Räuchern vertreibt alle negativen Schwingungen, so dass die Atmosphäre rein und gesegnet ist. Räuchern ist bei ängstlichen Kindern besonders wirksam, wenn man ihnen erzählt, wozu es benutzt wird, und wenn man es ihnen überlässt, die Stäbchen im Zimmer herumzuschwenken.

Schließlich können Sie einem Kind, das sich im Dunkeln fürchtet, Sicherheit geben, indem Sie ihm klar machen, dass das liebende Universum sich seiner bewusst ist, es beschützt und es während der ganzen Nacht genauso bewachen wird wie am Tag. Deshalb kann es darauf *vertrauen*, dass alles in Ordnung ist und es nicht alles selbst kontrollieren muss. Sie sollten ihm nahe bringen, sich keine Sorgen zu machen, weil das Universum im Einsatz ist und die Dinge für es regelt. Dies können Sie allerdings nur dann wirklich vermitteln, wenn Sie selbst daran glauben!

Nehmen Sie es locker

Viele Eltern unterschätzen zwar die Rolle der Intuition im Leben ihrer Kinder, aber andere wiederum werden übereifrig und machen zu großes Aufhebens davon. Das ist für Kinder sehr lästig und wird ihre Intuition genauso verschließen, als wenn sie ignoriert wird.

Eines Tages stand Holly, eine Klientin, mit einer drei Seiten langen Liste in der Tür, auf der sie notiert hatte, welche intuitiven Fähigkeiten sie bei ihrem dreijährigen Sohn Timmy beobachtet hatte. Sie war sich sicher, dass jedes Wort, das aus seinem Mund kam, Zeugnis einer großen intuitiven Einsicht war. Sie übte mit ihm, schmeichelte ihm, stachelte ihn an, war ständig in seiner Nähe und hielt jede Reaktion für eine intuitive Offenbarung oder eine bedeutungsvolle intuitive Erkenntnis.

»Sonia, er hat den Babysitter drei Minuten lang angestarrt, bevor er Hallo gesagt hat«, berichtete sie. »Es war, als ob er alle ihre inneren Geheimnisse lesen würde. Immer wenn wir neuen Menschen begegnen, frage ich Tim, welche Farbe ihre Aura hat, was er fühlt, und er sagt es mir. Ich glaube, er ist sehr intuitiv, meinst du nicht auch?«

Natürlich glaubte ich, dass Tim intuitiv war, und ich dachte, dass Holly Recht damit hatte, seine Intuition zu fördern. Aber in der Erwartung einer ständigen Klang-und-Licht-Show über

Tim zu schweben war definitiv der falsche Ansatz. Dies bedeutete ein unnatürliches und lästiges Eindringen in seinen Freiraum. Jedes Kind wird einen derartigen Druck der Eltern sicherlich intuitiv spüren und ihnen übel nehmen.

Kein Kind genießt es, als »andersartig« behandelt zu werden, weder vor anderen Menschen noch hinter verschlossenen Türen. Kinder verwenden viel Energie darauf, sich in die Gesellschaft einzufügen, nicht von ihr ausgeschlossen zu werden. Es ist zwar wichtig, dass Eltern die intuitiven Wahrnehmungen ihrer Kinder genauso kultivieren, wie sie ihnen helfen, Musik oder Kunst schätzen zu lernen, aber es ist weder hilfreich noch wünschenswert, sie befangen zu machen. Und wenn Eltern die Intuition eines Kindes zu ernst nehmen, nimmt das der Sache auch den Spaß.

Sie werden weder durch Zwang, Forderungen, Prüfungen noch indem Sie völlig darauf fixiert sind eine Verbindung zur Intuition bekommen. Wenn Sie zuhören, dann nehmen Sie das Wesentlichste eines Kindes in Anspruch, sprechen seine Seele an und verbinden sich mit seinem Bewusstsein. Wenn Sie hingegen eine intuitive Leistung von einem Kind fanatisch erzwingen, manipulieren oder fordern, dann beschäftigen Sie sein Ego und weichen dabei der Seele vollständig aus. Das Ego hat keinen Zugang zur Intuition – nur die Seele hat ihn –,

deshalb wird dieses Verhalten nicht die Verbindung zur Intuition herstellen, die Sie anstreben.

Geben Sie Ihren Kindern den Raum, jeden Aspekt ihres intuitiven Lebens frei auszusprechen, ohne es dramatisch oder übertrieben reagierend zu erzwingen oder es als etwas Ungewöhnliches zu behandeln.

Überprüfen Sie einmal Ihre Einstellung. An diesem Punkt sollten Sie zu verstehen beginnen, dass wir alle denkende, fühlende, empfindende intuitive Wesen sind und dass unser intuitives Leben ein genauso großer Teil unserer wunderbaren Ausstattung ist wie unsere Augen und Ohren. Entspannen Sie sich, nehmen Sie sich Zeit, Ihre Intuition zu entdecken und zu erforschen, und vertrauen Sie darauf, dass sie auf natürliche Weise gedeihen wird.

Alles zählt

Fassen wir es noch einmal zusammen: Das Wichtigste, was Sie über das Reagieren auf die Intuitionen Ihres Kindes wissen sollten, ist, den Boten der schlechten Nachricht nicht zu bestrafen und sich den Blick nicht von Sentimentalität trüben zu lassen. Wenn Ihre Kinder Warnungen formulieren, beachten Sie sie. Wenn sie Störungen ausdrücken, erkennen Sie sie an. Wenn sie Ablehnung zeigen, respektieren Sie sie. Wenn

Blinde Flecken und schlechte Gewohnheiten

sie Raum benötigen, gewähren Sie ihnen diesen. Wenn sie ängstlich sind, seien Sie empfindsam und bestätigen Sie sie. Und tun Sie dies liebevoll. Ein klarer Verstand nimmt klare Schwingungen auf, und Kinder haben ein unheimlich genaues Gespür für das Offensichtliche. Nehmen Sie deshalb ihre Schwingungen als den Versuch zur Kenntnis, Probleme abzuwehren, ihr Gleichgewicht zu erhalten und sich und Sie zu warnen und zu schützen, und danken Sie ihnen dafür.

Was immer Sie tun, vermitteln Sie Ihren Kindern nicht das Gefühl, dass sie die Ursache der Schwingungen wären – ob nun guter, schlechter, indifferenter. Das ist unfair, lieblos und falsch.

Wenn Sie nicht aufpassen, wird es an einem bestimmten Punkt der intuitiven Entwicklung wichtig, aufzuwachen und den Tatsachen ins Auge zu blicken! Nehmen Sie die rosa Brille ab, falls Sie sie aufhaben. Machen Sie Schluss mit der Verleugnung und ändern Sie Ihre Pläne, wenn es Ihnen nahe gelegt wird. Seien Sie froh, dass diese kleinen Wesen alle ihre Sinne einsetzen, damit das Leben sicher, ausgeglichen und aufrichtig bleibt.

Das Anerkennen und Respektieren der Schwingungen Ihrer Kinder, ihrer natürlichen Grenzen, ihres gesteigerten Instinkts für die Selbsterhaltung und ihres ausgeprägten Sinns für das Offensichtliche hat als angenehme Nebenerscheinung, dass Sie, wenn Sie für die Intuitionen Ihrer Kinder empfänglich sind, unweigerlich auch für Ihre eigenen empfänglich werden.

In einer Gesellschaft wie der unsrigen, in der Macht und Kontrolle zählen, werden wir alle dahingehend manipuliert, »zu funktionieren«, ohne irgendetwas zu hinterfragen. Aber oft läuft es dann genau in die entgegengesetzte Richtung, als wenn wir auf unser Herz hören und tun würden, was für uns richtig ist. Intuition ist eine Gabe der Seele, aber es liegt immer noch an uns, die Hand danach auszustrecken und das gereichte Geschenk anzunehmen, auch wenn es uns manchmal die Pläne durchkreuzt, unsere Autorität in Frage stellt oder dazu führt, dass wir Menschen und Sichtweisen, an denen wir hängen, neu bewerten müssen. Es erfordert Mut, dem intuitiven Herzen zu folgen und an die führende Weisheit der Seele zu glauben, aber ihre Geschenke sind der Mühe wert.

Aus der Unbewusstheit und den unbedachten Gewohnheiten auszubrechen und der führenden Seele ohne Rücksicht auf die Konsequenzen zu folgen ist der Wendepunkt hin zu einem intuitiven Leben, ob dies nun Sie selbst oder Ihr Kind betrifft. Der Tag, an dem Sie sich dafür entscheiden, ist der Tag, an dem Ihr Leben und das Ihres Kindes sich dem führenden Licht und den überreichlichen Geschenken der Gnade Gottes öffnen.

Hilfsmittel: Blinde Flecken und schlechte Gewohnheiten überwinden

Wenn Sie *wirklich* wollen, dass Ihr Kind seiner Intuition vertraut, müssen *Sie* ihr zuerst vertrauen. Wenn Sie genug Wert auf die Instinkte Ihrer Kinder legen, dann tun sie es auch. Versuchen Sie:

1. Ihren Kindern offen zuzuhören
2. auf ihre Signale und Mitteilungen zu achten
3. Ihren Kindern zu erlauben, frei zu sprechen
4. Ihre Schwingungen und Instinkte zu respektieren
5. sich auf Ihre Körpersprache zu konzentrieren und Schutz anzubieten
6. geduldig zu sein, wenn sie intuitive Regungen aussprechen, besonders wenn sie unangenehm für Sie sind, Ihre Pläne durchkreuzen oder ein schlechtes Licht auf jemanden werfen, der Ihnen nahe steht
7. Humor und Flexibilität zu zeigen, wenn Intuitionen auftauchen
8. der Intuition eines Kindes immer zu vertrauen – und Ihrer natürlich auch
9. weder Ihre noch die Intuition Ihres Kindes zu ignorieren
10. jeden in der Familie eindringlich zu bitten, über intuitive Regungen zu sprechen

Reflexionen

1. Sind Sie bereit, die natürlichen Grenzen Ihres Kindes sowie seine ersten Eindrücke zu respektieren?

2. Stellen Sie unbewusst Höflichkeitsregeln auf, die den Instinkten Ihres Kindes zuwiderlaufen?

3. Sind Sie zu sehr beschäftigt, um die Intuition Ihres Kindes bei Ihren Entscheidungen zu berücksichtigen?

4. Weisen Sie Ihre Kinder zurück, wenn deren Intuition dazu führt, dass Sie sich unwohl fühlen?

5. Sind Sie in einem chronisch negativen emotionalen Zustand – ängstlich, überfordert, verärgert –, sodass Sie nicht mehr auf Ihre Intuition oder die Ihres Kindes eingestimmt sind?

Zur Erinnerung:

Erfinden Sie eine eigene Seelensprache?

Reinigen Sie Ihre Aura und die Ihrer Kinder?

Respektieren Sie alle Schwingungen, wie ungelegen oder unangenehm sie auch sein mögen?

Teil III

Um Unterstützung bitten

Wir begeben uns jetzt in die abschließende Phase bei der Förderung einer intuitiven Familie: um Unterstützung bitten.

In Teil III werden Sie sich darauf konzentrieren, Ihren Fokus insofern zu verändern, als Sie sich Ihrer Intuition nicht mehr nur bewusst sind und sie akzeptieren, sondern auch aktiv den Rat der Intuition für Ihr Leben suchen. Das werden Sie tun, indem Sie

1. eine Atmosphäre des Staunens und Entdeckens erzeugen.
2. Ihren Kindern erläutern, wie wichtig es ist, um Führung zu bitten.
3. Kunst als Mittel einsetzen, das intuitive Herz zu erreichen.
4. Methoden finden, wie Sie Ihre Kinder ermuntern, sich auf ihr Inneres auszurichten und Führung von ihrer Seele zu erwarten.
5. Ihre Helfer und geistigen Führer treffen.
6. verstehen, dass der Körper endlich, die Seele aber unsterblich ist.

Sie und Ihre Kinder sind dabei, von einem normalen Leben, das alltäglich, auf das Ego ausgerichtet und angstbesetzt ist, zu einem Leben zu wechseln, das außergewöhnlich, spirituell gelenkt und sicher ist. Fahren Sie mit Ihren Bemühungen in dem Wissen fort, dass Sie und Ihre Familie bald die führende Weisheit Ihrer Seelen wiedererlangen werden!

9. Staunen und entdecken

Mein Freund Bill hat erst vor kurzem nach langem Schweigen seine intuitive Stimme wiedererlangt. Er beschreibt seine Erfahrung folgendermaßen: »Es ist, als ob man einen Muskel entdeckt, von dem man nicht wusste, dass man ihn hat. Zuerst muss man ihn finden, dann muss man ihn benutzen!«

Das stimmt. Die Anwendung der Intuition ist wie das Benutzen eines neuen Muskels. Anfangs widersetzt man sich vielleicht, oder es fühlt sich seltsam an, aber durch Üben werden intuitive Regungen stärker, und es wird leichter, sie zu erlangen. Intuition ist ein leises Gefühl, ein kurzer »Aha«-Effekt. Sie ist die Glühbirne, die in Ihrem Kopf aufleuchtet. Sie ist das »Ich weiß es einfach«, das alle von uns unendliche Male vorbeihuschen gespürt haben, wie eine Feder, die über die Wangen streicht.

Aber wie so viele rechtschaffene Mitglieder des »Wollte-könnte-sollte«-Clubs bezeugen werden, sind das intuitive Wissen um etwas und das *Vertrauen*, gemäß diesem Wissen zu handeln, zwei völlig verschiedene Dinge. Mein Freund Bill drückte es so aus: »Manchmal ist es schwierig, seine Intuition zu nutzen. Man hat so viel Angst, einen Fehler zu begehen, dass man wie gelähmt ist.« Es stimmt. Es kann zermürbend sein, der Intuition zu folgen, besonders wenn es um wichtige Entscheidungen geht. Das Nervenaufreibende beim Fehlermachen ist, dass wir viel zu oft Perfektion von uns verlangen.

Um zu vermeiden, dass man seine Intuition blockiert, ist es das Beste zu lernen, *wie* man diese intuitiven Muskeln frei und ohne Beschränkung oder negative Konsequenzen benutzt, wenn man aufwächst. Das ängstliche Gefühl, von dem Bill sprach, die Angst, einen Fehler zu begehen, nistet sich während der Kindheit ein. In dieser Zeit wird ein Kind entweder ermuntert, sich auszuprobieren, bekommt es die Gelegenheit, ohne unheilvolle Folgen »Mist zu bauen«, oder es wird für seine Fehler bestraft und wird zu ängstlich, günstige Gelegenheiten wahrzunehmen. Wie Ihr Kind sich fühlt, wenn es Risiken eingeht, besonders intuitive, wird zu einem großen Teil durch Ihr Verhalten bestimmt.

Sind Sie Eltern, die stark zielorientiert sind, Ihren Selbstwert nach Ihrer Leistung bemessen und keine Fehler tolerieren, sind die Chancen groß, dass Ihre Kinder auf die gleiche Weise nach Erfolg streben, um Ihre Anerkennung zu bekommen. Diese Situation ruft in Kindern Angst hervor, wodurch es ihnen äußerst erschwert wird, Zugang zu ihrer Intuition zu erlangen. Wenn wir ängstlich sind, übertönt die Angst unsere Intuition oder löscht sie völlig aus, und dann wachsen wir auf und hören auf unsere Ängste anstatt auf unsere Herzen.

Ich habe bemerkt, dass heutzutage eine alarmierend große Anzahl ehrgeiziger Eltern von dem Wunsch getrieben sind, dass ihre Kinder die besten sind – nicht in dem, was die *Kinder* sein können, sondern in dem, was die *Eltern* denken, wie die Kinder sein sollten. Sie treiben sie an, reden ihnen gut zu, drohen ihnen, befehlen ihnen sogar, die Besten zu sein. Ich habe Kinder im Alter von sechs oder sieben Jahren gesehen, die sich miteinander auf der Grundlage ihrer Schulnoten, ihrer außerschulischen Aktivitäten, sogar wie gut sie ein Musikinstrument spielen, verglichen haben. Ich

kenne eine begnadete Klavierlehrerin, die wegen der Konkurrenz, Aggressivität und Versagensangst ihrer Schüler aufgehört hat, Klavierkonzerte zu organisieren. »Es sind die Eltern, die diesen Druck verursachen«, sagt sie. »Von Natur aus verhalten Kinder sich nicht so. Kinder lernen erst, sich so zu verhalten.«

Wenn Kinder in immer früheren Lebensjahren die Last der Erwartungen und des Ehrgeizes ihrer Eltern auf ihren schmalen Schultern tragen, wundert es nicht, dass sie von Angst geleitet werden. Damit ihre Kinder durch ein starkes Gespür für innere Führung motiviert aufwachsen anstatt mit Angst als Antriebskraft, sollten Sie ihnen so viele Gelegenheiten wie möglich verschaffen, ihre intuitiven Muskeln zu bewegen. Dies bedeutet, einen Sinn für Spielen, Abenteuer, Entdeckung und Staunen zu entwickeln. Wir müssen unseren Kindern die Möglichkeit bieten, ihre Intuition mithilfe angenehmer Gelegenheiten zu wecken, bei denen sie ausprobieren können, was sie wollen, und ausdrücken können, was sie fühlen, ohne das Risiko der Zensur oder des Versagens – oder, was das Schlimmste überhaupt wäre, Ihre Liebe zu verlieren.

Das »Ich-frage-mich-«Spiel

Weil Intuition am besten mittels der Einbildungskraft operiert, ist die beste Methode, sich ihr zu nähern, schöpferisches

Staunen und entdecken

Spielen. Als ich sehr jung war, waren wir viele Geschwister und es gab wenig Geld. Unseren Lebensunterhalt bestritt ein schmales Budget, aber meine Mutter hatte ein unglaubliches Talent, das Gewöhnliche zu etwas Außerordentlichem zu machen und alltägliche Ereignisse in magische Augenblicke zu verwandeln. Eine ihrer Methoden war ein Spiel namens »Ich-frage-mich«. »Sich zu fragen hat etwas Magisches«, pflegte sie zu sagen. »Wenn man sich fragt, spielt man mit dem Universum!« »Ich-frage-mich« war wie ein Ratespiel, nur dass wir nicht einfach geraten haben – wir haben uns tatsächlich gefragt.

Wenn das Telefon klingelte, sagte meine Mutter: »Ich frage mich, wer da anruft? Wisst ihr's?« Und wir schlossen die Augen und fragten uns. War es Dad? War es meine beste Freundin Charlotte? War es Großmutter? Mit geschlossenen Augen versuchten wir zu fühlen, wer anrief. Es hat Spaß gemacht, unseren Verstand auf solch herrliche Abenteuer zu schicken. Wir nannten jeder der Reihe nach den Anrufer, bevor wir den Hörer abnahmen. Wenn wir erfuhren, wer es war, jubelten wir, wenn wir richtig lagen, und wir lachten, wenn es falsch war. Es war egal – schließlich war es nur ein Spiel.

Eine weitere »Ich-frage-mich«-Variante lässt sich im Lebensmittelgeschäft spielen. Ich frage mich, was heute im Angebot ist. Ich frage mich, welches die

besten Äpfel sind. Ich frage mich, was Dad zum Abendessen möchte. Sich durch den Tag zu fragen, wurde Teil unseres Lebens. Wir fragten uns, was es in der Schule zu Mittag gab. Wir fragten uns, wann die unangekündigten Klassenarbeiten geschrieben würden. Wir fragten uns, wie die Antworten lauteten. Es wurde zu einer natürlichen Art und Weise, sich durch den Tag zu navigieren.

Ich habe mein ganzes Leben damit verbracht, mich zu fragen. Es hat mir die Augen geöffnet und mich unzählige Male in die richtige Richtung gestupst. Das Beste daran ist, dass es mir geholfen hat, mich mit offenem Verstand und offenem Herzen auf Situationen einzulassen. Mit »Ich-frage-mich« aufzuwachsen gibt die Art vor, auf welche Weise man auf das Leben zugeht. Es ist schwer, es sich abzugewöhnen – es macht zu viel Spaß, und das Leben funktioniert besser.

Es hilft, wenn man sich fragt, wer die Menschen wirklich sind, anstatt nach der äußeren Erscheinung zu urteilen. Es hilft, wenn man sich fragt, wie man seine Arbeit am besten erledigt, anstatt immer wieder in den gleichen Trott zu verfallen. Und vor allem lenkt »Ich-frage-mich« Ihre Aufmerksamkeit auf Optionen, die Sie sonst vielleicht übersehen hätten, und hält ihre Achtsamkeit wach und frisch.

Sie können »Ich frage mich« mit Kindern aller Altersstufen spielen. Sie lernen dadurch, die unsichtbare Welt mit der gleichen Begeisterung zu erforschen, die sie für ihre physische Umgebung aufbringen. Es hilft ihnen, sich der unbekannten, spirituellen und intuitiven Seite des Lebens und sich selbst zu nähern. Und es macht auch noch großen Spaß!

Sie können »Ich-frage-mich« überall spielen, zu jeder Zeit, aber am besten funktioniert es, wenn ein Kind etwas wissen will, woran es wirklich interessiert ist. Sonia fragt sich am Klavier, wenn sie versucht, Songs zu spielen, die sie im Radio gehört hat und die ihr gefallen. Sabrina fragt sich, wie sie Menschen und Dinge aus früheren Zeiten zeichnen soll. Wir alle fragen uns immer wieder einmal, wo unsere Schlüssel, Schuhe, Rucksäcke und Mäntel sind, und wir alle genießen es, uns von diesen Fragen führen zu lassen.

Wenn Sie »Ich frage mich« spielen, sollten Sie einige Regeln beachten. Die erste lautet, dass Sie keinen Fehler machen können, denn es ist kein Test. Wenn Sie es zu einem Test machen, verliert es seine Magie. Die zweite Regel lautet, dass Sie, falls Sie falsch liegen oder vom Weg abgekommen sind, »Ach so!«, sagen und lachen. Dann fragen sie sich weiter. Auf diese Weise ergeben sich aus »Ich-frage-mich« keine negativen Konsequenzen. Und die letzte Regel lautet, dass Sie feiern, wenn Sie die richtige Lösung haben – und zwar richtig!

Ermuntern Sie Ihre Kinder schon früh, »Ich frage mich« zu spielen. Erläutern Sie die Regeln. Wenn sie sie verletzen (und darauf können Sie sich verlassen, weil überall konkurriert wird), helfen Sie ihnen, sich wieder in das Spiel einzugliedern. Schlagen Sie »Ich frage mich« vor, wann immer Sie können, und fordern Sie ihre Kinder zu Anregungen für ein neues Spiel auf. Es ist ein wunderbarer Weg, auf Inspiration, Einsicht, Kreativität und Intuition zuzugehen, und es wird Ihre Familie darin unterstützen, ständig für neue Erfahrungen offen zu bleiben.

Reisen und Abenteuer

Eine weitere Möglichkeit, die »Muskeln« Ihrer Intuition zu trainieren, besteht darin, durch Reisen ein wenig Abenteuerlust in der Familie zu wecken. Patrick und ich sind leidenschaftlich gern unterwegs und nehmen so oft es geht unsere Kinder mit. Reisen macht sie mit neuen Situationen, neuen Sitten, neuem Essen und neuen Menschen bekannt. Es zeigt ihnen, dass es viele unterschiedliche Möglichkeiten gibt, sein Leben zu leben, es fördert Neugier und geistige Offenheit. Reisen erhöht die Achtsamkeit, schärft die Instinkte und die Sensitivität. Zudem verleiht es der Intuition einen Kick, weil sie in neuer, unbekannter Umgebung besonders gut gedeiht. Eltern reisen heutzutage in rekordverdächtigem Ausmaß mit ihren

Staunen und entdecken

Kindern, wobei sie sogar so weit gehen, sie deshalb von der Schule zu nehmen. Dazu sage ich: »Fantastisch!«

Meine eigene Intuition entwickelte sich von durchschnittlich aktiviert zu voll ausgereiftem intuitiven Wissen, als ich mit 16 Jahren mein erstes Abenteuer erlebte: Ich war schon immer von Rumänien, wo meine Mutter geboren war, fasziniert, und weil meine Mutter ihre Familie nach dem Krieg wiedergefunden hatte, wollte ich sie ebenfalls kennen lernen. Ich fragte sie, ob sie mich mitnehmen und ihren Geschwistern vorstellen würde, wenn ich mir mein Ticket selbst kaufte. Beeindruckt von meinem Wunsch und meiner Neugier willigte sie ein. »Wenn du das Ticket bezahlst, fahren wir.«

Nach der Schule jobbte ich an zwei Stellen, in einer Eisdiele und in einem Geschenkeladen. Ich brauchte neun Monate, aber ich schaffte es, 817 Dollar für ein Ticket von Denver nach Bukarest und zurück zu sparen. Wir flogen am 17. Oktober 1976. In letzter Minute schloss sich uns meine Schwester Cuky an, die als Stewardess arbeitete.

Die Ankunft in Bukarest war für mich wie eine Ankunft auf dem Mond. Alles war so anders als in Denver, und weil es so anders war, machte meine Intuition Überstunden. Eines Morgens wachte ich auf und sagte zu meiner Mutter: »Ich habe das starke Gefühl, dass wir deine Patentante treffen werden, Mom. Ich glaube, ich habe es geträumt.«

Zu der Zeit wusste ich nicht einmal, dass meine Mutter eine Patentante hatte! Meine Mutter meinte: »Sonia, meine Patentante muss schon tot sein. Sie wäre jetzt sicher über neunzig.«

An diesem Tag nahm uns mein Onkel zu einem Ausflug mit und hielt an dem Friedhof, auf dem meine Großeltern begraben lagen. Nach dem Besuch der Gräber war unsere Stimmung bedrückt. Mein Onkel Costel, ein fröhlicher, mitreißender Mensch, berührte meine Mutter am Ellenbogen. *»Now, surprise!«*, sagte er in seinem spärlichen Englisch.

Er führte uns etwa zweihundert Meter an der Straße entlang zu einer Bank, auf der eine sehr, sehr alte Dame saß. Mein Onkel sagte etwas auf Rumänisch zu meiner Mutter, und sie riss vor Überraschung die Arme hoch. Sie drehte sich zu mir um und sagte erstaunt: »Mein Gott Sonia, du hattest Recht! Dies ist meine Patentante.«

Ein merkwürdiges Gefühl von Ehrfurcht und Zufriedenheit durchfuhr mich. Es war einer der bestätigendsten Augenblicke in meinem Leben.

Manchmal fragen mich Menschen: »Reisen ist toll, aber was tun, wenn man nicht verreisen kann? Wenn man nicht das Geld oder die Zeit hat, wegzufahren?« Ich behaupte, dass man immer Wege findet, Abenteuer zu erleben, wenn man es wirklich möchte. Eine Kurzreise mit einer Übernachtung auf dem Campingplatz wäre ein Anfang, oder ein Tagesausflug in die nächste Stadt. Benutzen Sie Ihre Fantasie. Dort fängt es an. Und wenn Sie wirklich nicht wegfahren können, gibt es andere, fantasievolle Wege, mit Ihren Kindern zu reisen.

Abenteuer zu Hause

Meine Freundin Shenoa, die einen sehr intuitiven und kreativen Sohn großgezogen hat, berichtet: »Als ich als allein erziehende Mutter in New York lebte, kamen wir mit meinem Gehalt geradeso hin. Eines, was Adam und ich immer gemacht haben, war, jeden Sonntagabend in einem fremden Land zu Abend zu essen. Zuerst suchten wir uns ein Land aus, und dann kochte ich ein Gericht aus dem Land. Seine Aufgabe bestand darin, so viel wie möglich über das Land in Erfahrung zu bringen. Unter der Woche machte ich mich an die Einkäufe, während er sich das Lexikon vornahm. Als er auszog, waren wir zusammen in der ganzen Welt gewesen, und jede Reise hat nur den Preis eines Abendessens für zwei Personen gekostet.«

Als Adam jung war, bedeutete das Lexikon die Quelle seiner Abenteuer. Heutzutage kann jedes Kind mit einem Computer noch viel weiter kommen. Ein Sinn für Abenteuer kann die Neugier fördern, die ein wesentlicher Treibstoff für den Motor der Intuition ist.

Reise und Abenteuer werden noch wichtiger, wenn mehr Kinder in weltabgeschiedenen Vororten aufwachsen, wo homogene Bevölkerungsgruppen kulturelle Vielfalt verhindern. Wenn jede einzelne Familie, mit der Ihre Kinder in Kontakt kommen, im wesentlichen den gleichen Lebensstil hat, den gleichen sozialen Hintergrund, die gleiche Hautfarbe, die gleichen Werte und Ansichten, dann wird der Horizont Ihrer Kinder voreingenommen und eng bleiben. Denken Sie daran, dass Vielfalt wesentlich ist, um die intuitiven Muskeln zu stimulieren.

Seien Sie erfinderisch, wenn es darum geht, bei Ihren Kindern die Abenteuer- und Entdeckerlust zu wecken. Wir leben in einer faszinierenden, wunderbaren Welt. Mein Lehrer Dr. Tully hat immer gesagt, dass Intuition am besten auf der Grundlage von Wissen funktioniert. Je mehr Sie von den Menschen und der Welt wissen, desto größer ist die Grundlage, auf der Sie aufbauen.

Geben Sie schöpferische Anreize

Wenn Sie das Interesse eines Kindes fesseln und ihm Anreize bieten, öffnet dies der Intuition Tür und Tor. Mein Lehrer Charlie Goodman hat mich gelehrt: »Intuition folgt deinen natürlichen Interessen, und die Interessen eines jeden sind anders«, sagte er. »Wo dein Interesse

Staunen und entdecken

sich hinwendet, folgt die Intuition direkt dahinter.«

Vor zwanzig Jahren lebten Phil, ein Freund meines Mannes Patrick, seine Frau und ihr fünfjähriger Sohn Joey in einem alten Bauernhaus in Iowa. Es war Weihnachtszeit, und Joey ging seinem Vater die ganze Zeit wegen der Geschenke auf die Nerven. Zwei Tage vor Weihnachten sagte Phil schließlich zu Joey: »Wenn du deine Geschenke findest, darfst du sie aufmachen!«

Das war ein Anreiz für Joey. Er stellte alles auf den Kopf, suchte überall, aber alles, was er zum Vorschein brachte, waren zwei sehr alte Schachteln Tide-Waschmittel, die er im Keller gefunden hatte. Eine war bereits geöffnet, das Waschpulver war verklebt, aber die andere schien noch brauchbar zu sein. Phil warf die offene Schachtel weg und legte die verschlossene in den Wäschekorb.

Am nächsten Tag gingen die drei zum Waschsalon, um vor Weihnachten noch einmal Wäsche zu waschen. Phil öffnete die alte Waschpulverschachtel, wobei er Joey damit aufzog, dass dies sein Weihnachtsgeschenk sei. Als er das Pulver in die Maschine schüttelte, purzelte ein großes Bündel Dollarnoten aus der Zeit vor dem Bürgerkrieg heraus, die zu einem festen Ziegel zusammengeklebt waren. Offensichtlich hatte jemand diese Scheine in der Schachtel versteckt und sie sorgfältig neu versiegelt.

Den dreien blieb der Mund offen stehen. Was für ein Fund am Heiligen Abend! Sie warteten ungeduldig, bis ihre Wäsche fertig war, stopften sie noch nass direkt aus der Waschmaschine in die Taschen und rasten mit ihrem Schatz nach Hause. Dann dachten sie noch einmal in Ruhe nach und fragten einen Anwalt, was zu tun wäre. Nachdem die Angelegenheit untersucht worden war, entschied ein Richter, dass das Geld eindeutig ihnen gehörte, weil sie das Haus mit allem, was dazu gehörte, gekauft hatten! Sie schickten die Banknoten an das Finanzministerium, das ihnen umgehend einen Scheck über 35.515 Dollar zurückschickte. Joey erzählt immer noch davon, wie er die Schachtel gefunden hat. Er ist sich sicher, dass ihm ein Weihnachtsengel gezeigt hat, wo sie war.

Kinder lassen sich gern intuitiv herausfordern, besonders wenn sie einen Anreiz haben. Hier ist ein weiteres Beispiel für eine Eingebung, die Begeisterung und aufrichtigem Interesse folgte.

Vor ein paar Jahren hatten wir unsere Nikon-Kamera verloren. Patrick, die Mädchen und ich suchten überall, auch »Ich frage mich« kam zum Einsatz, aber wir gaben es auf, nachdem wir in allen Ecken und Winkeln nachgesehen hatten. Eines Abends beim Essen warf ich das Handtuch und sagte zu Patrick, dass es vielleicht auch sein Gutes habe. Vielleicht war das die Art des Universums, uns mitzuteilen, dass wir das alte Ding ausrangieren sollten. Sie war 15 Jahre alt, und auch wenn Patrick sehr an der Kamera hing, die ihn um die Welt begleitet hatte, hatte ich insgeheim seit einiger Zeit eine neue kaufen wollen. Widerstrebend willigte Patrick ein.

Sonia hörte aufmerksam zu und sagte nach einer kurzen Pause: »Dad, wenn du eine neue Kamera kaufst, kann ich dann die alte haben, wenn ich sie finde? Schließlich brauchst du sie nicht mehr, wenn du eine neue bekommst, oder?«

Patrick antwortete: »Sicher, wenn du sie findest, gehört sie dir.«

»Zeigst du mir dann, wie sie funktioniert, wenn ich sie finde?«, setzte Sonia nach.

»Klar, das mach ich gern.«

In den Tagen nach diesem Gespräch bemerkte ich, dass Sonia sich immer wieder sagte: »Ich frage mich, wo die Kamera ist.« Eines Tages auf dem Heimweg im Auto sagte sie: »Ich hoffe, dass ich die Kamera finde, Mom. Ich möchte sie wirklich haben.«

Am nächsten Tag musste ich zur Post und nahm Sonia mit. Verärgert, weil sie mit musste, ließ sie sich schmollend auf den Rücksitz plumpsen.

Gerade als ich die Tür hinter mir zuzog, hörte ich Sonia sagen: »Was ist das?« Ich drehte mich um und sah, wie sie eine braune Plastiktüte unter dem Fahrersitz hervorzog. Sie setzte sich auf, öffnete die Tüte und stieß einen Schrei aus. Sie riss die Tür auf und brüllte:

»Mom. Schau mal! Ich hab die Kamera! Ich habe sie gefunden!«

»Ja, sie gehört dir, Sonia«, sagte ich, sehr beeindruckt über ihren Fund. »Meinen Glückwunsch!«

Sie strahlte. Als wir wieder heimkamen, war ihr Vater schon Zuhause. »Dad, Dad«, kreischte sie, »ich habe die Kamera gefunden!«

Patrick war zutiefst überrascht. Sie wiederholte immer wieder: »Ich wollte diese Kamera wirklich haben! Deshalb habe ich sie gefunden.« Dann wurde sie plötzlich ernst. »Dad, keine Sorge. Du darfst sie dir jederzeit leihen, bis du dir selbst eine leisten kannst.«

Sie können die Intuition Ihrer Kinder sehr leicht in Bewegung setzen, wenn sie herausfinden, wo ihre wahren Interessen liegen. Eins dürfen Sie dabei nie außer Acht lassen: es geht um die wahren Interessen *Ihrer Kinder* – nicht um Ihre.

Lassen Sie Ihre Kinder mitbestimmen

Gestehen Sie ihren Kindern ein Mitspracherecht zu, um ihre intuitiven Muskeln zu trainieren. Wann immer Sie ihre Meinung zulassen können, fragen Sie danach. Ob es darum geht, wie sie ihr Zimmer einrichten, sich kleiden oder die nachmittäglichen Aktivitäten festlegen, lassen Sie sie aussuchen, was sie mögen. Zwingen Sie Ihre Kinder nicht,

Staunen und entdecken

sich schweigend Ihren Vorstellungen zu fügen. Und bringen Sie sie nicht deshalb in eine bestimmte Position, damit Sie gut aussehen. Es ist *deren* Kindheit. Lassen Sie sie ihnen! Denken Sie daran: Ob gut, schlecht oder sonst wie, Ihre eigene ist vorbei. Sie können das Kind in sich wiederfinden, indem Sie mit ihnen spielen, aber behindern Sie nicht das innere Kind in ihnen, indem sie ihnen die Freude nehmen.

Lassen Sie sie wählen. Lassen Sie sie Vorlieben äußern. Gestatten Sie ihnen, eine eigene Meinung zu haben und ohne zensiert zu werden zu sprechen. Das hat keine Anarchie zur Folge. Natürlich sollten Regeln in der Familie bestehen, die zu Respekt, Verantwortung und Mitarbeit erziehen. Derartige Regeln brauchen aber nicht die Individualität Ihrer Kinder zu erdrücken. Auch bei der Aufstellung dieser Regeln können Sie Ihre Kinder zur Mitarbeit auffordern.

Bieten Sie Ihnen Möglichkeiten, Entscheidungen zu treffen. Schließlich sind bessere Entscheidungen ein erwünschtes Ziel, wenn die Intuition verbessert wird. Wenn es bei den Entscheidungen um Sicherheit und Schutz geht, müssen Sie natürlich das letzte Wort haben, aber lassen Sie sie über Dinge entscheiden, die sie nicht in Gefahr bringen. Fordern Sie sie auf, zu so vielen Aspekten ihres Lebens beizutragen, wie es für ihr Alter angemessen ist. Wenn sie zu Ihnen kommen, um einen Rat zu holen, fragen Sie

sie zuerst, wie sie das Problem lösen würden. Wenn sie Wünsche äußern, fragen Sie sie zuerst, wie sie versuchen würden, sie zu erfüllen. Wenn sie mit einem Streit zu Ihnen kommen, fordern Sie sie auf, ihn selbst zu schlichten. Sie werden überrascht sein, was ein kleiner kreativer Anreiz für die Intuition eines Kindes bewirken kann.

Ein schwarzes Brett für glänzende Ideen

Eine wundervolle Möglichkeit, um Intuition und Kreativität in der Familie zu wecken, ist ein schwarzes Brett, das ausschließlich dazu dient, glänzende Ideen zu formulieren und den anderen mitzuteilen. Sie können das Brett für glänzende Ideen in der Küche, im Familienzimmer oder sonst irgendwo aufhängen, wo alle Familienmitglieder Zugang haben. Bitten Sie sie, alle Inspirationen, intuitiven Eingebungen, Gefühle im Bauch und glänzenden Ideen aufzuschreiben und sie an das Brett für glänzende Ideen zu heften. Legen Sie fest, dass dieser Bereich schöpferisch unantastbar ist, und bestehen Sie darauf, dass alle Beiträge berücksichtigt und keiner verspottet wird.

Während der Mahlzeiten oder bei Familienzusammenkünften (falls es bei Ihnen so etwas gibt) können Sie die glänzenden Ideen durchgehen und besprechen. Benutzen Sie die Vorschläge vom Brett, um dem familiären »Brainstorming« etwas Auftrieb zu verschaffen. Es macht Spaß, ist äußerst produktiv und ermuntert zu kreativem und intuitivem Denken.

Respektieren Sie ihren Stil

Es gibt eine weitere Gelegenheit schöpferischen Ausdrucks, der es Kindern ermöglicht, Ihre eigene Bestimmung zu finden und ihr zu folgen: die Freiheit zu haben, ihren Stil und die Kleidung selbst zu wählen. Jede Mutter wird zugeben, dass es viel Spaß machen kann, ein Baby einzukleiden. Es ist, als ob man immer wieder mit Puppen spielt, nur, dass sie dieses Mal echt sind!

Man kann sehr leicht vergessen, dass Kinder nicht unser Spielzeug sind, das man anzieht, formt und zwingt, den eigenen Vorstellungen zu entsprechen. Sie sind Individuen mit eigenen Ideen und kreativen Bedürfnissen, eine Tatsache, an die ich von Sonia im Alter von drei Jahren unverblümt erinnert wurde.

Eines der Dinge, die mir am meisten Vergnügen im Leben bereiten, sind großartige Schuhe, und diese Liebe zu schicken Schuhen reichte so weit, dass ich auch für Sonia und Sabrina schöne Schuhe wollte. Vor ein paar Jahren, als ich bei einer Fluggesellschaft arbeitete und oft nach Europa kam, entdeckte

ich, dass europäische Kinderschuhe einfach die besten der Welt sind. Meine Töchter hatten während ihrer ganzen Kinderzeit die schicksten, glücklichsten Füße der gesamten Vereinigten Staaten. Die Mädchen selbst beachteten ihr exquisites Schuhwerk nicht weiter, aber mir bereiteten sie große Freude.

Eines Tages steckte ich Sonia in ein herrliches Paar hohe magenta-türkisfarbene Schnürstiefel aus Wildleder, die ich in Italien gekauft hatte, sah sie aber zwanzig Minuten später im Hof in schmutzigen Pfützen herumpatschen.

»Sonia, komm sofort aus der Pfütze!«, rief ich durch das Küchenfenster, empört, dass *meine* neuen Schuhe jetzt hoffnungslos verschmutzt waren.

Sie schaute mich völlig verwirrt an: »Warum, Mom?«

»Weil du deine neuen Schuhe ruinierst!«

Verärgert stapfte sie aus der Pfütze und kam ins Haus.

»Ach, Sonia, schau dir das doch nur an! Die Schuhe sind hinüber«, klagte ich und schälte sie ihr von den Füßen.

»Mom«, entgegnete sie, genauso empört über mich, wie ich es über sie war, »nächstes Mal kaufst du sie bitte in *deiner* Größe, ja?«

Ihr Kommentar hatte mich kalt erwischt. Sie hatte so Recht, ich musste lachen. Es stimmte – ich hatte diese Schuhe für mich gekauft. Ich hatte nicht eine Sekunde lang über Sonias Persön-

Staunen und entdecken

lichkeit nachgedacht, als ich sie gekauft habe. Sonia war keine Primadonna. Sie war ein wildes Kind, das auf Bäume kletterte, Fahrrad fuhr, im Sandkasten spielte. Derartige Schuhe waren lächerlich für sie. Was sie brauchte, waren gute Leinenschuhe oder Gummistiefel. Die Dinge, die mir gefielen, engten ihren Stil ein, und sie ließ es mich mit einer deutlichen Aussage wissen.

Unsere Unterhaltung enthielt die sehr wichtige Lektion für mich, zu respektieren, wer meine Kinder sind. Kleidung auszusuchen ist, wie alles andere Sinnliche, ein Teil der einzigartigen Kreativität eines Kindes. Seit dieser Episode habe ich mich aufrichtig bemüht, meine Kinder ihre Kleidung selbst wählen zu lassen, wann immer es ging. Fast ausnahmslos haben Sonia und Sabrina sich für etwas anderes entschieden, als ich für sie genommen hätte. Wenn sie aber ihre Kleidung aussuchen, tragen sie sie auch so lange wie möglich. Das stärkt ihr Gefühl von Individualität und wirkt sich außerdem wohltuend auf die Haushaltskasse aus!

Kinder müssen frei sein, damit sie kreativ sein können, und das bedeutet ganz sicher, dass sie mitbestimmen können, wie sie sich kleiden, und die Freiheit haben, zu spielen, sich schmutzig zu machen und *ein Kind zu sein*! Machen Sie sich klar, dass außer in Fällen, in denen gewisse Kleidung offensichtlich zu Problemen führt, wie etwa bei oder

Shorts in einem Schneesturm, die Wahl der Kleidung ein Teil des individuellen kreativen Ausdrucks von Kindern ist: Haben Sie Verständnis für das Stilgefühl Ihres Kindes!

Unbeschwerter werden

Unabhängig davon, welche Methode Sie benutzen, um die Intuition Ihres Kindes herauszufordern, der wichtigste Aspekt ist Ihre Einstellung. Sind Sie perfektionistisch, kontrollsüchtig oder bauschen Sie alles groß auf, dann bestehen reelle Chancen, dass es Ihnen nicht gelingen wird, eine Atmosphäre des Staunens und Erforschens zu erzeugen, wie sie als Tummelplatz für junge Intuitive notwendig ist.

Eines meiner Hobbys ist die Geschichte des Tarots. Bei allen Tarotkarten, die auf ein illustriertes Buch aus dem Mittelalter zurückgehen und dazu dienen, die Meisterschaft des Lebens zu lehren, ist die allererste Karte der Narr, ein unbeschwerter Zeitreisender, der bereit ist, zum Planeten Erde hinabzusteigen, um weltliche Erfahrungen zu sammeln. In seiner Hand hält er eine Rose, was Sehnsucht repräsentiert. Auf seinem Rücken trägt er ein Bündel mit seinen Begabungen. Zu seinen Füßen findet sich ein kleiner weißer Hund, der seinen Intellekt symbolisiert, Begleiter seiner Seele. In erster Linie steht der Narr für Leichtfüßigkeit.

Diese Karte sagt uns, dass wir unbeschwert reisen sollen. Wir alle müssen im Leben von Zeit zu Zeit den Narren spielen. Wir müssen erst über unsere Fehler lachen, bevor wir von ihnen etwas lernen können. Lachen schafft Distanz, lässt uns Dinge wahrnehmen und führt manchmal zu Einsichten. Es erinnert uns auch daran, dass, wer wir sind (spirituelle Wesen, Zeitreisende hier auf der Erde, um etwas hervorzubringen) und was wir machen (Fehler begehen), nicht das Gleiche ist. Es hält unseren Selbstwert intakt, indem es die Notwendigkeit unterstreicht, dass wir uns manchmal auch erst zum Narren machen müssen, um etwas entdecken zu können.

Wenn Sie als Eltern viel lachen und unbeschwert leben, werden ihre Kinder sich geborgen fühlen und mit Freude das Leben entdecken. Haben Sie schon einmal mitbekommen, dass sie über nichts lachen? Oder alles vermasseln? Oder der Narr sind? Werden sie ihren natürlichen Impulsen überlassen, lachen Kinder nur. Sie verlernen nur dann das Lachen, wenn sonst niemand im Haus mit ihnen lacht. Seien Sie ehrlich und locker genug, um Ihre Fehler vor ihnen zuzugeben. Sagen Sie: »Es tut mir Leid«, »Ich bin müde«, »Ich brauche etwas Raum für mich« oder »Lass mir einen Moment Zeit«, wenn Sie es brauchen. Sorgen Sie dafür, dass Ihren Bedürfnissen so demokratisch wie möglich entsprochen wird.

Seien Sie kein Märtyrer, Boss, Opfer oder Hemmschuh. Seien Sie heiter! Spielen Sie mit ihnen. Intuition ist eine widerhallende Energie. Wenn Ihre Kinder sie einsetzen, werden Sie es auch tun – und umgekehrt.

Hilfsmittel, um Staunen und Entdecken zu fördern

Lassen Sie Ihr Kind »sich fragen«:

Wer ruft an, wenn das Telefon klingelt?

Wo werden Sie einen Parkplatz finden?

Wann wird der Lift kommen?

Wann lässt der Lehrer einen unangekündigten Test schreiben?

Wer wird das Fußballturnier der Schule gewinnen?

Welches Forschungsprojekt kommt für eine große Hausarbeit in Frage?

Wo sind meine Bücher, ... meine Schuhe?

Lassen Sie sich von der Abenteuerlust mitreißen, um

einen neuen Teil der Stadt anzusehen,

eine Kulturveranstaltung zu besuchen,

sich mit Menschen fremder Kulturen zu beschäftigen,

eine neue Küche auszuprobieren,

eine neue Stadt oder ein neues Land zu besuchen,

eine andere Religion zu erkunden,

einen neuen Gast zum Abendessen einzuladen.

Staunen und entdecken

Gewähren Sie Ihren Kindern Mitsprache
dabei,
>
> mit wem sie befreundet sein wollen,
> welches Gemüse es zum Essen gibt,
> was sie in der Schule lernen,
> wie Sie die Sommerferien verbringen,
> wohin Sie zum Abendessen ausgehen.

Lassen Sie Ihre Kinder entscheiden,
>
> was sie anziehen,
> wie sie ihre Zimmer einrichten,
> wie sie die Haare tragen,
> welche Musik sie hören,
> welche Wünsche sie haben, ohne Beleidigung oder Verurteilung Ihrerseits.

Versuchen Sie zusammen
>
> zu lachen,
> zu singen,
> Witze zu erzählen,
> Neues zu unternehmen,
> ohne Zensur Fehler zu machen,
> *sehr* neugierig zu sein,
> sich dumm zu stellen und den Narren
> zu spielen.

Reflexionen

1. Erlauben Sie Ihrer Fähigkeit zum Staunen, sich frei zu entfalten? Wie?

2. Beginnen Sie allmählich, die subtile Energie um Sie herum wahrzunehmen?

3. Haben Sie bei Ihren Kindern das »Ich-frage-mich-«Spiel eingeführt? Was ist daraufhin geschehen?

4. Kommt Spaß und Freude auf, wenn Sie das Spiel spielen? Wann?

5. Nennen Sie einige der Entdeckungen, die Sie beim »Ich-frage-mich-«Spiel gemacht haben.

Staunen und entdecken

6. Wohin haben Sie sich zuletzt mit Ihren Kindern auf Abenteuer begeben?

7. Ermuntern Sie Ihre Kinder, ihre intuitiven Muskeln spielen zu lassen? Wie?

8. Gibt es in Ihrer Familie Raum für Spontaneität? Nennen Sie einige Beispiele.

Zur Erinnerung:

Erfinden sie eine eigene Seelensprache?

Reinigen Sie Ihre Aura und die Ihrer Kinder?

Respektieren Sie alle Schwingungen, wie ungelegen oder unangenehm sie auch sein mögen?

Sind Sie verspielt und erleben Abenteuer?

10. Um Führung bitten

Eine der aufregendsten Entdeckungen ist, dass Sie und Ihre Kinder unbegrenzte Unterstützung finden, wenn Sie aktiv an Ihre Intuition appellieren. Das Universum ist bereit, willig und in der Lage, Ihnen zu helfen und Sie zu führen. Aber bevor Sie göttliche Hilfe erhalten können, müssen Sie das Universum um Hilfe und Führung bitten.

Um intuitive Führung zu bitten ist eine Angewohnheit, die Ihre Kinder von Ihnen lernen. Klären Sie sie früh darüber auf, dass sie Kinder des Universums sind und dass das Universum auf sie aufpasst, weil es möchte, dass sie im Leben Erfolg haben. Kinder reagieren positiv auf das Wissen, dass das Universum auf ihrer Seite ist und dass sie göttliche Hilfe bekommen können, indem sie einfach fragen.

Die erste Frage, die Kinder stellen, wenn ich ihnen sage, dass das Universum ihnen helfen möchte, lautet: »Bei welchen Dingen kann ich um Hilfe bitten?«

Worauf ich antworte: »Bei allen – außer wie man betrügt.« Ich erkläre ihnen, dass das Universum so sehr für sie sorgt, dass es sie mit Liebe, Sicherheit, Geborgenheit, Inspiration, Ideen, Lösungen und allem anderen Nötigen versorgt, damit sie wachsen und im Leben Erfolg haben. Ein Kind, Cheryl, fragte mich, ob das Universum ihr die Hausaufgaben machen würde.

»Nein«, antwortete ich, »es macht dir nicht die Hausaufgaben, aber es hilft dir, dass *du* sie machst.«

»So'n Quatsch!«, erwiderte Cheryl achselzuckend. »Oder na ja, es ist wenigstens etwas.«

Das Universum bekommt ein freundliches, nettes und liebevolles Antlitz, wenn Kindern bewusst wird, dass die göttliche Energie hinter ihnen steht. Und wenn sie in einer Welt älter werden, in der Waffen, Gewalt, Alkohol und Drogen oft einen genauso großen Anteil an ihrem Leben haben wie Tanzen und

Fußball, ist es sehr tröstlich für sie zu wissen, dass ihnen zusätzlich Hilfe zur Verfügung steht.

Meine Mutter hat mich schon früh mit der Möglichkeit, das Universum um Hilfe zu bitten, bekannt gemacht. Immer wenn ich ein Problem hatte, ob ich nun meine Schuhe suchte oder ob ich haderte, weil meine beste Freundin nicht mit mir reden wollte, wurde mir nahe gelegt, um Hilfe und Unterstützung zu bitten. Eine Möglichkeit, dies zu tun, war ein Spiel namens »Nach-Lösungen-Angeln«, das mir meine Mutter beigebracht hatte. Bei diesem Spiel richtete ich meine Aufmerksamkeit auf mein Herz, warf dann meinen Verstand wie eine Angelschnur in das Universum und bat es, eine Lösung für mein Problem zu fangen.

Einmal habe ich mich mit meiner Mutter darüber gestritten, ob dies überhaupt funktionieren könnte.

»Sicher funktioniert es, Sonia. Wo ein Problem ist, ist auch eine Lösung. In Wirklichkeit gibt Gott uns Probleme, damit wir den Einfallsreichtum und die Zufriedenheit genießen können, wenn wir die Lösung haben«, sagte sie. »Das ist der Spaß im Leben!«

Als ich das erste Mal nach einer Lösung angelte, habe ich nur kurz gewartet, bevor ich ungeduldig wurde. »Mom«, sagte ich, »das ist doof. Ich fange gar nichts.«

Worauf sie antwortete: »Geduld, Sonia. Eine Lösung zu angeln ist ge-nauso wie einen Fisch zu angeln. Es dauert ein wenig. Eine Lösung kommt nicht, wenn du ständig an der Schnur ziehst. Entspann dich, lass deinen kreativen Haken ein Weilchen da draußen im Universum schweben und beschäftige dich mit etwas anderem. Wenn die Lösung kommt, wird sie an deiner Achtsamkeit rucken, und du kannst sie einholen.«

Also versuchte ich es noch einmal. Ich warf mein Problem in das Universum und . . . dachte nicht mehr daran.

Ich erinnere mich sehr genau, wie ich meine erste Lösung fing. Ich hatte ein großes Problem mit einem neuen Mädchen namens Lilian, das gerade neu in unsere dritte Klasse gekommen war. Ich kannte Lilian, sie wohnte bei uns in der Gegend. Sie war sehr groß und sehr gemein. Aus irgendeinem Grund hat Lilian an ihrem ersten Tag in unserer Schule beschlossen, dass sie mich nicht mochte, aber sie mochte meine beiden besten Freundinnen Susie und Darlene. In kürzester Zeit haben mich meine Freundinnen fallen gelassen. Ich war sehr getroffen durch diese Zurückweisung und den Verrat, und zum ersten Mal in meinem Leben hatte ich körperlich Angst. Lilian rühmte sich oft, dass sie raufen würde, und ich hatte Angst, dass sie mich tatsächlich verprügeln würde.

Ich bat meine Mutter um einen Rat in der Sache, und nachdem sie einen Augenblick nachgedacht hatte, sagte sie:

Um Führung bitten

»Hmm. Ich weiß nicht genau, was man da machen könnte, aber ich habe einen Vorschlag. Warum bittest du nicht dein Bewusstsein, nach einer Lösung hierfür zu angeln.«

Ich erinnere mich, dass ich mich über diesen Vorschlag ärgerte, weil ich den Eindruck hatte, dass sie mich damit loswerden wollte, aber sie unterbrach mich, als ich ihr vorwarf, nichts zu tun.

»Sonia«, sagte sie, »das Universum um Hilfe bitten, ist *nicht* ›nichts tun‹. Es ist das Gescheiteste, was du tun kannst, weil du dich geistig für neue Antworten öffnest. Geh jetzt in dein Zimmer und mach deine Hausaufgaben. Irgendetwas wird anbeißen, während du arbeitest. Da bin ich mir sicher.«

Ich ging schmollend in mein Zimmer, weil ich nicht sofort die Befriedigung bekam, die ich wollte, aber mich in die Hausaufgaben zu vertiefen beruhigte mich. Ich bin nicht ganz sicher, wann ich einen Ruck an der »Lösungsschnur« spürte, aber ich war gerade in mein Erdkundebuch vertieft, als mir plötzlich eine Idee kam.

Es wurde mir aus dem Nichts klar, dass Lilian ein Einzelkind war. Darlene und Susie waren auch beide Einzelkinder, bei allen dreien hatten sich die Eltern getrennt, und die Väter waren selten da. Vielleicht mochte sie mich nicht, weil ich viele Brüder und Schwestern hatte und einen Vater. Vielleicht war sie eifersüchtig!

Meine Angelschnur ruckte noch heftiger. Sie sagte mir, dass ich Lilian einladen sollte, am Sonntagabend mit meiner ganzen Familie zusammen mit zum Schwimmbad zu kommen. Das war unser wöchentliches Familienritual. Es kam mir merkwürdig vor, weil Lilian mich hasste, aber meine Intuition ließ nicht locker.

Ich rannte zu meiner Mutter ins Nähzimmer: »Stell dir vor, Mom! Ich glaube, ich habe eine Lösung gefangen! Vielleicht sollte ich Lilian einladen, mit uns allen am Sonntag schwimmen zu gehen. Was meinst du?«

Meine Mutter überlegte einen Augenblick und sagte: »Das ist eine spannende Idee, Sonia. Warum nicht? Versuch's doch.«

Als ich Lilian anrief, war sie überrascht, von *mir* eine Einladung zu bekommen. Nachdem ich sie gefragt hatte, ob sie an dem Abend mit uns kommen wollte, entstand eine lange Pause am anderen Ende der Leitung. Und dann sagte sie zu meiner großen Erleichterung: »Okay, aber ich muss erst meine Mutter fragen, wenn sie nach Hause kommt. Ich ruf dich später zurück und sage dir, ob ich mitkommen kann oder nicht.«

Nach dem Abendessen rief Lilian an und sagte zu. Am Sonntagabend erschien sie mit ihrem Badeanzug bei uns. Sie krabbelte zusammen mit uns sieben Kindern und Dad (damals gab's noch keine Sicherheitsgurte) ins Auto und los ging's. Im Auto war Lilian so sanft und brav, dass ich sie kaum wieder erkannte, aber im Schwimmbad taute sie auf und ließ ihre Zurückhaltung fallen.

Es war wunderbar. Wir sprangen ins tiefe Wasser, rutschten die Rutsche herunter, spielten Hai und lachten auf dem Nachhauseweg die ganze Zeit. Sie war überhaupt nicht gemein oder wütend an diesem Abend, und seit diesem Tag waren Lilian und ich Freundinnen. Bald spielten wir mit Darlene und Susie, die sich wieder mit mir vertragen hatten, und es wurde wieder normal. Ich habe diese Freundschaft immer dem Nach-Lösung-Angeln zugeschrieben.

Sie können Ihren Kindern beibringen nach einer Lösung zu angeln, wenn sie einmal feststecken sollten. Schildern Sie es Ihnen so, dass ihre Achtsamkeit wie eine kreative Angelschnur ist, die sie in den Universumssee von Ideen und Lösungen werfen können. Alles, was sie tun müssen, ist, sich auf ihr Herz zu konzentrieren, um Führung zu bitten, ihre Achtsamkeit ins Universum hinauszuschleudern und auf einen »Fang« zu warten. Sie können mit sehr jungen Kindern von drei, vier, fünf, auch noch sechs Jahren so tun, als ob sie eine Angelschnur werfen – das gefällt ihnen. Größere Kinder kann man auffordern, es im Geiste zu probieren. Beide Vorgehensweisen funktionieren. Angeln erfordert nichts weiter als die Absicht, eine Lösung an den Haken zu bekommen,

und die Empfänglichkeit, eine entgegenzunehmen. Lösungen existieren und sind für diejenigen da, die sie suchen. Mein Lehrer Charlie Goodman hat einmal gesagt, dass Probleme und Lösungen zusammengehören, und wo das eine ist, ist auch das andere, voneinander angezogen wie Magneten.

Als ich meiner Tochter Sonia im Alter von sechs Jahren beibrachte, nach einer Lösung zu angeln, fragte sie mich: »Was nehmen wir als Köder?«

»Na, das Problem selbst, natürlich«, antwortete ich. »Lösungen lieben es, Probleme zu verschlingen!« Sie schien zufrieden zu sein.

Viele gestresste Eltern (mich selbst eingeschlossen) ziehen es vor, den Kindern einfach Antworten vorzugeben, statt Geduld zu haben oder sich die Zeit zu nehmen, die Kinder dazu zu ermuntern, bei Problemen nach Lösungen zu angeln. Schließlich spart es Zeit und kann ganz leicht sein. Aber Antworten zu geben nimmt einem Kind den Mut zu schöpferischem Denken und die mögliche Freude, die es hätte, wenn es die Lösung selbst findet. Und wir könnten ihnen Lösungen anbieten, die nicht die besten sind.

Meine spirituellen Lehrer haben mir *niemals* Lösungen genannt, lediglich Möglichkeiten, sie selbst zu entdecken. Wenn ich eine Antwort oder Führung suchte, musste ich dafür arbeiten. Ich habe zum Beispiel oft mit Charlie über

Schule und Freundschaft gesprochen. Ich war nie schrecklich beliebt, deshalb fühlte ich mich in der Schule oft wie ein hässliches Entlein und war meistens sehr gehemmt. Ich fragte Charlie, warum die Mädchen in der Schule mich nicht mochten oder was ich tun konnte, um das zu ändern, aber er hat mir darauf nie direkt geantwortet. Stattdessen sagte er: »Das ist eine sehr gute Frage, Sonia. Bitte diesbezüglich lieber deine Seele um Führung!«

Es war zwar frustrierend, aber durch seine Antwort lernte ich, um Führung zu bitten, die mich schließlich überraschenderweise auf dem Weg der Einsicht, als Inspiration und hin und wieder als »blitzartiges«, plötzliches Verstehen erreichte. Meine geistige Führung sagte mir, dass meine mangelnde Beliebtheit in der Schule ausschließlich mit meinen Interessen zusammenhing. Einmal sagte meine Führung zu mir: »Du bist einfach ein Tiefseetaucher in einem Haufen Wasserskiläufer.« Das brachte mich zum Lachen und half mir den Mut nicht zu verlieren, als ich anfing, nach anderen »Tiefseetauchern« Ausschau zu halten.

Um Hilfe bitten

Nach Lösungen zu angeln war bei uns zu Hause nur eine Methode, spirituelle Führung zu erhalten. Meine Mutter stand darüber hinaus ständig in direktem Dialog mit dem göttlichen Bewusstsein, wobei sie öffentlich so ungezwungen mit ihm sprach wie mit uns. Es war keineswegs ungewöhnlich, dass meine Mutter sich ihrem Herzen zuwandte und das Universum bat – gewöhnlich sprach sie es laut aus –, sie nicht nur zu führen, sondern ihr tatsächlich beim Erreichen ihrer Ziele zu helfen. Wenn sie Hilfe bei einem ihrer künstlerischen Projekte benötigte, etwa beim Malen, Nähen oder Fotografieren, dann forderte sie die göttliche Seele auf, sich mit ihr an die Arbeit zu machen. Sie war deswegen nicht abgehoben oder verrückt. Sie war direkt, unkompliziert und ging auf die Sache zu.

Nachdem sie zwei Jahre lang Fernunterricht in Fotografieren genommen und den Kurs mit Auszeichnungen abgeschlossen hatte, wollte meine Mutter im Keller ein Studio eröffnen. Bei der Einrichtung gab sie mehr Geld aus, als mein Vater wollte, und er war deswegen ziemlich sauer.

»Ich hoffe, dass dieses Hobby in Zukunft nicht mehr so teuer ist. Viel mehr können wir uns nicht leisten«, äußerte er eines Tages kritisch, was meine Mutter ziemlich auf die Palme brachte.

»Du beleidigst mich!«, erwiderte sie, äußerst irritiert über seinen Mangel an Begeisterung. »Dies ist kein Hobby, musst du wissen! Das ist mein Beruf! Ich werde dieses Studio von meinem eigenen Geld bezahlen, du wirst es sehen. Denk an meine Worte.« (Dies war ein Lieblingsausdruck von ihr.)

Als ich abends mit ihr zusammen in der Dunkelkammer war und sie die Fotos entwickelte, die sie von uns Kindern aufgenommen hatte, nahm sie meine Hand und sagte: »Sonia, wir müssen die göttliche Seele bitten, mir ein wenig Arbeit zu schicken. Viel Arbeit eigentlich – und schnell.« Dann drehte sie sich zu mir um und sagte: »Lass uns die Seele bitten, mir jede Menge Arbeit und Geld zu schicken, damit dein Vater sich wieder beruhigt!«

»Okay«, sagte ich und starrte in dem grünen Schimmer der Dunkelkammerlampe auf ihre geschlossenen Augen. »Ich werde auch um Hilfe bitten.« Schweigend beobachtete ich, wie sie um Unterstützung betete. Dann schloss ich die Augen und sagte vor mich hin: »Göttliche Seele, meine Mutter braucht jede Menge Arbeit, damit mein Vater aufhört, über das Geld für das Studio zu jammern. Hilfst du ihr, bitte?«

Nach kurzer Zeit drückte meine Mom meine Hand und sagte: »Okay. Ich fühle, dass die Seele uns gehört hat, und ich bin sicher, dass sie aktiv werden wird. Lass es jetzt los. Die Seele macht sich an die Arbeit, und wir können uns entspannen.« Es war, als ob dieses Handdrücken ein Signal dafür war, zu vertrauen und die Seele die Arbeit erledigen zu lassen. Also tat ich es.

Kaum eine Woche später kam ich mit meinen Brüdern und Schwestern von der Schule nach Hause, wo unsere Mutter gerade hektisch umherwirbelte, um das Haus aufzuräumen. »Schnell, helft mir beim Saubermachen«, sagte sie zu uns. »Wir können jeden Augenblick Gesellschaft bekommen, und ich möchte, dass es hier schön aussieht!«

Wir ließen die Bücher fallen und fingen an, herumzuflitzen, Kissen aufzuschütteln und den Staubsauger zu schwingen. »Wer kommt denn?«, fragte ich, als ich die Zeitung von der Couch nahm.

Sie hielt inne und lächelte. »Du wirst es nicht glauben, Sonia. Eure gesamte Schule – Kinder, Lehrer, alle – wird bald kommen, zuerst der Direktor.«

»Warum?«, fragte ich ungläubig. »Wozu?«

»Weil ich heute einen Anruf von Schwester Mary Canisius erhalten habe, die mich fragte, ob ich daran interessiert sei, die Schulfotos zu machen – von der ersten bis zur Abschlussklasse der High School, plus die Lehrer – heute Abend geht's los! Das Studio, das sie sonst beauftragen, ist in diesem Jahr ausgebucht und sie hätten erst in zwei Monaten mit den Aufnahmen beginnen können. Die Schwester wollte nicht warten, deshalb bat sie stattdessen mich, es zu übernehmen! Kannst du das glauben?«

In den nächsten zwei Wochen standen die Schüler von meiner Schule, Klasse für Klasse, durch die Haustür bis hinunter zu ihrem Kellerstudio

Schlange. Meine Mutter hat jedes Kind so gut fotografiert, dass nahezu alle Eltern eines ihrer Fotos bestellten. Aufgrund dieses Auftrags wurde sie gebeten, Familien-, Hochzeits- und Firmenfotos zu machen. Ihr Geschäft explodierte geradezu über Nacht.

Ich war beeindruckt, wie großzügig und schnell das Universum meine Mutter ins Geschäft gebracht hat. Meinem Vater ging es genauso. Alles, was sie tun musste, war bitten – und natürlich erwarten, dass sie bekommt, worum sie gebeten hat –, und schon war sie auf dem richtigen Weg.

Gebete

Der direkteste Weg, Kinder zu ermuntern, dass sie um Hilfe bitten, ist, ihnen das Beten beizubringen. Die meisten Kinder beten gern, wenn sie erst gelernt haben, wie. Sie werden es normalerweise in der einen oder anderen Weise sowieso tun. Meine Schwester Cuky erzählte mir einmal eine Geschichte von meinem Neffen, in der es ums Beten ging.

Cuky war zu der Zeit schwanger, und sie spazierte mit ihrem Sohn Sean Hand in Hand zum Park. Auf halbem Wege schaute Sean auf den Bauch seiner schwangeren Mutter und sagte: »Mom, eine Sache *muss* ich wissen.«

Cuky bereitete sich auf eine Erklärung vor, da sie erwartete, dass er sie nach dem Baby fragen würde und wie es in ihren Bauch gekommen ist: »Ja, Sean? Was musst du wissen?«

Er schwieg und überlegte noch einmal. »Hm«, sagte er nachdenklich, »wie zum Kuckuck heißt denn Frau Gott? Ich muss sie etwas fragen, und ich weiß nicht, wie ich sie ansprechen soll!«

Nur sehr wenige Menschen, die ich kenne, beten auf effektive Weise. Ich habe beobachtet, dass die Menschen, wenn sie beten, ihre Gebete dem Herzen des Universums nicht mit dem Vertrauen übergeben, dass das Universum ihre Anfragen bearbeiten wird. Stattdessen halten sie weiterhin wie ein Schraubstock an ihren Sorgen fest.

Der Schlüssel für erfolgreiches Beten liegt darin, zu lernen, Gott die Gebete zu überlassen. Wenn Sie gebetet haben, lassen Sie das Problem los. Immer wenn meine Mutter mit uns betete, beendeten wir die Gebete mit einem Drücken ihrer Hand und der Botschaft, loszulassen. »Fertig. Jetzt wollen wir uns entspannen!« Damit flößten wir unseren Gebeten Glauben ein. Dieses Drücken der Hand schien das nicht zu definierende Etwas zu sein, was sie von Wunschdenken und ängstlichem Jammern zu einer kräftigen und tief greifenden Überzeugung veränderte. Nach dem Händedruck war das Universum an der Reihe!

Sie können mit Kindern beten, wie es Ihnen gefällt. Man kann feierlich beten, am Morgen oder abends. Man kann Gebete sprechen, indem man kniet, am Tisch oder im Bett. Oder man kann Kindern beibringen, in einem Zustand eines ständigen Gebets zu sein und um Hilfe zu bitten, wenn die Notwendigkeit entsteht, den ganzen Tag über. Die beste Methode, Kinder im Beten zu unterweisen, ist, wenn sie Sie beim Beten beobachten oder noch besser, wenn Sie zusammen beten. Vorbild ist der beste Lehrer.

Meine Freundin Wendy hatte einen Großvater, der Gebetsheiler war und die ganze Zeit laut betete. Sie erinnert sich, dass sie oft mit ihren vier Geschwistern bei Großvater im Auto fuhren, wobei sie sich ihren üblichen Zankereien hingaben und Großvater dann anfing zu beten. »Lieber Gott, wir bitten Dich, jemanden in diesem Auto von seiner Temperamentvollheit zu *heilen*. Wir sagen nicht, wer es ist, um *niemanden* in Verlegenheit zu bringen, aber er oder sie *wissen*, wer es ist. Amen.«

Lachend erinnert sich Wendy: »Jedes Mal, wenn Großvater dieses Gebet laut sprach, wurden wir alle sehr still. Schließlich wussten wir nicht, was ›Temperamentvollheit‹ bedeutete, aber es klang nicht so gut, und außerdem wollten wir in keine peinliche Lage geraten, indem wir zugaben, der Schuldige zu sein. Abgedroschen oder nicht, seine Gebete haben immer funktioniert. Und weil sie für ihn funktioniert haben, habe

ich sie bis heute selbst gebetet, besonders wenn jemand in der Nähe ist, der Schwierigkeiten macht. Und es funktioniert bei mir genauso gut wie bei ihm. Besonders wenn ich laut bete.« Sie lächelte.

Es war die Art meiner Mutter, ständig und überall zu beten, um alles zu bitten, was die Situation erforderte, angefangen bei der Suche nach dem Schlüssel bis hin zur Heilenergie für eine kranke Freundin. Sie senkte den Kopf, schloss die Augen und wandte sich nach innen – mehr ist gar nicht nötig. Manchmal betete sie laut, manchmal nicht.

Die Mutter meiner besten Freundin Susanne betete auch, aber ihre Art zu beten war förmlicher. Sie kniete sich lieber hin und betete morgens einen Rosenkranz. Die Mutter meiner Freundin Lu Ann errichtete sich eine heilige Atmosphäre zum Beten, wozu heiliges Wasser und Kerzen beitrugen. Die Mutter einer anderen Freundin hörte religiöse Musik, normalerweise Gregorianische Gesänge, wenn sie beten wollte.

Wie auch immer Sie vorgehen, Sie können frei wählen. Schließlich ist ein Gebet ein persönliches Zwiegespräch mit Gott. Jede Art ist gültig, wenn Sie es ernst meinen. Ob Sie spontan beten oder auf eine ritualisierte Weise, hängt von Ihrem Temperament ab, von der Situation und von dem, was sich für Sie in dem Moment stimmig anfühlt.

Dankbarkeit als Gebet

Dankbarkeit zu zeigen ist einer der kraftvollsten Wege zu beten. Dankbarkeit wirkt auf unser Bewusstsein in ähnlicher Weise ein wie ein Scheibenwischer in einem Schneesturm auf eine Windschutzscheibe. Es beseitigt Verwirrung und hilft uns, die Welt klarer zu sehen.

Dankbarkeit zu zeigen ist eine sehr einfache Form des Gebets und wird unmittelbar belohnt. Alles, was sie tun müssen, ist, alle Segnungen zur Kenntnis zu nehmen und dem Universum dafür zu danken, z. B. bei guter Gesundheit zu sein, Familie und Freunde zu haben oder einfach am Leben zu sein. Ich selbst führe ein Dankbarkeits-Tagebuch. In der Familie haben wir ein schwarzes Brett für Dankbarkeit in der Küche, wo wir Fotos von glücklichen Ereignissen und Notizen als Zeichen unserer Dankbarkeit für das, was wir erhalten haben, aufhängen. Wenn wir erst einmal darauf zu achten beginnen, ist es erstaunlich zu sehen, für wie vieles wir dankbar sein müssen.

Sich dankbar zu zeigen erleichtert das Herz und hilft uns, daran zu denken, wie sehr wir vom Universum geliebt und unterstützt werden. Immer wenn meine Kinder oder ich rastlos, reizbar, verstört, gelangweilt und voller Angst sind oder uns unwohl fühlen, schlage ich vor, möglichst viele Dinge zu nennen, für die wir dankbar sind, um damit die Energie zu verändern. Wir listen diese Segnungen einzeln auf und versuchen dabei, mindestens zehn Punkte zu nennen. Dabei klingt unsere Angst jedes Mal ab, und Herz und Intuition öffnen sich.

Indem ein Kind Dankbarkeit zeigt, bleibt seine Achtsamkeit auf den Überfluss, die Hilfe und die Liebe ausgerichtet, die das Universum für es bereithält. Sein Herz und seine Achtsamkeit werden auf den Empfang all dessen ausgerichtet, was ihm zur Verfügung steht, und erinnert das Kind daran, aufnahmebereit und innerlich ruhig zu bleiben.

Dieses sind nur einige Arten zu beten. Sie persönlich beten vielleicht auf völlig andere Weise. Manche Menschen singen ihr Gebet. Andere beten mit Perlen oder Rosenkränzen. Manche beten still. Andere beten in Gruppen. Manche führen einen ständigen Dialog mit Gott. Wieder andere meditieren über ein Gebet.

Die Art zu beten ist etwas sehr Persönliches, und alle Arten sind richtig. Wählen Sie den Zugang zu Gott sowie die Gewohnheit, mithilfe derer Sie am liebsten um Hilfe bitten. Machen Sie sich dabei klar, dass die Göttliche Seele, Gott, Liebe ist und dass das Universum Sie ganz und vorbehaltlos so liebt, wie Sie sind, mit allen Ihren Fehlern. Ob Sie allein beten oder mit Ihrem Kind, machen Sie sich klar, dass das Universum liebend gern helfen möchte. Aber sie müssen es zuerst darum bitten.

Die 110-Wunder-Box

Eine der schönsten Arten, das Universum um Unterstützung zu bitten, hat mir meine Freundin Lu Ann Glatzmaier gezeigt. Als ich vierzehn war, wurden Lu Ann und ich Freundinnen. Meine Mutter, bei der sie Unterricht genommen hatte, hat uns miteinander bekannt gemacht, und unsere Wege verliefen von Anfang an parallel. Wie ich zeigte sie schon sehr früh ungewöhnliche intuitive Fähigkeiten, und wie ich hat sie den Weg des Heilens eingeschlagen. Lu zeigte mir eine einzigartige Methode, um Hilfe zu bitten, bei der man, wie sie es nennt, eine »Alchemieschachtel« bastelt. Wir haben uns mehrmals getroffen und zusammen Schuhkartons innen und außen mit Seidenpapier, Aufklebern, Zetteln mit Affirmationen, spirituellen Symbolen und Bildern von Engeln ausgeschmückt. Anschließend legte jede ihre geschriebenen Bitten und Gebete in ihre Schachtel. Dies war als symbolische Handlung gedacht, dass wir unsere Bitten dem Universum gläubig übergaben, damit es daran arbeiten konnte. Zu meiner Verwunderung und Freude wurde jede Frage, die ich in die Schachtel legte, beantwortet. Andere Namen für diese selbst verzierte Schachtel war Wunschschachtel, Gebetsschachtel, Engelsschachtel – sogar 110-Wunder-Box! Ich nenne sie Alchemieschachtel, weil Alchemie Umwandlung oder Veränderung bedeutet.

Wie Sie sie auch nennen, eine Alchemieschachtel zu basteln fördert das Kind in Ihnen zu Tage. Es war die Lieblingsaktivität bei den Geburtstagsfeiern sowohl von Sabrina als auch von Sonia, weil sie sagten: »Wir haben zwar schon Alchemieschachteln, aber wir wollen, dass unsere Freunde sie auch haben. Jedes Kind braucht eine!«

Diese Schachteln zu basteln war ein Familienereignis. Wir haben zwei Wochen lang Material gesammelt. Wir haben Schachteln aus dem Wandschrank hervorgesucht. Wir haben Seidenpapier gekauft. Wir haben uns in *National Geographic*-Hefte vertieft und Bilder ausgeschnitten. Wir sind zum Schreibwarenladen gegangen und haben Aufkleber gekauft. Schließlich waren wir in einem Bastelgeschäft, um Acryl-Lack, Glitzerkonfetti und Klebstoff zu besorgen. Die Vorbereitungen haben Spaß gemacht, und wir waren voller Vorfreude.

Endlich kam der Tag, an dem wir alle am Küchentisch saßen und anfingen unsere Schachteln zu verzieren, wobei wir die ganze Zeit über die Teile redeten, die uns besonders gut gefielen. Wir besprachen, was wir als Schmuck für die Schachtel nahmen und warum. Als wir fertig waren, haben wir sie zum Schutz mit klarem Lack eingesprüht. Wir haben gelacht und verbrachten einen wunderbaren kreativen Tag, an dem wir einen Ort schufen, an dem wir unsere Gebete und Bitten aufheben konnten, während das Universum an ihnen arbeitete.

Als die Schachteln fertig waren, legten wir jeweils ein Gebet hinein. Dann fassten Patrick, Sabrina, Sonia und ich uns an den Händen und baten die göttliche Seele, für uns an unseren Gebeten zu arbeiten und unseren Wunderschachteln und uns ihren Segen zu geben.

Im Laufe der Jahre hat sich zu Silvester ein Ritual entwickelt. Dann holen wir unsere Schachteln hervor und legen unsere Wünsche und Gebete für das neue Jahr hinein. Am Neujahrstag öffnen wir die Schachteln noch einmal und lesen unsere Liste vom vergangenen Jahr vor. Jedes Mal, wenn wir das machen, lachen wir und freuen uns darüber, wie viele Gebete erhört worden sind.

Eine Alchemieschachtel zu basteln regt die Fantasie eines Kindes an und lehrt es durch Kreativität, Handwerk und Erfindungsgabe, wie man dem Universum Gebete anvertraut und ihm *erlaubt*, die Arbeit zu übernehmen. Wenn ein Kind sich eine Alchemieschachtel gebastelt hat, können Sie ihm vorschlagen, auf ein Blatt Papier alle besonderen Bitten und spirituellen Nöte aufzuschreiben, die es irgendwann aus irgendeinem Grund hatte. Allein dies zu tun hilft einem Kind, sich auf seine Bedürfnisse zu konzentrieren, die Göttliche Seele wirklich um Hilfe zu bitten und dann die Bitte voller Vertrauen loszulassen. Das Kind lernt auch, geduldig zu

sein, indem es sich von da an heraushält und das Universum für sich arbeiten lässt.

Eine Alchemieschachtel verbindet Kreativität mit einem offenen Herzen und einem empfänglichen Geist. Die dadurch in Ihrem Kind entstandene Geisteshaltung verbindet es mit seiner Quelle. Die Kombination von Kunst und Gebet versetzt Ihr Kind in die Lage, sich mit Hilfe seiner Vorstellungskraft und Kreativität der Liebe, Führung und Geborgenheit des Universums zu nähern.

Wenn wir uns allein fühlen, ist das Leben hart. Es ist sehr viel einfacher und freundlicher für Ihr Kind, wenn es weiß, dass das Universum ihm beisteht.

Hilfsmittel: Basteln Sie sich eine Alchemieschachtel

Sie brauchen:
einen Schuhkarton,
farbiges Seidenpapier,
Klebestift,
Aufkleber mit inspirierenden Motiven,
Glitzer,
Karten mit heiligen Motiven,
Affirmationen,
Fotos,
Bilder von Ihren Herzenswünschen,
Lackspray.

Sammeln Sie über mehrere Wochen Material. Legen Sie einen Termin fest, an dem Sie Ihre Schachteln basteln wollen. Hören Sie dabei inspirierende, aufheiternde Musik. Dies ist auch eine wunderbare Aktivität für ein Kinderfest. Alle jungen und alten Menschen brauchen eine Alchemieschachtel für besondere Bitten. Nehmen Sie sich die Zeit, eine zu basteln, und lassen Sie sie für sich arbeiten.

Hilfsmittel: Nach Lösungen angeln

Gewöhnen Sie sich in der Familie an, gemeinsam nach Lösungen zu angeln. Bitten Sie, immer wenn ein Familienmitglied sich in einer verzwickten Lage befindet oder Probleme hat, jeden in der Familie, seine kreative Angelschnur in das Universum zu werfen, um damit Unterstützung, Inspiration, Antworten oder Anweisungen einzufangen, die ihnen weiterhelfen. Holen Sie alles ein, was anbeißt. Zensieren Sie nichts. Wenn es nicht funktioniert, können Sie den Fang jederzeit wieder zurückwerfen. Je mehr die Familie bei dieser Technik zusammenarbeitet, desto wundervoller und kreativer ist das Erlebnis.

Hilfsmittel: Beten Sie zusammen

Die wirkungsvollsten Gebete sind diejenigen, die mit der Überzeugung gebetet werden, ein von Gott geliebtes Kind zu sein. Gebete, die mit dem tiefen Gefühl gesprochen werden, dass das Universum uns helfen, führen, unterstützen, erfreuen möchte und uns vorbehaltlos liebt, sind diejenigen, die am schnellstens erhört und sehr zufriedenstellend beantwortet werden. Gebete, die zusammen mit anderen, die dieses Wissen teilen, gesprochen werden, sind noch kraftvoller.

Legen Sie eine Zeit fest, wann Sie in der Familie beten können. Das kann beim Abendessen sein oder beim Schlafengehen oder nach dem Familientreffen. Es ist auch wichtig, Ihre Familie zu ermuntern, dass sich die einzelnen gegenseitig bitten, mit ihnen und für sie zu beten, wenn sie etwas beunruhigt, sie Sorgen haben oder Hilfe brauchen. Wie Jesus sagte: »Wo zwei oder drei versammelt sind in meinem Namen, da bin ich mitten unter ihnen.«

Um Führung bitten

Reflexionen

1. Haben Sie Ihren Kindern beigebracht, wie man nach Lösungen angelt? Haben sie es ausprobiert? Wann?

2. Haben sie Erfolg damit?

3. Haben Sie mit der ganzen Familie »geangelt«? Etwas Interessantes gefangen?

4. Beten Sie? Wann?

5. Beten Sie mit Ihren Kindern? Wann?

6. Bitten Sie sich bei besonderen Anlässen gegenseitig um Hilfe beim Beten?

7. Beten Ihre Kinder selbst? Wie?

Zur Erinnerung:

Sind Sie verspielt und erleben Abenteuer?

Setzen Sie Ihre künstlerische Begabung ein?

Bitten Sie um Hilfe?

Sind Sie sich dessen bewusst, dass das Universum Sie liebt und Ihnen helfen möchte?

11. Kontemplation und Kunst

Die richtige Atmosphäre für das Erwecken der Intuition zu schaffen, ist nur ein Teil dessen, war wir für ein intuitives Leben benötigen. Ruhig zu werden, damit wir die Seele sprechen hören, ist der andere. Wir müssen die Ablenkungen der Welt hin und wieder ausblenden, um uns mit der subtilen Schönheit und den Äußerungen unserer Seele zu verbinden. Für einen gestressten Erwachsenen mag es eine Anstrengung bedeuten, sich die Zeit zu nehmen, um in sich zu gehen und kreativ tätig zu werden. Kindern hingegen fällt es von Natur aus leicht, auf zwei unterschiedliche und voneinander getrennte Weisen in derart instinktive Verbindungen mit der Seele zu treten.

Die eine Art ist, dass sie beim stillen Spielen oder beim Tagträumen in eine natürliche Trance geraten. Das kann passieren, wenn sie mit Bauklötzen spielen, auf einer Schaukel sitzen oder im Dreck buddeln. Oder es kann sich ereignen, wenn sie im Auto tagträumen oder beim Abendessen in die Luft starren. Wie auch immer, alle Kinder ziehen sich automatisch in ihren eigenen stillen Raum in sich zurück, wenn sie Ruhe benötigen und sich mit der Seele verbinden. Dies allerdings können sie nur, wenn sie frei und nicht durch andere bewertet oder gestört werden.

Künstlerische Betätigung ist die zweite Methode, mit deren Hilfe Kinder sich mit ihrer Seele verbinden. Ob sie leidenschaftlich mit den Fingern malen, auf Trommeln oder Klaviertasten herumwirbeln oder sehr vertieft ihre erste eigene Geschichte schreiben, der künstlerische Ausdruck eines Kindes ist der Ausdruck seiner *Seele*. Wenn Kontemplation unsere Möglichkeit ist, die Seele zu erreichen, dann ist schöpferischer künstlerischer Ausdruck die Möglichkeit der Seele, uns zu erreichen. Kein Wunder, dass diese Art von Beschäftigung bei Kindern, besonders bei kleinen Kindern, auf der ganzen Welt sehr beliebt ist. Es ist ihre Gelegenheit, mit ihrem eigentlichen, authentischen Wesen in Kontakt zu treten und es zum Ausdruck zu bringen.

Kontemplation und Kunst sind die beiden direktesten Wege für ein Kind, mit seinem kreativen Wesen und seiner Intuition oder seinem inneren Lehrer in Berührung zu kommen. Beide Übungen sollten wegen ihrer Seelen heilenden Bedeutung anerkannt und von Ihnen unterstützt werden.

Lassen Sie uns zunächst ansehen, wie wichtig eine stille Zeit für ein Kind ist, um sich mit seiner Seele zu verbinden. Auf den ersten Blick sieht es vielleicht so aus, als ob Ihr aktives und manchmal hyperaktiv wirkendes Kind niemals von sich aus eine stille Zeit sucht, wenn Sie es nicht dazu drängen. Ich habe jedoch bei Kindern die Erfahrung gemacht, dass diese Beobachtung wahrscheinlich nicht zutrifft. Ich ermutige alle Eltern, eine Übung in Achtsamkeit durchzuführen, bei der sie beobachten, wie ihre Kinder von sich aus, zu ihrer Zeit und auf ihre Weise, die Verbindung zu ihrer Seele suchen. Vielleicht sind sie es, von denen Sie jetzt lernen können.

Eine Klientin namens Linda rief an, um mir von ihrem Neffen Paul zu berichten, der sie gerade übers Wochenende besucht hatte. Sie erzählte, dass sie in einem Hochhaus mit einem Swimmingpool auf dem Dach wohne und

Paul vorschlug, zusammen zum Pool zu gehen. Als sie dort ankamen, sagte Linda zu Paul: »Geh du nur schwimmen. Ich setz mich hier eine Zeit lang an den Rand und lese. Sag Bescheid, wenn du genug hast und wieder gehen möchtest.«

Paul sprang ins Wasser, und Linda machte es sich mit ihrem Buch gemütlich. Nach einer Weile bemerkte sie plötzlich, dass es sehr still war. Sie schaute zum Pool hinüber und sah, das Paul mit halbgeschlossenen Augen auf einer Luftmatratze trieb und ins Wasser starrte, als ob er in Trance wäre. Überrascht, ihn in einem so friedlichen Zustand zu erleben, beobachtete sie ihn eine Zeit lang. Er blieb noch zehn Minuten lang so bewegungslos liegen, dann blinzelte er, reckte sich, schaute zu ihr hinüber und lächelte.

»Was hast du gemacht, Paul?«, fragte Linda.

Er antwortete ruhig: »Och, nur meditiert.«

Linda war, gelinde gesagt, überrascht. Sie konnte sich kaum vorstellen, dass irgendjemand in Pauls Familie, einschließlich ihrer Schwester, etwas für derartige Aktivitäten übrig hatte, ganz zu schweigen davon, sie ihm auch beizubringen.

»Meditieren? Wer hat dir denn etwas über Meditation erzählt?«

»Keine Ahnung«, antwortete Paul. »Ich weiß es einfach, und ich mache es immer wieder. Ich komm dabei auf gute Ideen!«

Linda war beeindruckt, dass Paul so natürlich und einfach tun konnte, worum sie jahrelang mühsam und erfolglos gekämpft hatte. Wie Paul haben auch Ihre Kinder eine oder zwei Techniken, sich auf natürliche Weise »auszublenden«, die Sie entdecken können, wenn Sie darauf achten. Wie sie es auch machen, erkennen Sie es als ihre Art an, sich nach innen zu wenden und die Seele zu erfrischen, selbst wenn es nur für einen Augenblick ist. Vielleicht machen sie es so wie Paul und treiben in einem Pool. Oder sie aalen sich in der Badewanne. Oder liegen auf dem Rücken auf ihrem Bett und starren zur Decke. Oder kritzeln auf einem Blatt Papier. Oder spielen im Sandkasten. Diese Rückzüge entspannen sie mental und helfen ihnen, sich auf die Stimme ihrer Seele einzustimmen. Dies ist natürliche Meditation, auch wenn die Kinder es wahrscheinlich nicht so nennen würden oder wollten, weil es so ernst klingt, irgendwie so *uncool*!

Respektieren Sie ihr Tagträumen und lassen Sie ihnen ihre Träumereien, wenn sie dahin weggleiten. Geben Sie nicht Ihrem Wunsch nach, sie in solchen Momenten mit Fragen zu bedrängen. Es sieht zwar so aus, als ob sie nichts täten, aber so ist es nicht. Sie werden von ihrer Seele reenergetisiert. Wenn ich an Kontemplation und Tagträume denke,

kommt mir einer von Dr. Tullys Lieblingsaussprüchen in den Sinn: »Zu den kraftvollsten Dingen, die man hin und wieder tun kann, zählt Nichtstun!« Wenn es darum geht, sich ruhig mit seiner Seele zu verbinden, hat er absolut Recht. Erst wenn Kinder aus ihrer stillen Phase herauskommen, können Sie sie fragen, wie sie sich fühlen. Sie könnten ihnen mitteilen, dass ruhig zu sein eine gute Methode ist, um die Intuition zu hören.

Kontemplation besänftigt die Seele

Reisen ist sehr wichtig für unsere Kinder, aber es bedeutet auch viel Stress, weil alles neu, anders und oft außerhalb unserer Kontrolle ist. Für Sonia und Sabrina bedeutet es, die Bequemlichkeit des Zuhauses, die vertraute Umgebung, ihre Gewohnheiten und Freunde zurückzulassen, was ihnen nicht leicht fällt.

Vor einiger Zeit waren wir nach längerer Abwesenheit auf dem Heimweg. Es regnete. Sabrina sagte ganz spontan: »Weißt du, Dad, wenn ich irgendwo schlafen muss, wo ich noch nie gewesen bin, denke ich einfach, solange wie ich kann, an mein Lieblingsspielzeug und alles, was mir an ihm gefällt, anstatt mich zu fürchten. Dann fühle ich mich wie zu Hause und schlafe ein.«

Das erinnerte mich wieder einmal daran, dass Kinder auf selbstverständliche Weise das Richtige tun und dass wir ihrem guten Beispiel Folge leisten sollten. Sabrinas Methode war eine sehr gute Idee, wie man anderen Kindern beibringen konnte, sich auf ihr Inneres einzustimmen und Ruhe zu finden. Es ist etwas, was sie machen können, wenn sie woanders übernachten und unruhig sind, bevor sie einschlafen. Oder wenn sie zum ersten Mal in ein Ferienlager gehen. Oder wenn sie mehrmals pro Monat zwischen Mamas und Papas Wohnung hin- und herpendeln, weil diese in Scheidung leben.

Ich glaube wirklich, dass es mehrere Möglichkeiten gibt, innere Ruhe zu erreichen, und dass Stillsitzen nur ein Weg ist. Sabrina stimmt sich auf ihr Inneres ein, indem sie sich auf etwas konzentriert, was sie gern hat. Paul ließ sich auf dem Wasser treiben. Sonia bevorzugt Tagträume zu leiser klassischer Musik, um sich nach innen zu wenden. Ihre Freundin Madelyn beruhigt sich, indem sie Klavier spielt. Und, ob Sie es glauben oder nicht, einige Kinder stimmen sich am besten auf ihr Inneres ein, wenn sie sich bewegen. Die bevorzugte Rückzugstechnik meines Mannes Patrick als Kind war zum Beispiel Ski fahren. Er mochte die Stille und Schönheit der Berge, die Konzentration und die Aufmerksamkeit, die erforderlich war, um die Hänge herunterzukommen. Immer wenn er psychisch überladen war, kramte er seine Ski hervor und verschwand in den Bergen. Er macht es immer noch so. Eine andere aktive Variante der Kontemplation ist Schwimmen. Sonia ist ein wahrer Fisch, wenn es ums Schwimmen geht. Immer wenn wir an einen Strand kommen, rennt sie sofort zum Wasser und bleibt stundenlang drin. Wenn sie sich beim Schwimmen völlig verausgabt hat, entspannt sie sich manchmal im flachen Wasser und lässt die Wellen über sich schwappen, während sie wie ein Buddha mit geschlossenen Augen dasitzt und innerlich Millionen von Kilometern von der Erde entfernt ist. Dies nenne ich aktive Meditation. Als Methode, sich dem Inneren zuzuwenden und sich mit seiner Seele zu verbinden, ist aktive Meditation den anderen gleichwertig. Zudem ist diese Vorgehensweise bei energiegeladenen Kindern oft viel effizienter als Sitzen, um die Emotionen und Gedanken zu beruhigen und einen friedlichen Zustand zu erreichen.

Aktive Kontemplation

Eines Tages suchte mich meine Klientin Diane zu einer Lesung auf, weil sie sehr besorgt war über ihren hyperaktiven, sportlichen Sohn Lonnie, ihr, wie sie ihn nannte, »neunjähriger Wirbelwind«, der ihr keinen Augenblick Ruhe ließ. Ich konnte bestätigen, dass er sie mit seiner Rastlosigkeit wirklich zermürbte, und sie war am Ende ihrer Weisheit.

Kontemplation und Kunst

»Er treibt alle möglichen Arten von Sport. Wir leben in einem großartigen Viertel, wo er draußen spielen kann. Wir versuchen, alles als Familie zusammen zu machen, aber er ist immer sehr aufgewühlt und unruhig, das macht mich verrückt. Ich kann ihn nicht ruhig bekommen, und es ist schwierig ihn zu ertragen. Er bekommt sogar Ritalin und das hilft, aber nicht besonders. Haben Sie eine Idee?«

Aufgrund seiner individuellen Schwingungen konnte ich feststellen, dass er tatsächlich ein sehr wildes Kind war, viel Energie hatte und selbst unglücklich war, weil er sich nicht beruhigen konnte. Meine geistigen Führer machten einen Vorschlag, den ich an Diane weiterleitete.

»Wecken Sie sein Interesse für das Anlegen und die Pflege eines Gartens«, sagte ich. »Meine Intuition sagt mir, dass er zu wild ist und mehr Erde benötigt, um sein Nervensystem zu beruhigen.«

»Das ist ein interessanter Vorschlag. Glauben Sie, dass er das tun wird?«

»Ich weiß es nicht! Probieren Sie es aus. Sagen Sie ihm, dass Sie gern mit seiner Hilfe einen Garten anlegen und pflegen würden, und lassen Sie ihn entscheiden, was er anpflanzen möchte.«

Sie machte sich auf den Heimweg, um es auszuprobieren. Sechs Monate später rief sie mich an.

»Ihr Vorschlag war fantastisch! Lonnie hat richtig in großem Stil angefangen

zu gärtnern. Er ist die ganze Zeit mit mir draußen und kümmert sich um die Sachen, die er gepflanzt hat. Er gräbt gerne mit den bloßen Händen in der Erde. Wir haben Tomaten, Salat und Rettich angepflanzt, jetzt möchte er gern Blumen. Ich kann es kaum glauben. Er ist ganz stolz auf das, was er erreicht hat. Seitdem er mit der Gartenarbeit angefangen hat, ist er viel gelassener geworden. Er wirkt geerdeter.«

Er ist zwar immer noch beim Baseball und Fußball aktiv, aber in der Zeit im Garten hat er gelernt, wie man ruhig wird und sich auf eine Weise mit seiner Seele in Verbindung setzt, die er mag. Jedes Mal, wenn er sich jetzt über etwas aufregt, findet Diane ihn draußen, um sich zu beruhigen. Seine Hände zu gebrauchen, seinen Verstand zu beruhigen, zur Erde Verbindung zu haben, war genau das Richtige für Lonnie, um mit sich selbst in Kontakt zu kommen.

Kreative Visualisierung

Eine andere Methode, Kindern zu helfen, sich nach innen zu wenden und sich auf ihr Inneres einzustimmen, nennt sich kreative Visualisierung. Eine kreative Visualisierung gibt Kindern im Grunde konstruktive Anregungen durch Imagination. Weil die meisten Kinder über eine rege Fantasie verfügen und sehr auf ihre Eltern reagieren, ist kreative Visualisierung ein äußerst kraftvolles Hilfsmittel für das kontemplative Leben eines Kindes.

Ihre Kinder sollen sich entspannen und es sich bequem machen, am besten legen sie sich mit geschlossenen Augen hin. Wenn sie soweit sind, sprechen Sie sehr leise mit ihnen und vermitteln Sie ihnen Bilder, die sie beruhigen, mithilfe positiver Botschaften ihr Selbstwertgefühl steigern und ein gutes Gefühl von sich selbst fördern.

Ich mache regelmäßig mit meinen beiden Töchtern eine Visualisierung, die wir »unsere innere Reise« nennen. Jeden Abend, wenn sie gebadet, ein wenig gelesen haben und bettfertig sind, soll immer eine von Ihnen die Augen schließen und mir zuhören. Ich sage ihr dann, was für eine wundervolle Seele sie hat und dass sie an alles denken soll, worauf sie stolz ist. Ich fordere sie auf, sich an ihre Siege zu erinnern, sich ihre Verletzungen zu vergeben, ihre Frustrationen loszulassen, zu visualisieren, dass die Bereiche besser werden, die sie verbessern möchte, und ruhig einzuschlafen, in dem Wissen, dass Gott, ihre Engel und ihre ganze Familie eingeschlossen der Vorfahren sie vorbehaltlos lieben. Wir variieren diese Visualisierung jeden Abend. Jede von ihnen bekommt fünf bis sechs Minuten direkt vor dem Schlafengehen. Es ist eine Art Heilung, auf die wir uns alle freuen, und wirkt auf uns sehr erdend.

Jeder kann mit Kindern kreative Visualisierungen durchführen. Dazu sind ein entspannter Zustand nötig, ein ungestörter Zeitraum, eine entspannte Stimme und ein vom Herzen ausgehender Strom liebevoller Bilder, die beruhigen und entspannen sollen und den Wert und die Liebenswürdigkeit Ihres Kindes bestätigen. Um selbst in einen entspannten Zustand zu kommen, benötigen Sie vielleicht auch einige Vorbereitungen. Es ist zum Beispiel am besten, die Visualisierung »Innere Reise« durchzuführen, nachdem ein Kind bereits angefangen hat, sich ein wenig zu entspannen. Sie können den Beruhigungsprozess einleiten, indem Sie Ihr Kind direkt vor dem Schlafengehen ein Aromatherapie-Bad mit den Essenzen von Kamille, Rose und Lavendel nehmen lassen. Zwei oder drei Tropfen dieser Öle (die Sie in den meisten Bioläden bekommen) in einem warmen Bad haben eine verblüffend beruhigende Wirkung auf das Nervensystem eines Kindes.

Hilfsmittel: Die Dinge beim Namen nennen

Fordern Sie Ihre Kinder einzeln auf, Ihnen alles, was sie möchten, über den Tag zu erzählen, ohne dass Sie es »in Ordnung bringen«; dies ist eine Methode, sich von Herz zu Herz miteinander zu verbinden. Ihre Aufgabe ist nur zuzuhören und nicht zu versuchen, etwas zu beeinflussen. Wenn die Kinder mit ihrer

Erzählung fertig sind (wozu gehören kann, dass sie ihre Frustrationen bei Ihnen abladen), fragen Sie sie, ob Sie etwas für sie tun sollen. Sie sagen vielleicht Ja und haben einen Wunsch, aber oft werden sie verneinen, damit zufrieden, dass man ihnen zugehört hat. Wenn sie alles, was sie beschäftigt, zu Tage befördert haben, können Sie die Visualisierung vorbereiten.

Hilfsmittel: Innere Reise

Dimmen Sie zu Beginn Ihrer Visualisierung die Lampen und streichen Sie Ihrem Kind sanft übers Haar. Fordern Sie Ihr Kind auf, tief einzuatmen und dann sehr langsam auszuatmen. Das soll es zwei- oder dreimal machen und sich dabei jedes Mal ein wenig mehr entspannen.

Bitten Sie Ihr Kind als Nächstes, sich an alles zu erinnern, wodurch es an diesem Tag etwas Neues gelernt hat, etwas, was es vorher noch nicht entdeckt hatte. Fordern Sie es auf, einen Moment lang zu genießen, wie es sich angefühlt hat, etwas Neues zu entdecken. Lassen Sie ihm ein wenig Zeit, um darüber nachzudenken.

Streicheln Sie ihm ruhig das Haar oder den Rücken und bitten Sie es, sich auf seinen Atem zu konzentrieren, einzuatmen und dann sanft wieder auszuatmen. Fordern Sie Ihr Kind nach weiteren zwanzig oder dreißig Sekunden auf, sich an alles zu erinnern, worüber es sich während des Tages aufgeregt hat. Daraufhin bitten Sie es, sich vorzustellen, seinen ganzen Ärger seinem Schutzengel zu übergeben, damit der daran arbeitet, während Ihr Kind schläft.

Sagen Sie Ihrem Kind, dass dieser Engel über Nacht an der Lösung seiner Probleme arbeiten wird. Sagen Sie ihm, dass es entspannen kann und sich überhaupt keine Sorgen machen muss. Es kann schlafen und sich erholen. Erinnern Sie es noch einmal daran, tief ein- und auszuatmen und sich zu entspannen.

Zählen Sie nach weiteren zehn bis zwanzig Sekunden zum Abschluss alles auf, was an Ihrem Kind gut, liebevoll und wahr ist, wie:

»Du bist nett.«

»Du bist intelligent.«

»Du bist stark.«

»Du bist intuitiv.«

»Du bist friedlich.«

»Du bist geliebt, geborgen und wichtig für die Welt.«

Schließen Sie mit den Worten: »Ich hab dich sehr lieb«, und geben Sie ihm einen Gutenachtkuss. Meine Kinder und ich nennen dies »unser besonderes Gute-Nacht-Gedicht«.

Dieses Abendritual ist sehr heilsam und zu einem zentralen Teil unseres Familienlebens geworden. Es dauert nur etwa fünf Minuten, aber diese Zeit wird sehr effektiv genutzt. Es unterstützt Eltern darin, mit ihren Kindern in Verbindung zu bleiben, den Kindern zu helfen, sich zu entspannen und sich auf ihr

Inneres einzustimmen. Zudem gibt es Eltern und Kinder die Möglichkeit, sich vom Universum unterstützt zu fühlen, so dass es für die ganze Familie Wunder verrichtet. Meine Kinder haben so viel Freude und ziehen so viel Nutzen aus unserer »Inneren Reise«, dass ich sie sogar auf Kassette aufgenommen habe, damit sie sie an den Abenden hören können, an denen ich nicht da bin.

Ich habe Ihnen meine Vorstellungen über eine kreative Visualisierung genannt, damit Sie ein Modell haben, mit dem Sie arbeiten können. Vertrauen Sie darauf, dass die Worte und Bilder, die für Sie und Ihre Kinder besonders bedeutsam sind, leicht und frei fließen, wenn Sie die Visualisierung durchführen. Seien Sie natürlich und erlauben Sie sich, kreativ zu sein. Wenn Sie dies beherzigen, werden die richtigen Bilder und Worte von ganz allein hervorströmen.

Eine letzte Bemerkung über das Einstimmen auf das Innere und das Bedürfnis nach stiller Zeit: Schalten Sie den Fernseher ab und bestehen Sie von Zeit zu Zeit auf Ruhe. Wir werden so sehr mit Lärm bombardiert, dass es unmöglich wird, die besänftigende Stimme der eigenen Seele zu hören. Die Seele ist freundlich und geduldig und will nicht mit der äußeren Welt konkurrieren. Sich auf das Innere einzustimmen ist zwar natürlich, aber es ist immer hilfreich, wenn Sie optimale Bedingungen schaffen, um das zu erleichtern. Wenn es darum geht, sich auf

sein Inneres einzustimmen, um dadurch Zugang zur Intuition zu bekommen, sollten Sie nicht auf eine bestimmte Methode fixiert sein. Verschaffen Sie sich Klarheit über das Konzept. Lernen Sie von Ihren Kindern und erkennen Sie, wie wichtig es ist, mit der Seele in Verbindung zu treten. Nehmen Sie sich selbst ein paar Augenblicke am Tag Zeit und schließen Sie sich in der stillen kontemplativen Zeit Ihren Kindern an, nicht aus Verpflichtung, sondern eher als Geschenk an sich selbst.

Eine Zeit der Ruhe einrichten

Sorgen Sie dafür, dass Ihr Kind

still in einem Schaukelstuhl sitzt und eine Viertelstunde lang sanft schaukelt,
mit geschlossenen Augen auf einer Luftmatratze in einem Swimmingpool treibt,
sich auf die Erde legt und die Wolken beobachtet,
sich auf die Erde legt und Sterne zählt,
an seine schönsten Ferien denkt, bevor es einschläft,
sich seine geistigen Führer vorstellt,
sich auf den Boden legt und mit geschlossenen Ohren Barockmusik hört,
einen Garten anlegt,
mit Ton oder mit Knetmasse arbeitet,
ein Bild malt,
stricken lernt oder ein Modell baut,
Fische im Aquarium beobachtet.

Kontemplation und Kunst

Reflexionen

1. Auf welche Weise blendet sich Ihr Kind am liebsten aus?

2. Wie machen Sie es am liebsten?

3. Hat Ihr Kind einen Lieblingsplatz, an dem es sich ausblendet? Haben Sie einen?

Kunst: Die Möglichkeit der Seele, uns zu erreichen

Weil wir im Kern spirituelle Wesen sind, haben Kinder von Beginn des Lebens an eine direkte Verbindung zur Intuition und zur Seele. Sie müssen nicht wirklich _lernen_, intuitiv zu sein. Sie sind von Natur aus intuitiv. Sie erschließen sich diesen Aspekt instinktiv durch die Welt schöpferischen Spiels und spontanen künstlerischen Ausdrucks. Dies ist die Domäne der Seele. Wenn Kinder sich durch künstlerisches Spiel ausdrücken, sei es in Tanz, Musik, beim Malen, durch das Erzählen von Geschichten oder in anderer Form, teilen sie in Wirklichkeit den Inhalt ihrer intuitiven und spirituellen Welt mit. Unstrukturierte Zeit zum kreativen Spielen ist der Beginn des intuitiven Ausdrucks bei Kindern. Alle Kinder sind achtsam und haben intuitive Gefühle, aber sie haben vielleicht noch keine lineare, strukturierte Sprache, um sie klar auszudrücken. Und auch dann können Kinder ihre intuitiven Wahrnehmungen die ganze Zeit ziemlich genau kundtun, etwa beim Zeichnen, durch Musik oder Tanz. Es liegt an uns, den intuitiven Eltern, diesen Ausdruck als einen wichtigen Teil der Seele unserer Kinder anzuerkennen. Es liegt an uns, aufmerksam zu sein und diese Äußerungen als zweite, vielleicht unverfälschtere Sprache zu sehen, mithilfe derer sie kommunizieren können.

Ich habe mehrere Jahre lang eng mit der intuitiven Künstlerin Julia Cameron, der Autorin von *Der Weg des Künstlers*, zusammengearbeitet. Sie glaubt, dass »künstlerische Berufungen Gottes Marschbefehle sind, um Schönheit und Seele in die Welt zu bringen«. Mit unserem Herzen verbunden zu sein und unseren Seelen Ausdruck zu geben, versetzt uns in einen seeligen Zustand. Dies erklärt, warum Kinder sich so gerne frei künstlerisch betätigen, wie sie es tun. Es ist eine natürliche, instinktive Art, sich mit seiner Seele in Verbindung zu setzen – das heißt, solange keine Beurteilung und kein Wettbewerb damit verbunden sind. Wenn das der Fall ist, tritt die Seele in den Hintergrund und das Ego übernimmt.

Dadurch soll nicht der Eindruck entstehen, dass Kinder nicht lernen sollten, in den Künsten die Techniken zu beherrschen. Und es ist tatsächlich so, dass jedes Kind, das an Kunst Freude hat, auch den Einsatz des Materials beherrschen möchte. Wenn aber diese Beherrschung über dem persönlichen Ausdruck steht, wenn Kunst gegeneinander abgrenzend und zu einem Wettbewerb wird, kann die empfindliche Seele eines Kindes sich verschließen und sich zurückziehen.

Meine Freundin Lu berichtete, dass sie als Kind gern Flöte gespielt habe. Sie spielte ständig, weil es ihr so viel Freude machte. Als sie in der dritten Klasse war, war sie recht gut, ging zum Schulorchester und kam auf den »ersten Stuhl«. Zu Anfang war sie wie elektrisiert von dieser Ehre, aber schon bald begegnete sie ersten Anfeindungen und Sabotagen der anderen Flötenspieler. Plötzlich bereitete der Gang zur Orchesterprobe ihr psychische Schmerzen. Sie wurde in der Halle wütend angestarrt, es wurde geflüstert, in der Essenschlange geschubst, und von den anderen Flötenspielern wurde sie unaufrichtig behandelt, was sie sehr deprimierte. Länger als zwei Monate konnte Lu Ann das nicht aushalten. Sie wollte nichts mehr mit dem »ersten Stuhl« zu tun haben. Sie wollte einfach nur Flöte spielen.

Eines Tages bei der Probe ging sie nach hinten und setzte sich freiwillig auf den letzten Stuhl. Sehr erleichtert lehnte

Kontemplation und Kunst

sie sich zurück und wartete auf die anderen. Alle im Orchester waren überrascht und verwirrt, als sie feststellten, dass sie den begehrten Platz verlassen hatte. Als der Lehrer merkte, dass sie sich umgesetzt hatte, fragte er sie nach dem Grund.

»Weil ich einfach nur Flöte spielen möchte«, antwortete sie. »Auf dem ersten Stuhl ist es zu ernst.« Und sie blieb dabei. Die anderen Kinder waren überrascht, einige waren sogar peinlich berührt, ein paar entschuldigten sich, und der Lehrer erlaubte ihr, für den Rest des Schuljahrs auf dem letzten Stuhl zu bleiben.

Lus Geschichte ist verbreiteter, als Sie vielleicht ahnen. Ich bin oft sehr besorgt über das Ausmaß an Wettbewerb, Ignoranz und Snobismus, das zu Tage tritt, wenn unsere Kinder sich auf künstlerische Weise ausdrücken. Eine derart ehrgeizige Einstellung kann eine sehr wichtige spirituelle Sprache zum Verstummen bringen, die unsere Kinder benötigen, um sich die Quelle ihrer Seele zu erschließen. Kunst ist die primäre Sprache der Seele. Künstlerischer Ausdruck von Kindern sollte niemals den Ansprüchen frustrierter oder ehrgeiziger Eltern entsprechen müssen oder Wettbewerben unterliegen, und er sollte auch nicht abgewertet werden als etwas, was keinen Wert hat, weil es nur »Spiel« sei.

Wenn Eltern eine negative Einstellung zur Kunst haben, trägt das dazu bei, dass Kinder ihre Verbindung zu ihrer inneren spirituellen Welt verlieren. Für Kinder ist dies wie eine Amputation der Intuition auf der Seelenebene. Eine solche Abtrennung führt dazu, dass Einschränkungen sich in der Intuition festsetzen, was bei Kindern oft zu Depression und Suchtverhalten führt.

Viele Klienten sind zu einer intuitiven Beratung zu mir gekommen, weil ihre Kinder sich nicht konzentrieren können oder süchtig sind. In vielen Fällen habe ich festgestellt, dass das Kind ernsthaft unter »Seelenschwund« leidet, weil es keine Möglichkeit mehr hatte, sich auf künstlerische Weise auszudrücken. Bei diesen Kindern handelt es sich oft um die Söhne und Töchter wohlwollender, ehrgeiziger Eltern, die den *spirituellen* Wert des künstlerischen Interesses ihrer Kinder nicht erkennen und sie deshalb entmutigt haben. Stattdessen sollten die Kinder sich mit etwas »Ernsterem« beschäftigen oder Sport treiben. Gerade diese Kinder sind oft die Seelen, die auf die Erde gekommen sind, damit sie uns helfen, uns zu heilen, indem sie uns Musik, Lieder, Dichtung, Tanz, Skulpturen und alle anderen Formen der Kunst geben, die unsere Seele nähren. Wenn Kinder in jungen Jahren mitbekommen, dass ihrem Seelenzweck und -ausdruck keinerlei Wert beigemessen wird, ziehen sie sich zurück, verschließen sich und suchen Wege aus ihrem seelischen Schmerz, oft indem sie ihr Bewusstsein mit Drogen oder Essstörungen dämpfen.

Um den Wert der Kunst für die Seele zu erkennen, ist es am besten, sich selbst mit ihr zu verbinden. Betrachten Sie Kunst als das, was sie ist: als die Sprache der Intuition und des Geistes. Können Sie sich ein Leben ohne Kunst vorstellen? Ein Leben ohne Farben, Klänge und Sinnlichkeit?

Vor drei Jahren hatten Patrick, die Mädchen und ich einen Vorgeschmack auf ein derartiges Leben, und das hat uns die Augen geöffnet. Wir haben unser Haus verkauft und ein anderes erworben, ein altes viktorianisches, das völlig ausgehöhlt und renoviert werden musste. Dann sahen wir uns nach einem Platz um, wo wir für die Zeit des Umbaus wohnen konnten, was für eine vierköpfige Familie samt Hund nicht ganz einfach war. Wir frohlockten, als wir ein kleines Zweizimmer-Apartment in der Gegend fanden, das uns nur sehr zögerlich vermietet wurde und mit der Auflage, dass wir keine Bilder an die Wände hängen oder in irgendeiner Weise den »geringfügigen« Schmuck verändern. Wir waren so dankbar, überhaupt eine Bleibe zu haben, dass wir nicht vorhersahen, dass diese Auflagen zu irgendwelchen Problemen führen könnten.

Unsere ganzen Möbel wurden eingelagert, einschließlich der Kunst, Musik und der Familienfotos, und wir behielten nur bei uns, was wir für den Alltag brauchten. Wir schlichen auf Zehenspitzen ängstlich durch unsere Mietwohnung und guckten auf leere beigefarbene Wände und einen winzigen Fernseher. Unsere quälend langwierige Renovierung dauerte sieben schreckliche Monate. In dieser Zeit wurden wir jedes Mal, wenn wir zur Tür hereinkamen immer deprimierter und reizbarer. Zwei von unseren Babysittern hörten auf. Die Schulleistungen der Mädchen litten. Ich dachte, ich sei etwas zu früh in die Wechseljahre gekommen, und Patrick war streitlustig.

Die Ursache war uns anfangs nicht klar, aber schließlich machten wir die Quelle für den schlechten Zustand unserer Intuition aus. Sonia formulierte es am deutlichsten, als wir wieder einen Abend unter grellem Licht zwischen kahlen Wänden verbrachten. »Mom, wir müssen hier bald raus. Diese Wohnung hat einfach keine *Atmosphäre*.«

Wir konnten ihr nur zustimmen. In unserem Übereifer, die Besitzer nicht zu beleidigen, hatten wir darauf verzichtet, irgendeine persönliche Atmosphäre in dem Apartment zu erzeugen, und jetzt litten wir furchtbar darunter. Unsere Intuition brauchte dringend Nahrung, und zwar der Art, wie sie von den spontanen sinnlichen Ausdrucksweisen der Seele ausgeht. Kein Zweifel, unsere Intuition siechte.

Am ersten Tag nach unserem Einzug in das frisch renovierte Haus wühlten wir in unseren Kartons, bis wir gefunden hatten, wonach wir uns am meisten

Kontemplation und Kunst

sehnten. Unsere Gemälde kamen wieder an die Wände, eine von Patricks leckeren Suppen auf den Herd, Sabrinas Buntstifte und Bilder breiteten sich auf dem Boden im Spielzimmer aus, Sonia hämmerte auf dem Keyboard herum und mein Schreibtisch stand erwartungsvoll bereit – *alle* stießen wir einen großen, dankbaren Seufzer der Erleichterung aus. In jedem Sinne des Wortes waren wir wieder *zu Hause*.

Wenn Sie feststellen, dass Sie die Kunstinteressen Ihrer Kinder zu sehr vorantreiben, oder wenn Sie hinsichtlich ihrer künstlerischen Bemühungen ungeduldig sind und möchten, dass sie sich mehr mit »ernsthaften« Dingen beschäftigen, dann fragen Sie sich, ob Sie nicht vielleicht selbst diese heilige Verbundenheit mit der Kunst verloren haben. Vielleicht wurden Sie, ohne es selbst zu wissen, als Kind von Ihrer Seelennahrung abgeschnitten, und jetzt stehen Sie im Schatten der Seelen erfüllten Freude ihrer Kinder und möchten wieder ins Licht.

Sie müssen wissen, dass das spirituelle Erwachen Ihrer Kinder beeinträchtigt wird und auch Ihre alten Wunden nicht heilen, wenn Sie indirekt durch die künstlerischen Interessen Ihrer Kinder leben oder einen dunklen Schatten darüber werfen. Ich glaube, dass künstlerisches Spiel und künstlerischer Ausdruck eine Familienbeschäftigung sein sollte, eine an der alle teilnehmen, ohne Zensur,

in liebevoller Atmosphäre und mit Spaß. Wettbewerb ist dabei nicht erlaubt.

Ich hatte das Glück, eine derartige Familienatmosphäre zu erleben. Mein Vater war Gärtner, Schreiner und Maler. Meine Mutter nähte, fotografierte, malte und entwarf unser Haus. Und beide tanzten sehr gern. Unser Zuhause war ständig in sinnlicher Bewegung. Wir wuchsen auf zwischen Tanzfesten mit dröhnender Stereo-Anlage. Meine Brüder gründeten eine Band, in der zwei Gitarre spielten und einer Schlagzeug. Meine drei Schwestern nähten alle und entwarfen sich ihre Kleidung, ich tanzte. Heute haben wir alle sieben einen künstlerischen und kreativen Beruf. Zwei Geschwister sind Innenarchitekten, einer entwirft Möbel. Einer ist Computergrafiker, einer intuitiver Heiler, ich gebe intuitive Lesungen. Vor allem sind wir alle mit unserer Intuition verbunden und sind immer unserem Herzenswunsch gefolgt. Ich glaube, dass unsere Verbindung zur Kunst unseren Kontakt zu unseren Seelen und dem Gespür für unseren Sinn im Leben aufrechterhielt.

Mein Lehrer Charlie Goodman hat es wunderbar formuliert, als er sagte: »Sonia, es gibt viele Wege, die Stimme seiner Seele zu hören – durch Meditation, Gebete, Kontemplation, manchmal auch durch Arbeit. Aber wenn alles andere versagt, verbinde dich mit der Seele, indem du deine Hände benutzt. Sei kreativ. Die Hände sind mit dem

Herzen verbunden, und das Herz ist der Sitz der Seele. Die Hände werden dich immer heimbringen.«

Hilfsmittel: Erreichen Sie durch Kunst Ihr Herz

Malen Sie ein Bild.
Schreiben Sie ein Märchen.
Modellieren Sie mit Ton.
Singen Sie ein Lied.
Tanzen Sie zu Ihrer Lieblingsmusik.
Spielen Sie Klavier.
Basteln Sie eine Collage.
Entwerfen Sie ein Kleid.
Erfinden Sie ein Rezept.
Machen Sie Unordnung.
Machen Sie all dieses mit Ihren Kindern.

Kontemplation und Kunst

Reflexionen

1. Welche Art von Kunst interessiert Sie am meisten oder machen Sie selbst am liebsten?

2. Welche Art von Kunst interessiert Ihre Kinder am meisten oder machen Sie selbst am liebsten?

3. Haben Sie einen Platz bei sich zu Hause, wo Ihr Kind kreativ sein und sich künstlerisch ausprobieren kann? Wo Sie künstlerisch kreativ sein und etwas ausprobieren können? Wo?

4. Nehmen Sie oder Ihre Kinder sich jeden Tag ein wenig Zeit, um an kreativen Projekten zu arbeiten? Wann?

5. Können Sie und Ihre Kinder Kunst ausüben, ohne »gut« sein zu müssen?

6. Hatten Sie irgendwelche intuitiven Erkenntnisse, während Sie künstlerisch tätig waren? Welche sind das?

Zur Erinnerung:

Respektieren Sie alle Schwingungen, wie ungelegen sie auch sein mögen?

Schaffen Sie eine Atmosphäre des Staunens und Entdeckens?

Richten Sie sich eine Zeit der Ruhe ein?

Bringen Sie Ihre Seele durch Kunst und Spiel zum Ausdruck?

12. Engel, Helfer und geistige Führer

In einem intuitiven Umfeld aufgewachsen zu sein hat mir ein tiefes Gefühl der Zuversicht und Sicherheit vermittelt, das ich an meine Kinder dankbar weitergebe. Es ist nicht die Art von Zuversicht, die einem egoistischen »Ich kann das schaffen« entspringt. Es ist eher eine Art Erleichterung, weil ich weiß, dass ich es nicht *allein* schaffen muss. Ich muss nur meinen Teil erledigen, dann wird mir auf halbem Wege das Universum mit Unterstützung, Geborgenheit und Führung entgegenkommen.

Dieses Gefühl der Zuversicht, dass mir zuerst von meiner Mutter vermittelt wurde, bekam eine noch erfreulichere Dimension, als im Alter von zwölf Jahren meine intuitiven Lehrjahre bei meinem Lehrer Charlie Goodman begannen. Zu den ersten Dingen, die er mich gelehrt hat, gehörte die Tatsache, dass das Universum uns richtig mit spirituellem »Personal« ausstattet, einer Gruppe von geistigen Führern, deren einzige Aufgabe es ist, uns behilflich zu sein, beizustehen, anzuweisen, zu schützen und zu erfreuen, wenn wir an der Erfüllung unserer Lebensaufgabe arbeiten. Er lehrte mich, dass wir alle unterschiedliche geistige Führer für unterschiedliche Zwecke haben. Sie helfen uns sowohl im täglichen Leben als auch bei der körperlichen, emotionalen und spirituellen Entwicklung. Ihr einziger Zweck besteht darin, uns das Leben zu erleichtern, es voller Freude und Wunder sein zu lassen. Es gibt verschiedene Arten von geistigen Führern, jeder ist auf etwas spezialisiert, und wir alle haben einen ganzen »Mitarbeiterstab« dieser wunderbaren Lichtwesen, die uns speziell zugeteilt sind.

Nahezu jedes Kind hat fortwährend Begegnungen mit liebevollen geistigen Führern. Wir Erwachsenen haben gelernt, sie einfach zu ignorieren. Robin, eine meiner Klientinnen, berichtete mir von einer Begegnung mit ihren geistigen Führern als Kind.

»Ich erinnere mich deutlich daran, dass ich als kleines Mädchen zwei geistige Führer in unserem Haus sah. Sie waren beide aus Indien und waren ganz in Weiß gekleidet, knieten mit gebeugten Köpfen und wie zum Gebet gefalteten Händen in der Diele. Als ich sie sah, hoben sie ihre Köpfe, als ob sie sagen wollten, dass sie mich behüteten, dann nahmen sie wieder ihre andächtige Position ein. Ich habe nicht geschlafen, ich habe das nicht geträumt, ich war nicht krank oder habe im Fieber halluziniert. Ich war sehr bewusst und hellwach. Es war mitten am Tag!«

Ihre Augen waren geweitet, als sie das Erlebnis berichtete. »Nachdem ich sie gesehen hatte, erzählte ich es meiner Mutter, und zu meiner Überraschung glaubte sie mir, obwohl es ihr einen kleinen Schrecken einjagte. Was glaubst du, was ich gesehen habe?« Natürlich hielt ich sie für Robins geistige Führer, und das sagte ich ihr.

Ich fragte sie: »Wie hast du dich nach diesem Erlebnis gefühlt?«

»Also, nach dem ersten Schock fühlte ich mich glücklich und geborgen, als ob ich ein zusätzliches Augenpaar hätte, das auf mich aufpasst. Ich mochte das Gefühl ihrer Anwesenheit. Es gab mir den Eindruck von Gesellschaft. Ich habe oft an diese geistigen Führer gedacht – so viel, dass ich als Teenager meditieren lernte, und ich habe mich ziemlich eingehend mit dem Hinduismus be-

schäftigt. Es hat mir nervlich und psychisch sehr geholfen, besonders als ich in der High School ein Mauerblümchen war.«

Ja, das waren sicherlich geistige Führer!

Läufer

Wir alle haben Führer, Läufer genannt, die uns Dinge suchen helfen. Diese geistigen Führer sind für uns da, wenn wir unsere Schuhe, unsere Schlüssel oder unsere Schulbücher nicht finden können, wenn wir keinen Parkplatz bekommen oder keine Kinokarte für einen Blockbuster, der gerade angelaufen ist, oder wenn wir sonst etwas suchen. Kinder haben diese Läufer gern, weil sie ständig irgendetwas verlieren.

Francine, eine Klientin, rief mich an, um mir zu erzählen, wie viel einfacher ihr Leben geworden sei, seitdem sie bei ihrem vierjährigen Sohn Max den Begriff des Läufers für einen geistigen Führer eingeführt hat.

»Bevor wir von den Läufern gehört hatten, hat Max ständig seine Sachen verloren, und ich habe jeden Tag Stunden damit verbracht, sie ihm zu suchen. Ob es der Mantel in der Schule war oder seine Schuhe bei einem Freund zu Hause oder direkt vorm Schlafengehen sein liebster Stoffaffe, es verging kein Tag, ohne dass es eine große Aufregung

Engel, Helfer und geistige Führer

und ein Drama wegen Max' verschwundener Sachen gab.

Nachdem ich von den geistigen Führern gehört hatte, habe ich Max erzählt, dass er einen ganz besonderen geistigen Führer habe, der ihm helfen würde, alles wieder zu finden, was er verloren hat. Max war begeistert.

›Wirklich?‹, fragte er. ›Meinen eigenen Engel? Wie heißt er?‹

›Das musst du mir sagen, Max‹, antwortete ich. ›Es ist schließlich dein geistiger Führer.‹«

›Hmm … Chester! So heißt er!‹, verkündete Max ohne zu zögern.

›Großartig‹, sagte ich. ›Jetzt wollen wir Chester an die Arbeit kriegen! Bitten wir ihn zunächst, deinen verschwundenen Turnschuh zu suchen, nach dem wir schon seit Wochen fahnden.‹

Max schloss die Augen und sagte: ›Chester, bring mich zu meinem Schuh.‹ Und weg war er. Er rannte kichernd von Zimmer zu Zimmer, wie auf einer wilden Jagd. Nach einer Viertelstunde hörte ich einen Freudenschrei von ihm: ›Mom, wir haben ihn!‹ Und er kam in die Küche gerannt, der pflichtvergessene Schuh baumelte an seinem Finger. Atemlos und triumphierend sagte er: ›Chester gibt es wirklich! Er hat mir gesagt, dass ich in meine Tischschublade gucken soll, und da war er! Wir haben ihn!‹

Er war so begeistert über seinen Fund, dass er seither immer Chester um Hilfe bittet. Er verliert nach wie vor Sachen, aber seit Chester dabei ist, gibt es keine Kämpfe mehr, ihn dazu zu bekommen, dass er selbst sucht. Eigentlich macht es ihm Spaß!« Francine lächelte.

Helfer

Wir haben noch einen weiteren geistigen Führer, Helfer genannt. Ein Helfer ist ein geistiger Führer, der in Erscheinung tritt, um uns bei Projekten zu helfen, und weil sich unsere Projekte verändern, verändern sich auch unsere Helfer. Größere Kinder von etwa neun Jahren und älter schätzen Helfer besonders, weil das die Zeit in ihrem schulischen Leben ist, in der sie beginnen, selbstständig Projekte zu erarbeiten. June, ebenfalls eine Klientin, erzählte mir folgende Geschichte von der Begegnung ihrer elfjährigen Tochter Marcy mit einem Helfer.

Marcy war keine besonders eifrige Schülerin und war völlig mutlos, als sie in der Schule die Hausaufgabe bekam, etwas über die Agrarindustrie in Frankreich zu schreiben, ein Thema, das sie absolut nicht interessierte und über das sie noch weniger etwas zu lernen wünschte. Nachdem June sich einige Tage lang angesehen hatte, wie Marcy den Kopf hängen ließ und alles vor sich herschob, schlug sie ihr vor, ihren Helferengel um Hilfe zu bitten.

»Was kann ein geistiger Führer schon tun?«, klagte Marcy. »Schreiben muss ich es immer noch!«

»Ich weiß es auch nicht«, sagte June. »Bitte ihn und warte ab.«

Marcy bat also: »Falls ich einen Helfer habe, kannst du mir bitte *helfen*!« Dabei beließ sie es.

Am späten Nachmittag fragte June Marcy, ob sie am nächsten Tag nach der Schule mit ihr zum Flughafen fahren wollte, um einen Freund, der zu Besuch kam, abzuholen.

»Klar«, sagte Marcy, erleichtert, dass ihre Mutter nicht darauf bestanden hat, dass sie zu Hause blieb und an dem Projekt arbeitete.

Kurz nachdem sie losgefahren waren, schaltete Marcy das Radio an und suchte einen Sender, der etwas Interessantes brachte. Beim Herumsuchen landete sie unversehens bei einem französischen Akzent und hielt inne. Sie hatte eine Sendung von *National Public Radio* reinbekommen, und zufällig sprach der Interviewer mit einer Gruppe französischer Nonnen aus einem Kloster in Zentralfrankreich, die sich ausschließlich selbst versorgten, indem sie einen Bauernhof unterhielten. Das Interview war faszinierend, und weil Marcy gerade von der Schule gekommen war und ihre Hefte dabei hatte, war sie darauf vorbereitet, ein paar Notizen zu machen. Am Ende der Sendung teilte der Moderator mit, wie man die Mit-schrift des Interviews bestellen konnte, was Marcy sich ebenfalls aufschrieb.

Das Thema, das ihr bisher sehr trocken erschien, wurde jetzt von wirklichen Menschen und ihren persönlichen Geschichten belebt, Marcy war völlig begeistert. Sie schrieb einen wunderschönen Aufsatz über die Erlebnisse der Nonnen und bekam für ihre Bemühungen die Bestnote. Nachdem sie ihre Arbeit zurückbekommen hatte, sagte Marcy zu ihrer Mutter: »Es war Glück, dass ich in dem Moment zufällig das Radio eingeschaltet habe und die Sendung gehört habe, meinst du nicht auch? Glaubst du, dass es vielleicht mein geistiger Führer war, der mir zu Hilfe gekommen ist?«

»Natürlich.« June lächelte. »Und wie gut er seine Aufgabe gelöst hat!«

Lehrer

Neben Läufern und Helfern stehen uns auch geistige Lehrer oder Führer zur Seite, die unser spirituelles Erwachen begleiten. Ich glaube, dass die Engel, die Robin als Kind gesehen hatte, geistige Lehrer waren. Als Kind hatte ich sehr häufig wiederkehrende Träume, dass ich in Frankreich war und beobachtete, wie eine große Anzahl französischer Priester einen Kreis um mich bildete und für mich betete. Diese Träume waren faszinierend, verlockend und sehr tröstlich.

Engel, Helfer und geistige Führer

Daraufhin habe ich einen großen Teil meiner Zeit damit verbracht, Religion, die französische Sprache und vor allem mittelalterliches Christentum und seine Verbindung zur Mystik und Spiritualität zu studieren. Ich bin mir sicher, dass es in diesen Träumen um eine Gruppe von geistigen Führern ging, die zu Besuch waren und mich auf meinem Lebensweg lenken.

Heiler

Weitere geistige Führer, die uns zur Seite gestellt werden, werden Heiler genannt. Sie helfen uns, gesund, ausgeglichen und vital zu bleiben. Ein Heiler ist der Engel, der Ihnen im Geist zuflüstert: »Es ist jetzt Zeit, ins Bett zu gehen!« oder »Lieber nicht noch ein Bonbon essen!« Ein geistiger Heiler ist auch der geistige Führer, der einem Kind im Traum erscheint und sagt: »Ich liebe dich … du bist geborgen«, wenn seine Eltern in Scheidung leben und es ängstlich und verzweifelt ist.

Heiler trösten, beraten und sorgen für unser Wohlbefinden. Einmal hat mich eine Klientin namens Denise angerufen und mir die folgende Geschichte von der Begegnung ihres fünfjährigen Sohns Brian mit einem Heiler erzählt.

Brian hatte eine Lungenentzündung, litt unter starkem Fieber und fest sitzendem Husten. Er fantasierte und warf sich stundenlang vor Schmerzen unruhig in seinem Bett hin und her. Denise war außer sich vor Angst. Es gelang ihr nicht, ihren Sohn zu beruhigen. Sie wusste nicht mehr, was sie tun sollte, und rief laut in die Nacht hinein: »Heiler, helft mir! Bitte!«

Einige Minuten später fing Brian an, sich am ganzen Körper zu entspannen, und es sah so aus, als ob er sich auf etwas vor seinem geistigen Auge konzentrierte. »Mommy, siehst du die schöne Frau da drüben?«, fragte er starr vor Staunen über das, was er sah.

Denise bekam das kalte Grausen. »Nein, Schatz, ich seh sie nicht. Erzähl mir von ihr.«

Anstatt zu antworten, schien Brian mit seinem Blick der Frau zu folgen, und offensichtlich kam sie näher. Er legte seinen Kopf zurück, schloss seine Augen, lächelte friedlich und sagte: »Das tut gut!« Er lag einige Minuten lang ganz still, atmete das erste Mal seit Tagen ruhig, leicht und tief ein. Langsam öffnete er die Augen und winkte zum Abschied, wobei er mit funkelnden Augen weiterlächelte. Dann schloss er seine Augen wieder und fiel bis zum nächsten Morgen in einen tiefen erholsamen Schlaf.

»Ich werde nie erfahren, wen oder was er in der Nacht gesehen hat«, sagte Denise zu mir. »Alles, was ich weiß, ist, dass innerhalb von fünf Minuten, nachdem ich um Hilfe gebeten hatte, Brian etwas sah, und das hat ihn für den Rest der Nacht beruhigt. Manche mögen meinen, es war nur eine Fieberhalluzination. Vielleicht. Aber ich glaube, irgendein Geist hat mein Gebet erhört, und dafür bin ich sehr dankbar.«

Spaßgeister

Eine andere Art geistiger Führer, die wir alle haben, sind Spaßgeister. Spaßgeister lieben es, uns aufzuheitern und unsere Herzen zu erleichtern. Sie erscheinen bei traurigen Anlässen, wie Totenwachen oder Beerdigungen, besonders wenn die Stimmung in diesen Situationen viel zu schwer, zu schmerzhaft oder zu ernst wird, um sie aushalten zu können. Ich bin mir sicher, dass Sie Ihren Spaßgeist schon kennen gelernt haben; zum Beispiel in einer Situation, die die Emotionen aufgewühlt hat, wie bei einem hitzigen Streit, bei dem uns plötzlich klar wird, wie komisch alles ist, und man bricht in Lachen aus! Oder als Sie Ihre erste Oper gesehen haben, und in dem Moment, in dem die Heldin stirbt, platzen Sie vor Lachen. Falls ja, dann wurden Sie von Ihrem Spaßgeist gekitzelt. Es handelt sich um kindliche geistige Führer, die uns besuchen, wenn wir eine Portion Leichtigkeit, Albernheit und komische Aufheiterung benötigen. Haben Sie zum Beispiel jemals eine Gruppe Kinder wild lachen gehört, einfach lachen? Und je mehr sie lachten, desto mehr mussten sie darüber lachen? Dass es sie schier zerreißt, dass sie sich kaputtlachen und albern sind und unvernünftig, ist der Auftrag eines Spaßgeistes. Sie tauchen in Sitzungssälen auf und bei Beerdigungen. Sie erscheinen in Schulbussen und bei Filmen. Sie tauchen besonders dann gerne auf, wenn Sie als Eltern Ihrem Kind eine Standpauke halten und dabei selbst ziemlich albern aussehen. Sie necken, kitzeln und verändern vor allem die Perspektive. Sie kommen oft zu Besuch und lassen ihre heilsame Wirkung bei all denen zurück, die sie brauchen. Schätzen Sie sich glücklich, wenn ein Spaßgeist auftaucht. Er ist ein Geschenk!

Engel

Alle geistigen Führer sind wohlgesinnte spirituelle Kräfte, die uns und unseren Kindern liebevoll zu Hilfe kommen mit dem alleinigen Ziel, das Gleichgewicht wiederherzustellen, uns eine Richtung vorzugeben, zu inspirieren und zum Lachen zu bringen. Sie wissen, wann Sie von einem Ihrer geistigen Führer besucht worden sind, weil Sie sich dann immer irgendwie bestätigt fühlen.

Auch Kinder haben Engel, die über sie wachen, und sehr viele Kinder haben wundervolle Begegnungen mit ihren Engeln. Engel schützen uns, sorgen dafür, dass wir auf unserem Weg bleiben,

Engel, Helfer und geistige Führer

und halten Gefahr von uns ab, damit wir unseren Lebenszweck erfüllen können.

Meine Freundin Cathy hat mir die herrliche Geschichte erzählt, wie sie in jungen Jahren einem Engel begegnet ist. Nachdem sie gerade ihren Führerschein gemacht hatte, war sie oft in einer alten klapprigen Kiste in ihrer Heimatstadt Baltimore herumkutschiert. Die Tankanzeige war ständig nahe null, weil sie wie viele Teenager zwar das Auto hatte, nicht aber das Geld für Benzin. An einem nebligen Abend befand sie sich spät auf dem Heimweg von dem Besuch bei einer Freundin, als das Auto zu stottern anfing und dann auf der Schnellstraße stehen blieb, die durch eine, wie sie es nannte, »wirklich lausige Wohngegend« führte. Sie hatte kein Benzin mehr. Sie fing an zu beten, weil sie sich zu Tode fürchtete und nicht aus dem Auto aussteigen wollte.

»Gott, hilf mir!«, rief sie. »Ich bin in Schwierigkeiten.«

Zehn Sekunden später hielt ein altes, heruntergekommenes Auto hinter ihr, und ein wackliger alter Asiate mit einem Benzinkanister in der Hand stieg aus. Mit einem Nicken öffnete er lächelnd den Tankdeckel, goss das Benzin hinein und drehte den Deckel wieder zu. Mit einem weiteren Nicken und einem Gruß verschwand er, ohne ein Wort zu sagen. Als er in seinem alten Klapperkasten an ihr vorbeifuhr, bemerkte Cathy einen

Aufkleber mit der Aufschrift »Lobet den Herrn«.

»Er kam aus dem Nichts, als ob er nicht einmal real war«, sagte Cathy. »Eigentlich bin ich mir sicher, dass er aus einer anderen Welt kam. Nachdem er weggefahren war, drehte ich den Schlüssel um, und das Auto sprang sofort an. Ich war so erleichtert, ich habe auf dem ganzen Heimweg geweint!«

Kinder und besonders sehr kleine Kinder reden oft mit ihren geistigen Führern und Engeln. Wenn sie still spielen, können Sie sogar hören, dass sie angeregte Gespräche mit den geistigen Helfern führen, und wenn Sie sie fragen, nennen sie Ihnen vielleicht die Namen. Engel besuchen Kinder gern nachts, wenn die Kinder Angst haben, und wenn sie einen Engel sehen, sind Kinder erpicht, ihren Eltern dieses tief gehende Erlebnis mitzuteilen. Erwachsene tun diese Berichte oft als Fantasie ab, aber sie sind real. Es sind spirituelle Erfahrungen, die ein unsicheres Kind bestätigen.

Im letzten Jahr zum Beispiel bin ich einmal von Minneapolis nach Denver geflogen, wobei ich neben einem gut gekleideten Geschäftsmann und seinem sechs- oder siebenjährigen Sohn saß. Während des Flugs zog der Mann *The Wall Street Journal* heraus und fing an zu lesen, während der Junge, der zwischen uns saß, mit seinem Gameboy spielte. Ich lehnte mich in meinem Sitz zurück, weil ich eine Weile meditieren wollte.

Kurz nachdem wir gestartet waren, sagte der Junge zu seinem Vater: »Dad, letzte Nacht habe ich in meinem Zimmer einen Engel gesehen!« Als ich dies hörte, öffnete ich meine Augen. Ohne auch nur aus der Zeitung aufzuschauen, antwortete der Vater: »Du hast geträumt, mein Sohn.« Schweigen.

Einen Augenblick später fing der Kleine noch einmal an. »Nein, Dad. Ich war wach, und er stand in der Zimmerecke und lächelte mich an.«

Die Zeitung raschelte. Der Vater blätterte um und sagte: »So etwas gibt es nicht. Du hast geschlafen.« Und er las weiter.

Der Junge hörte auf zu spielen, starrte aber auf das Spiel hinunter. Er atmete tief ein und unternahm einen letzten Versuch. »Dad, das war echt. Ich war wach, und er war sehr schön.«

Jetzt wirkte der Vater genervt. »Mein Sohn, das ist Unsinn. Wenn du es dir jetzt aus dem Kopf schlägst, lesen wir zusammen ein Buch.«

Ein verwirrter Blick huschte über das Gesicht des Jungen, als ob er hin und her überlegte. Dann sagte er: »Okay. Lesen wir also.«

Mich verließ der Mut. Der Junge hatte gerade eine sehr schwierige Entscheidung getroffen. Er hatte ein wunderbares intuitives Erlebnis, und er wollte es seinem Vater mitteilen. Statt zuzuhören tat sein Vater sein Erlebnis gedankenlos ab und brachte sein Kind dazu, das Gleiche zu tun, um die Aufmerksamkeit seines Vaters zu bekommen.

Sie lasen eine Weile zusammen. Der Junge genoss es offensichtlich, aber schließlich stand der Mann auf und ging zur Toilette. Als er wegging, nahm der Junge seinen Gameboy und fing wieder an zu spielen.

Ich überlegte mir, dass dieses Kind von seinem intuitiven Leben abgeschnitten worden war, beugte mich impulsiv zu ihm hinüber und sagte: »Weißt du was? Ich glaube, dass du *wirklich* einen Engel gesehen hast!«

Sein ganzes Gesicht hellte sich auf. Dann kehrte sein Vater zurück, und das war das Ende unseres Gesprächs.

Wovon ich auf diesem Flug Zeugin wurde, ist leider ziemlich verbreitet. Viel zu oft ist nur eine abschätzige Bemerkung eines unsensiblen oder unachtsamen Elternteils nötig, um ein Kind von seiner Intuition und der liebevollen Unterstützung seiner geistigen Führer abzuschneiden. Wie eine Frau es formulierte: »Wenn Intuition Feuer ist, ist meine Mutter ein Feuerwehrmann!« Ein Engel ist für ein Kind ein Geschenk, und er kann genauso gut ein Geschenk für die Eltern sein.

Lassen Sie mich Ihnen von einer interessanten Erfahrung berichten, die meine Familie mit dem Engel meiner

Engel, Helfer und geistige Führer

Tochter Sabrina gemacht hat. Vor einigen Jahren waren Patrick, die Mädchen und ich in Iowa, um dort den vierzigsten Geburtstag seines Bruders Gene zu feiern. Wir waren dort mit über dreißig Familienangehörigen und Freunden bei einer alten Farm auf dem Land zu einem Grillabend und Lagerfeuer zusammengekommen. Es war Oktober, und bei Einbruch der Nacht war es kühl geworden. Alle saßen um ein riesiges Lagerfeuer und erzählten sich Geschichten. Ich befand mich mit Sabrina und Sonia (damals vier und fünf Jahre alt) auf der einen Seite des Lagerfeuers, während Patrick auf der anderen Seite saß. Nach einer Weile zog Patrick eine Packung aus der Kühltasche und sagte: »Jetzt braten wir Marshmellows.«

Sabrina schoss sofort von ihrem Platz hoch und rannte um das Feuer, um als Erste bei der Packung zu sein. Beim Rennen knickte sie mit dem Fuß um und fiel direkt auf das Feuer zu. Alle schrien. Mir blieb vor Schreck fast das Herz stehen, als ich erkannte, dass ich zu weit weg war, um sie packen zu können.

Plötzlich drehte sich ihr Körper gegen alle Gesetze der Schwerkraft vom Feuer weg, als ob sie geschubst worden wäre, und fiel zu Boden. Alle atmeten auf. Patrick und ich rannten zu ihr. »Mein Gott, Sabrina, alles in Ordnung?«, rief ich.

»Alles okay! Der Typ hat mich gerettet!«

»Welcher Typ?«, fragte ich.

»Der mich geschubst hat«, antwortete Sabrina verwirrt. »Da ist er, siehst du?« Sie zeigte auf einen Platz hinter der Menge. Wir sahen nur die Dunkelheit der Nacht. Alle waren ein wenig aufgeschreckt, aber ich begriff es und fing vor Erleichterung an zu weinen. Es war ihr Engel, auf den sie zeigte.

Später, als ich sie ins Bett brachte, wollte sie gerade die Augen schließen, als sie sich noch einmal kerzengerade aufsetzte. »Schau mal das Funkeln«, rief sie und starrte in die Zimmerecke. Ihre Augen hüpften umher, voller Freude. »Siehst du dieses Funkeln?«

Ich drehte mich um und schaute angespannt, sah aber nur das dunkle Zimmer. Eine Minute lang sah sie fasziniert hin, dann sagte sie: »Es ist vorbei. Hast du's gesehen?« Sie strahlte von einem Ohr zum anderen. Ich hatte es nicht gesehen, aber ich wusste, dass die Engel an diesem Abend Überstunden gemacht haben!

Die Tochter meiner Freundin Sarah, Anna, ist drei Jahre alt und völlig fasziniert von Engeln. Besonders tröstet sie die Vorstellung, dass sie sie tatsächlich als zusätzlichen Schutz herbeirufen kann, wenn sie sich besonders unsicher fühlt.

Anna war auf ihrem ersten Vormittags-Sommerlager und gewöhnte sich nur ziemlich langsam daran, von zu Hause weg zu sein. Nach einigen ängstlichen

Vormittagen stellte sie jedoch fest, dass sie sich eigentlich auf die Tage freute, besonders da sie inzwischen den Ablauf kannte. Alles ging glatt, bis sie eines Tages erfuhr, dass ihre Gruppe am nächsten Morgen einen Ausflug in die Umgebung machen würde. Anna reagierte wie die meisten Dreijährigen nicht besonders gut auf jede Veränderung der Routine, deshalb wirkte der Vorschlag erwartungsgemäß sofort negativ auf sie.

»Mommy, ich möchte heute nicht ins Camp gehen«, sagte Anna zu Sarah, als sie ihr vor der Fahrt ins Camp die Sicherheitsgurte anlegte.

Sarah, eine sehr intuitive Mutter, die sensibel war für Annas Gefühle, wusste, dass sie wegen des Ausflugs nervös war, und hielt dies für den wahrscheinlichen Grund, weshalb sie nicht hingehen wollte. Sie kannte Annas Angst vor Veränderungen und neuen Dingen und spürte intuitiv, dass der Ausflug selbst nicht das Problem war. Sarah sagte: »Aber Anna, heute macht ihr den Ausflug. Das Camp hat dir so viel Spaß gemacht. Bist du sicher, dass du nicht hinwillst?«

»Ich bin nicht *sicher* sicher«, sagte sie. »Ich habe einfach Angst!«

Sarah überlegte einen Moment lang, wie sie Anna beruhigen und ihr helfen könnte, ihre Angst zu überwinden, damit sie den Ausflug mitmachen und Spaß daran haben könnte. Dann erinnerte sie sich an Annas Begeisterung für Engel.

»Also, Anna, wenn du Angst hast vor dem Ausflug, wie wäre es, wenn wir deine Engel bitten, dich zu begleiten und auf dich aufzupassen. Würde es dir dann leichter fallen, mitzugehen?«

»Hmm.« Anna dachte darüber nach. Dann sagte sie. »Ja.«

»In Ordnung. Dann bitten wir sie. Ich fang an, okay? Engel, bitte umringt Anna, passt auf sie auf und schützt sie, wenn sie heute an dem Ausflug teilnimmt.« Dann wandte sie sich an Anna. »Jetzt bist du dran, Anna. Bitte deine Engel, dich zu beschützen.«

Anna dachte kurz nach und sagte dann: »Engel, passt auf mich auf und beschützt mich und meine Mommy. Ende.« Und sie lächelte.

»Okay, Anna, jetzt sind die Engel auf dem Posten, wie fühlst du dich jetzt? Willst du den Ausflug jetzt mitmachen?«

Beruhigt, weil sie nicht allein gehen musste, sagte Anna: »Mir geht es jetzt gut. Ich möchte mitgehen.« Und als sie im Camp ankamen, rannte sie ungeduldig durch die Tür, ohne auch nur einen Augenblick zu zögern.

Einigen erscheint die Vorstellung von geistigen Führern vielleicht ein wenig weit hergeholt oder sie steht in Konflikt mit ihrer religiöser Auffassung. Vielleicht sind sie auf andere Weise mit geistigen Führern bekannt gemacht worden. Katholiken rufen Heilige und Engel um spirituelle Hilfe an. In anderen Religionen bitten die Gläubigen die Seelen ihrer

Engel, Helfer und geistige Führer

Vorfahren, auf sie aufzupassen und ihre Familien zu führen. Wieder andere beziehen sich auf Naturgeister – die Sonne, den Mond, den Wind.

Auf welche Tradition Sie sich auch berufen, es ist für Sie die richtige. Wir sollten dabei immer im Hinterkopf behalten, dass wir auf unserer Lebensreise nicht allein sind. Jeder von uns ist ein Teil des Universums, ein Teil des Herzens des Göttlichen Bewusstseins. Wir sind geliebt und geborgen. Das gesamte Universum trägt zu unserer erfolgreichen Lebensreise bei, und es liegt einfach an uns, unsere Herzen zu öffnen und die liebevolle helfende Hand zu akzeptieren.

Die Welt kann einem Angst einflößen, und Kinder aller Altersstufen spüren die Atmosphäre von Vorsicht und Misstrauen, die in diesen verrückten Zeiten herrscht, sehr bewusst. Aber eine gesunde Angst vor Fremden kann manchmal so groß werden, dass sie die Zuversicht eines Kindes unterhöhlt. Wenn Sie Ihrem Kind einen Schutz durch geistige Führer mitgeben, können Sie Ihr Kind damit beruhigen, dass es größere Kräfte gibt, die es lieben, bewachen und jeden Tag beschützen. Und wenn ein Kind den Schutz eines geistigen Führers hat, beginnt seine Seele sich zu entspannen.

Reflexionen: Wie Sie Ihre geistigen Führer kennen lernen

Ihr »spiritueller Mitarbeiterstab« versucht liebevoll Ihnen zu dienen. Sprechen Sie mit Ihren Führern, wie es für Sie richtig ist. Geben Sie Ihren geistigen Führern Namen oder fragen Sie sie danach. Sie werden überrascht sein, was sie Ihnen erzählen. Seien Sie nicht schüchtern. Bitten Sie Ihre geistigen Führer, Ihnen bei jeder Gelegenheit, bei der Sie Hilfe benötigen, zu helfen. Denken Sie daran, dass sie helfen *möchten*.

1. Haben Sie und Ihre Kinder jemals Ihren Läufer auf eine Mission geschickt? Was ist passiert?

2. Haben Sie und Ihre Kinder jemals einen Heiler gebeten, Sie zu heilen? Beschreiben Sie es.

3. Hatten Sie jemals einen Spaßgeist in der Familie zu Besuch? Wann?

Engel, Helfer und geistige Führer

4. Hatten Sie oder Ihre Kinder jemals ein Erlebnis mit einem Engel? Beschreiben Sie es.

5. Wie geht es Ihnen mit der Vorstellung, geistige Führer zu haben?

6. Wie fühlt sich Ihr Kind damit, geistige Führer zu haben?

Zur Erinnerung:

Sind Sie verspielt und erleben Abenteuer?

Setzen Sie Ihre künstlerische Begabung ein?

Bitten Sie um Hilfe?

Lernen Sie Ihre geistigen Führer kennen?

13. Die Seele ist unvergänglich

Vor einigen Jahren rief mich Carla, eine Klientin, an, weil sie wegen ständiger Albträume ihrer Tochter sehr beunruhigt war. Nacht für Nacht wachte die achtjährige Ann schweißgebadet auf, rief nach ihrer Mutter und bestand darauf, dass Carla für den Rest der Nacht das Licht anließ und bei ihr blieb. Weil sie von diesen nächtlichen Unterbrechungen erschöpft war und nicht wusste, wie sie sie beenden sollte, rief sie mich an.

»Wovor genau hat sie Angst?«, fragte ich.

»Sie hat furchtbare Angst davor, dass wir sterben oder so. Ich bin mir nicht ganz sicher, weil ich ihr immer wieder sage, dass alles in Ordnung sei und sie sich keine Sorgen machen müsse. Aber das funktioniert nicht. Sie ist völlig darauf fixiert.«

»Das ist das Problem. Deine Tochter beginnt zu begreifen, dass es den Tod gibt, und *muss* mit dir darüber reden, damit sie es begreift und sich beruhigt. Wenn du nicht darüber sprechen willst, bekommt sie den Eindruck, dass es sogar noch schlimmer ist, als sie denkt. Ihre Todesängste werden dadurch noch größer und ängstigen sie nur noch mehr.«

»Ich denke aber nicht gern über den Tod nach. Er beängstigt *mich* auch. Ich möchte einfach nichts darüber wissen! Jedes Mal, wenn ich daran denke, meine Mädchen zu verlieren, meinen Mann oder besonders meinen Vater, der schon alt ist ... Es ist zu beunruhigend für mich.«

»Also, es können auch deine Ängste sein, die Ann die schlimmen Träume bereiten, Carla. Deine Abneigung, über den Tod zu sprechen, kann dazu führen, dass Ann sie intuitiv wahrnimmt und überreagiert. Diese Ängste sind in Anns Traumzustand manifestiert. Es wäre für euch beide viel gesünder, die Realität des Todes offen und angstfrei zu besprechen, vielleicht mit einem spirituellen Berater oder einem Priester.« Carla erzählte mir, dass sie als Presbyterianerin aufgewachsen, aber vor langer Zeit aus dieser Kirche ausgetreten sei. Ich schlug ihr deshalb vor, eine neue zu suchen, die ihr Sinn und Unterstützung vermitteln kann, und mit dem Pastor zu sprechen. Es war Zeit, sich mit dem Tod auseinander zu setzen.

Von meiner Freundin Lu Ann habe ich die Redensart: »Wessen du dich nicht bemächtigst, das wird sich deiner bemächtigen.« Die unangenehmen Seiten des Lebens, wie Tod oder Verlust, müssen wir genauso selbstverständlich annehmen wie die fröhlichen und glücklichen Seiten. Wenn Sie Traurigkeit nicht anerkennen, werden Sie auch nicht ohne weiteres Freude erleben. Wenn wir unsere Kinder nicht darauf vorbereiten, mit allen Stadien des Lebens umzugehen, seien sie nun fröhlich oder traurig, dann werden sie, wenn das Rad des Lebens sich nach unten dem Tod zuwendet, erschüttert und verwirrt sein – oder, noch schlimmer, sie geben sich selbst die Schuld an den Verlusten, die sie erfahren. Durch derartige Selbstvorwürfe verkümmert die Seele.

Meine spirituellen Glaubensvorstellungen

Meine eigenen spirituellen Vorstellungen über den Tod haben sich mit der Zeit weiterentwickelt. Den Grundstock legte zu Hause meine sehr spirituelle Mutter, und während meiner 25-jährigen spirituellen Ausbildung entwickelten sich die Vorstellungen weiter, zum Teil mit meinen Lehrern Charlie Goodman und Dr. Trenton Tully und zum Teil durch meine Beschäftigung mit Religion, Metaphysik und Spiritualität in der Schule. Aufgrund dieser Einflüsse bin ich zu dem Ergebnis gekommen, dass wir zwar unsere physischen Körper haben, dass wir aber mehr als nur unsere Körper sind, wir sind im Kern spirituelle Wesen. Als solche machen wir unsere irdischen Erfahrungen, um spirituell zu wachsen und uns schöpferisch auszudrücken. Um dies tun zu können, nehmen wir einen physischen Körper an, womit unsere Seele ein Vehikel bekommt, ihre Ziele zu erreichen. Damit sie ihre Aufgabe erfüllen kann, nimmt unsere Seele nicht nur einen Körper an, sondern sie sucht sich auch eine Familie aus, die für ihre spirituelle Weiterentwicklung am besten geeignet ist. Wenn wir den spirituellen Plan für dieses Leben erfüllt haben, stirbt der physische Körper, der nicht mehr benötigt wird, und die Seele kehrt in das Reich des Göttlichen Bewusstseins zurück.

Weil die Entwicklung der Seele langsam voranschreitet und äußerst schwierig ist, benötigt sie viele Leben, um ihre Lektionen zu lernen. Deshalb kehrt eine Seele, wenn sie sich erholt hat und auf den Fortschritt zurückblickt, den sie

Die Seele ist unvergänglich

während des gerade vergangenen Lebens gemacht hat, auf die Erde zurück. Dann tritt sie in einen anderen Körper ein, schließt sich einer anderen Familie an und beginnt mit einer neuen Phase des spirituellen Wachstums.

Wie mein Lehrer Dr. Tully es einmal ausgedrückt hat: »Einzelne Leben sind wie Unterrichtsstunden, der Tod ist dabei die Pause.« Er hat mich auch gelehrt, dass unser physischer Körper in Harmonie mit der ganzen Natur zusammenlebt und dass wir genauso ein Teil der Natur sind wie Bäume, Pflanzen und Tiere.

Nachdem ich die Zyklen der Seele verstanden habe, habe ich erkannt und bespreche das auch mit meinen Kindern, dass der Tod nur ein natürlicher Teil im Kreislauf des Lebens ist. Vielleicht haben Sie eine andere spirituelle Vorstellung als ich. Vielleicht glauben Sie, dass die Seele in den Himmel kommt oder sich einfach im Herzen des Universums auflöst. Kein Lebender kann sich absolut sicher sein über die Seelenreise nach dem Tod. Wir können es nur intuitiv erfassen. Was für Sie vor dem Hintergrund Ihrer Glaubensvorstellungen richtig erscheint, ist auch richtig für Sie, wenn es Sie beruhigt und Ihnen Trost und Hoffnung für die Zukunft gibt. Vielleicht lernen wir am besten von der Natur. Weisen Sie Ihre Kinder auf die Zyklen der Natur hin. Erklären Sie ihnen die Phasen von Geburt, Leben, Tod und Wiederge-

burt. Erklären Sie Ihnen, dass auch wir Teil dieses Kreislaufs sind. Kinder akzeptieren dies sehr leicht, weil es natürlich ist.

Viele Menschen halten ihre Kinder vom Thema Tod fern, weil sie denken, sie beschützen zu müssen. Aber was wir auch versuchen, wir können unsere Kinder nicht gegen die Tatsache des Todes abschirmen. Es ist ganz natürlich, dass Eltern nicht möchten, dass ihre Kinder beängstigt oder besorgt sind oder Verlustschmerz erleben, aber in Wirklichkeit haben Kinder eine natürliche Weisheit und die Fähigkeit, sich auf die Lebenszyklen einzustellen, wenn wir ihnen nur vertrauen und ihnen wirklich die Gelegenheit dazu geben. Sie vor der Realität des Todes zu schützen, bringt sie um die Gelegenheit, ihren (und unseren) Platz in einem größeren Zusammenhang wahrzunehmen. Indem sie versuchen, der Unerfreulichkeit des Todes aus dem Weg zu gehen, verlieren viele Eltern den Kontakt zur natürlichen Offenheit ihrer Kinder und unterschätzen, wie sehr sie auf die Wahrheit eingestimmt sind, selbst, wenn sie noch sehr klein sind.

Leugnen bietet keinen Schutz

Oft weichen Eltern dem Thema Tod aus, weil sie ihre Kinder nicht ängstigen wollen, aber wie meine Lehrer mich gelehrt haben, bietet Leugnen keinen Schutz.

So hat mir zum Beispiel meine Klientin Jenny erzählt, dass sie im vergangenen Jahr ihren Vater durch Krebs verloren hat. Weil es für sie sehr hart war, wollte sie nicht, dass ihre fünfjährige Tochter Shelly, die eine enge Beziehung zu ihrem »Opa« hatte, ebenfalls darunter litt. Sie und ihr Mann hatten Shelly die ganze Zeit Opas Krankheit verheimlicht. Als sein Tod näher rückte, erfanden sie Ausreden, weshalb sie sie nicht mit auf Besuch nahmen. Sie befürchteten, dass der Anblick ihre Tochter zu sehr verstören würde.

Als Opa gestorben war, erfuhr Shelly nach der Beerdigung, dass er in den Himmel gekommen sei. Shelly war schockiert und völlig durcheinander. Sie war auch verärgert und verletzt, weil sie Opa geliebt hat und er sich in Luft aufgelöst hat. Noch schlimmer war, dass Shelly dadurch das Vertrauen verloren hat, dass ihre Familie sicher war. Wenn Opa so plötzlich verschwinden konnte, was konnte jemand anderen dann davon abhalten, dasselbe zu tun? Ihre Angst, ihre Eltern zu verlieren, wurde so groß, dass sie sich jede Nacht an Jennifer klammerte, weinte oder mit Albträumen aufwachte. Weil Jennifer Anleitung benötigte, wie sie Shelly helfen könnte, bat sie einen Priester um Beistand. Dabei erfuhr sie, dass sie, einmal abgesehen von ihrer wohlmeinenden Absicht, einen Fehler gemacht hatten. Sie hatten Shelly nicht erlaubt, Opas Krankheit und Tod als natürlichen Bestandteil ihres Lebens mitzuerleben.

Der Priester erläuterte Shelly, dass es für Opa an der Zeit gewesen sei zu sterben, dass er seine irdische Reise abgeschlossen habe und seine Seele zu Gott im Himmel zurückgekehrt sei. Als sie begriff, dass wir alle eine Reise auf der Erde machen und dass der Tod eine freudige Vollendung dieser Reise ist, konnte sie Opas Tod akzeptieren. Leben und Tod erschienen ihr nicht mehr so wirr und beängstigend. Sie hatte zwar den Kreislauf von Leben und Tod noch nicht ganz begriffen, aber Shelly konnte mit ihren fünf Jahren verstehen, dass die Seele weiterlebt und dass jede Seele eine Reise macht. Jenny und ihre Familie sind sich jetzt näher, und es tröstet sie, dass sie daran gewachsen sind, dass sie sich bemüht haben, besser zu verstehen, was der Tod ist.

Heilender Verlust

Rex, ebenfalls ein Klient von mir, hatte eine äußerst enge Bindung zu seiner Großmutter, die zu seiner Familie zog, als er klein war und die in seiner Erziehung eine große Rolle gespielt hatte. Er erinnert sich lebhaft daran, dass er im Alter von etwa zehn Jahren wiederholt geträumt hat, seine Großmutter würde sterben. Aufgeregt erzählte er bei verschiedenen Gelegenheiten seinen

Die Seele ist unvergänglich

Eltern von seinen Träumen, aber statt mit ihm über diese Träume und das, was sie bedeuten könnten, zu sprechen, taten seine Eltern sie als »nichtig« ab und versicherten ihm, dass es seiner geliebten Großmutter gut gehe. Einige Wochen nach diesen Träumen starb Rex' Großmutter völlig unerwartet an einem Schlaganfall.

Rex' Eltern waren schockiert, und Rex war völlig am Boden zerstört. Obwohl es vollkommen unlogisch war, hatte Rex wegen seiner Träume das Gefühl, irgendwie an Großmutters Tod schuld zu sein. Er bekam schreckliche Angst und wurde depressiv, sprach aber mit niemandem über seine Befürchtungen, seine Großmutter getötet zu haben. Diese Angst nagte jahrelang an ihm.

Erst als Erwachsener in der Therapie war er in der Lage, über dieses Kindheitstrauma, seinen furchtbaren Kummer und seine Schuldgefühle zu sprechen. Mit Hilfe eines verständnisvollen, intuitiven Therapeuten wurde ihm klar, dass seine Träume präkognitiv waren. Er erkannte, dass die Seele seiner Großmutter ihm einfach nur hatte mitteilen wollen, dass sie sich darauf vorbereitete, die irdischen Gefilde zu verlassen. Vielleicht wollte sie sich auch noch auf diese Weise von ihm verabschieden. Es waren viele Sitzungen nötig, und Rex musste viel über den Tod und die Seele lesen, bis sich die dunkle Wolke der Schuld, die während seines ganzen Lebens über ihm

gehangen hatte, hob und Rex geheilt werden konnte.

Ich habe sehr viele Klienten kennen gelernt, die derart krankhafte, nicht weiterentwickelte, angstbesetzte Vorstellungen über Leben und Tod und die Natur unserer unvergänglichen Seele haben, dass es sie letztlich daran gehindert hat, im Leben Risiken einzugehen. Diese aber gehen mit dem Erreichen unseres vollen Potenzials normalerweise einher. Schließlich ist das Leben dazu da, gelebt zu werden, und wie kann es das, wenn jeder Schritt in dem Bemühen unternommen wird, den Tod zu vermeiden?

Wenn Sie extrem große Angst vor dem Sterben haben, dann könnten Sie sich vielleicht mit spirituellen Vorstellungen über den Tod beschäftigen, die Ihnen Trost und Erkenntnis bieten. Zwei meiner Lieblingsbücher sind *Dienstags bei Morrie* von Mitch Albom und *Noch ein Jahr zu leben* von Stephen Levine. In einigen Buchhandlungen gibt es ganze Abteilungen über Tod und Sterben, die Ihnen die Tür zu heilsameren Glaubensvorstellungen öffnen können. Vielleicht möchten Sie auch mit einem spirituellen Berater – einem Pastor, Priester, Roshi, Rabbiner, Yogi oder Therapeuten – über Ihre Ängste sprechen, um innerlich friedlicher und gelassener zu werden. Wenn Sie derzeit in Ihrer Familie konkret mit dem Tod konfrontiert sind, können Sie auch Kontakt zu einem Hospiz aufnehmen. Dort werden Sie sehr fürsorglichen

Menschen begegnen, die Ihnen bei diesem Übergang liebevoll und spirituell erleuchtet helfen werden.

Heilung braucht Zeit

Vor zwei Jahren ist der Vater von Sonias Klassenkamerad Kevin bei einem Autounfall ums Leben gekommen. Es war ein furchtbarer Schock für Kevin und seine zwei Geschwister, und ich war sehr beeindruckt, wie gut ihre spirituell ausgerichtete Mutter Noreen mit der Krise umging und ihren Kindern dabei half, ihre Gefühle sowie ihre Versuche, die Wunde zu heilen, einzuordnen. Anstatt die Situation zu ignorieren oder zu versuchen, die Kinder davon abzuhalten, über das Geschehene nachzudenken, holte Noreen sie mehrere Monate lang jeden Abend im Wohnzimmer zusammen und ermunterte sie, über ihren Vater zu sprechen. Anfänglich waren sie wie gelähmt. Wenn sie gefragt wurden, wie es ihnen ging, wussten sie außer »Gut« nichts zu sagen. Das hielt einige Wochen an. Schließlich half ihnen Noreen mit Beharrlichkeit und sanftem Drängen, das zu verarbeiten, was ihr Leben so grundlegend verändert hat. Eines Tages sagte sie zu Kevin, sie wünschte, dass sein Vater bei dem bevorstehenden Baseball-Spiel, bei dem Kevin der Star-Pitcher sein sollte, dabei sein könnte. Anfangs zuckte er nur die Achseln und sagte: »Es macht mir nichts aus, dass er

nicht da ist.« Aber kurz danach brach er in Tränen aus und rief: »Ich hasse es! Und ich hasse ihn, weil er weggegangen ist! Und hör jetzt auf zu fragen!« Es war das erste Mal seit dem Unfall, dass er weinte, Noreen nahm ihn in die Arme und ließ ihn schluchzen. Sie war erleichtert, weil sie wusste, dass es sein erster Schritt in Richtung Trauer war.

Ein anderes Mal forderte sie Kevins kleinere Schwester Valerie auf, sich für den Kirchgang fertig zu machen, woraufhin Valerie sagte: »Ich will nicht mehr zur Kirche gehen. Gott hat Dad nicht geholfen, weshalb sollte ich also hingehen? Wir sind Gott nicht wichtig, sonst würde Dad noch leben.« Noreen hatte manchmal die gleichen Wutgefühle, und sie wusste, dass Valerie erst wütend sein musste, bevor der Heilungsprozess beginnen konnte, deshalb gingen sie an diesem Tag einfach im Park spazieren. Es war für alle von ihnen, Noreen eingeschlossen, schwierig, dennoch redeten sie jeden Tag ein bisschen, bis die Kinder so weit waren, dass sie spontan über ihre Gefühle sprechen konnten. An manchen Tagen gab es noch Tränen, an anderen Wut. In wieder anderen Situationen erinnerten sie sich an eine lustige Episode, die sie mit ihrem Vater erlebt hatten, und lachten. Dank Noreens Geduld und ihrer Fähigkeit, zuzuhören und den Kinder die Möglichkeit zu geben, ihren Schmerz und ihre Trauer auszudrücken, waren sie schließlich in der

Lage, den Verlust zu akzeptieren, und ihre Heilung konnte beginnen.

Kinder sollten so früh wie möglich lernen, dass das Leben zu lieben und zu leben auch bedeutet, Veränderungen sowie Verlust und Tod zu akzeptieren. Ich möchte Ihnen nicht nahe legen, bei diesem Thema unnötig lange zu verweilen, aber wenn der Tod in das Leben Ihrer Kinder tritt, seien Sie aufrichtig und fair. Ermöglichen Sie es ihnen, *auf ihre eigene Weise* damit umzugehen, indem Sie an ihrem Prozess teilnehmen, statt ihn zu blockieren.

Wenn Ihre Kinder Großeltern haben, die alt und krank sind, dann lassen Sie Ihre Kinder wissen, dass sie bald sterben könnten. Sprechen Sie offen mit Ihnen und ermutigen Sie sie, mit Ihnen zusammen Ihre Lieben zu besuchen. Erzwingen Sie nichts. Der Tod ist *nichts*, wovor man Angst haben muss. Der Tod ist etwas Natürliches. Wenn wir daran denken, dass wir alle Seelenreisende sind und dass unsere Seele weiterlebt, verblasst diese Angst, und wir können beginnen, den Tod zu akzeptieren und den Verlust zu verarbeiten, den er uns bringt.

Die Seele ist real

Vor einiger Zeit sprach ich mit einer Klientin namens Leah, die kurz zuvor einen vierjährigen Jungen adoptiert hatte. Leah verwandte ihre ganze Energie da-

rauf, Douglas bei der Eingewöhnung ins neue Heim zu helfen, als völlig unerwartet ihr geliebter Vater starb. Leah war vollkommen am Boden zerstört. Sie wollte Doug ein gutes Zuhause schaffen, dabei war ihre eigene Welt in tausend Stücke zersprungen. Nun schlug Leah sich mit Gefühlen herum, die sie in alle Richtung zerrten. Sie war häufig geistig abwesend, weinte immer wieder und konnte sich auf nichts konzentrieren.

Etwa zwei Wochen nach dem Tod ihres Vaters wachte Leah plötzlich auf und sah Douglas neben ihrem Bett stehen. »Mom, ich habe gerade von Grandpa geträumt. Er hat mir gesagt, dass ich dir sagen soll, dass es ihm gut geht und dass er mich hierher geschickt hat, damit ich bei dir bin und er nach Hause gehen kann.«

»Was?«, fragte Leah und versuchte, sich zu konzentrieren. »Was war das?«

»Ich habe geträumt, dass Grandpa gekommen ist, um mir zu sagen, dass alles in Ordnung ist. Er sagte mir, ich soll auf dich aufpassen«, wiederholte Douglas.

Es war ein unerwartetes Geschenk, eine Botschaft von ihrem Vater. Ab diesem Moment war sie bereit zur Heilung.

Die Seele ist unvergänglich

Beim Erwecken der Intuition in unseren Kindern müssen wir allen ihren Bedenken, Gefühlen, Träumen, Präkognitionen und Intuitionen Raum geben. Hierzu gehören notgedrungen sowohl das Leben als auch die Übergänge zum Tod. Wir müssen unseren Kindern ein gesundes spirituelles Denkmodell mitgeben, damit sie auf diese Übergänge leichter reagieren, damit sie die Möglichkeit erhalten, die spirituellen Geschenke des Lebens in vollem Maß auszukosten.

Seien Sie offen für alle intuitiven Regungen Ihrer Kinder. Wenn sie vom Tod sprechen, besprechen Sie mit ihnen, was sie fühlen. Wenn sie vom Tod träumen, lassen Sie sie über ihre Ängste sprechen. Wenn jemand in der Familie auf den Tod zugeht, reden Sie offen darüber. Besuchen Sie den Sterbenden zusammen mit Ihren Kindern, wenn das möglich ist, und ermutigen Sie Ihre Kinder, Fragen zu stellen und ihre Gefühle auszudrücken. Beruhigen Sie sie und lassen Sie sie wissen, dass der Tod etwas Natürliches ist und niemals ihr Verschulden und dass die Seele in uns allen weiterlebt und in unseren Herzen bleibt.

Je mehr sich eine Familie untereinander als spirituelle Wesen anstatt als bloße physische Körper identifizieren kann, desto mehr kann jeder sich intuitiv auf all das beziehen, was in jeder der Seelen möglich und präsent ist, und umso weniger beängstigend wird der Tod. Dies ist die Grundlage einer gesunden Intuition: zu wissen, dass zu dem,

was wir sind, sehr viel mehr gehört als nur unsere Körper. Ihre Kinder werden das auf natürliche Weise spüren. Sie müssen es lediglich von Ihnen bestätigt bekommen.

Hilfsmittel: Zurückblicken

Gehen Sie zusammen mit Ihren Kinder die Vorfahren väterlicher- und mütterlicherseits durch. Betrachten Sie zusammen Fotos von Großmüttern, Großvätern, Urgroßmüttern und Urgroßvätern. Erzählen Sie ihnen über ihr Leben und was sie für die Familie getan haben, was sich noch heute auswirkt.

Hilfsmittel: Der Lebensbaum

Erstellen Sie einen Familienstammbaum auf einem Stück Karton und verwenden Sie dazu Fotos, falls vorhanden. Falls nicht, bitten Sie Ihre Kinder, ihre Vorfahren zu zeichnen.

Hilfsmittel: Es ist ganz natürlich

Unternehmen Sie einen Spaziergang in der Natur. Suchen Sie nach organischen Dingen, die sich in unterschiedlichem Zustand von Verfall und Wiedergeburt befinden, z.B. eine Eichel, die als Baum wiederkommen kann. Helfen Sie Ihren Kindern, das Rad des Lebens kennen zu lernen, und zeigen Sie ihnen an so vielen Beispielen wie möglich, wie wir alle mit der Erde und miteinander verbunden sind.

Die Seele ist unvergänglich

Hilfsmittel: Wenden Sie sich an einen Spezialisten

Ermutigen Sie Ihre Kinder, mit ihren toten Verwandten und den Menschen, die sie in ihr Herz geschlossen haben, zu reden und sie um Unterstützung und Hilfe für ihr Leben zu bitten. Erzählen Sie Ihren Kindern von ihren verschiedenen Vorfahren und deren jeweiligen Stärken und Begabungen. Fragen Sie Ihre Kinder, welche Vorfahren ihnen am besten geeignet erscheinen, ihnen bei den Herausforderungen des Lebens zu helfen. Zum Beispiel könnte Großvater, der Gärtner, Ihrem Kind helfen, Geduld zu haben. Großmutter, die beste Haushälterin der Welt, könnte behilflich sein, etwas zu organisieren. Tante Millie, die Künstlerin, könnte sie mit ihrer Inspiration unterstützen und so weiter.

Hilfsmittel: Wir alle sind eins

Bitten Sie Ihre Kinder beim Abendessen, sich einmal zu überlegen, woher das Essen kommt. Zeigen Sie ihnen, dass ihnen die Nahrung Energie gibt und sie mit Lebenskraft versorgt. Bitten Sie sie, ihre Nahrung zu segnen und zur Kenntnis zu nehmen, dass sie sie am Leben erhält und dass sie im Gegenzug diese liebevolle Energie wieder mit der Welt teilen können.

Hilfsmittel: Vergangenheit und Zukunft

Nehmen Sie Ihre Kinder mit zu einem Spaziergang über einen Friedhof. Entdecken Sie die Namen derer, die einst gelebt haben. Stellen Sie sich vor, wer diese Menschen gewesen sein können, und erfinden Sie Geschichten über ihr Leben. Bitten Sie die Seelen der Verstorbenen, Ihnen ihre Geschichte zu erzählen und Ihnen mitzuteilen, was sie auf der Erde beigetragen haben. Stellen Sie sich die Nachfahren dieser Menschen vor und wer sie heute wohl sein mögen.

Stellen Sie sich als Nächstes vor, dass diese Seelen in einen Körper zurückgekehrt sind und ein neues Leben leben. Wie könnte ihr Leben aussehen? Ich wünsche Ihnen viel Freude an dieser Übung, und lassen Sie Ihrer Fantasie freien Lauf.

Hilfsmittel: Da sein

Besuchen Sie einen Verwandten, der alt oder krank ist. Haben Sie keine Angst, diesen Menschen zu fragen, wie er sich in seiner Verfassung fühlt und wie Sie ihm in dieser Situation am besten helfen können.

Reflexionen

1. Wer ist Ihr liebster Vorfahre?

2. Wer ist der liebste Vorfahre Ihres Kindes?

3. Stellen Sie sich nachkommende Generationen Ihrer Familie vor. Überlegen Sie sich, wer und wie sie sein könnten.

4. Bitten Sie Ihr Kind, so viele Beispiele für das Rad des Lebens zu entdecken und aufzuzählen wie möglich. Nennen Sie ihm einige Beispiele.

Die Seele ist unvergänglich

5. Schreiben Sie über Ihre Verbundenheit zu Ihren Kindern – in Vergangenheit und Zukunft. Lassen Sie sich in dieser Übung von Ihrer Seele leiten.

6. Haben Sie mit Ihren Kindern über den Tod gesprochen? Wie geht es ihnen damit?

7. Ist jemand in Ihrer Familie krank, alt oder liegt jemand im Sterben? Wie geht es Ihnen damit?

8. Sprechen Sie offen über Verstorbene?

9. Haben Sie den Seelen der Verstorbenen erlaubt, weiterhin zu Ihrem Leben beizutragen?

Zur Erinnerung:

Bitten Sie um Hilfe?

Lernen Sie Ihre geistigen Führer kennen?

Richten Sie sich eine Zeit der Ruhe ein?

Sind Sie sich Ihrer unvergänglichen Natur bewusst?

Nachwort:
Der natürliche Plan

Wenn Sie Ihre Intuition und die Ihrer Kinder fördern, werden Sie entdecken, dass das, was Sie wahrhaftig tun, Ihr authentisches Selbst, Ihre Seele, nährt. Seine Intuition zu entwickeln ist eigentlich die Kunst, zu entdecken und zu würdigen, wer man wirklich ist. Intuitiv zu sein bedeutet, in sein Herz zu blicken und das wirkliche Selbst in sich zu erkennen. Kinder dazu zu erziehen, intuitiv zu sein, bedeutet, ihnen das Verständnis mitzugeben, dass sie spirituelle Wesen sind, königliche Kinder des Lichts, um sie auf diese Weise vor der Dunkelheit und der Verwirrung zu bewahren, die entstehen, wenn sie ihren Selbstwert in der Anerkennung durch andere suchen.

Es wird sie lehren, die Welt mit schöpferischen und offenen Augen zu sehen, wenn sie wissen, dass das Universum ihnen in jeder Hinsicht hilft, erfolgreich zu sein. Wenn wir uns als spirituelle Wesen, als von geistigen Führern unterstützt, von Engeln geschützt und von Gott grenzenlos geliebt sehen, dann erhält Intuitivsein einen Sinn. Das Universum ist ein Hologramm, sich all seiner Teile zu jeder Zeit bewusst. Jeder Einzelne von uns hat zu jedem Zeitpunkt Zugang zu seiner Weisheit, weil wir ein essentieller Teil des Ganzen sind.

Intuitiv zu sein bedeutet, auf die wahre Natur des Universums eingestimmt zu sein, auch auf Ihren Platz darin. Dies wird Sie und Ihre Kinder in dem Glauben bestärken, der nichts weniger als die absolute Wahrheit ist: dass Sie als Kinder Gottes liebenswert und all des Guten würdig sind, was das Universum zu bieten hat. Es wird Sie alle von der Neigung befreien, Ihre wirklichen Bedürfnisse, Gefühle und Wünsche zu verletzen oder zu unterdrücken. Wenn Sie ein intuitives Leben führen, leben Sie mit einem offenen Herzen. Mit anderen Worten: Sie werden verpflichtet, sich selbst zu lieben, und sind damit einverstanden, die Liebe und den Reichtum anzunehmen, den das Universum sie erleben lassen will.

Wenn Sie Ihren Kindern beibringen, ihrer Intuition zu folgen, wird ihnen das auch helfen, Menschen oder Situationen zu meiden, die ihnen nicht gut tun. Sie werden wissen, dass sie das Recht haben, sich vor Schaden zu bewahren, indem sie ihre natürlichen Grenzen respektieren, negative Umstände erkennen und sich von ihnen entfernen, ohne sich dafür rechtfertigen zu müssen.

Wenn Ihre Kinder intuitiv sind, erschließt sich ihnen eine freundliche, abenteuerliche und spannende Welt, aber vor allem eine, die ihr einzigartiges Wesen willkommen heißt. Die Intuition wird ihnen die Grundlage dafür bieten, in ihrem Leben wirkliche Kraft zu erleben, eine Kraft, die von innen kommt und die von niemandem zunichte gemacht werden kann.

Ihre Kinder werden das Wichtigste über ihre intuitive Natur von Ihnen lernen. Sie sollten wissen, wer Sie wirklich sind, und seien Sie vor allem Sie selbst. Vergessen Sie niemals, dass die Kinder, die auf welche Weise auch immer in Ihr Leben gekommen sind, *Sie* ausgewählt haben, damit Sie sie auf ihrem Weg begleiten. Nehmen Sie jene Vorschläge aus diesem Buch an, die Ihnen die richtigen zu sein scheinen, und lassen Sie die anderen beiseite. Sie sind von Natur aus die beste und qualifizierteste Person, die

intuitiv weiß, was für Sie und Ihr Kind richtig ist.

Nehmen Sie Ihre natürliche Weisheit in die Hand. Lassen Sie Ihre Ängste hinter sich und richten Sie Ihr ganzes Bewusstsein auf Ihr Herz. Suchen Sie Rat und Führung, wann immer es Ihnen für Ihre Kinder notwendig erscheint, aber unterziehen Sie diesen Rat immer einem Test Ihrer eigenen Schwingungen. Und denken Sie daran: Lassen Sie nicht von Ihrer natürlichen Weisheit ab, auch nicht angesichts der einschüchterndsten Autorität.

Ihren sechsten Sinn zurückzufordern und ihn wieder an seinem rechtmäßigen Ehrenplatz im Leben Ihrer Kinder einzusetzen, wird für sie ein unschätzbares Geschenk sein. Es macht ihnen das Wunder der Welt bewusst. Es wird ihre Augen und Ohren für den Glanz und die Freude der Schöpferkraft öffnen. Es wird sie mit Zuversicht wappnen, ihnen zusätzlich Sicherheit und Schutz geben. Es wird ihnen helfen, mit dem wirklichen Zweck ihres Daseins sowie mit jenen, mit denen sie ihr Leben verbringen, in Kontakt zu treten. Es wird ihnen ihren natürlichen Platz im Kreislauf des Lebens zusichern und ihnen helfen, die Furcht vor dem Tod zu überwinden. Vor allem wird es ihnen das Recht geben, in Frieden und ohne Angst zu leben sowie die große Erfahrung zu machen, zum Ausdruck zu bringen, wer sie wirklich sind. Denn jeder von uns, der mit dieser Weisheit in seinem Herzen lebt, hilft denjenigen, die

Nachwort: Der natürliche Plan

ihren Weg verloren haben und sich genauso an ihr wahres Selbst erinnern. Auf diese Weise können wir alle zu Heilern der Welt werden und in einem Zeitalter des Friedens dienen. Dies ist der natürliche Weg, und so sollte es sein.

Es ist meine Hoffnung, dass Sie und auch Ihre Kinder intuitiv leben bis in alle Ewigkeit.

Gott segne Sie

Sonia Choquette
Chicago, Juni 1998

Register

110-Wunder-Box 198–200
Achtsamkeit 18, 49–64
    »Ich bin ruhig« 51
    erweitern 24–25
    im Hier und Jetzt sein 49
    in der Familie 25–47
    Interesse 53–54
    Kraft der Präsenz 54–56
    Meditation 50–51
    Reflexionen 62–64
    Reisen und 176
    Schutz durch 56–57
    vereinfachen und lang-
    samer machen 51–53
Alchemieschachtel 198–200
Angewohnheiten,
    schlechte 149–167
    Hilfsmittel zur Über-
    windung 166
    Reflexionen 167
Ängste, Kindheit 160–163
Aromatherapie 83–84, 144
atmen 73–74, 111
Aufmerksamkeit schenken
    58–59
Aufrichtigkeit 69–71
Aura 123–143
    als Schwamm 139
    einem Kind erklären 138
    Farben der 132–133, 145

fühlen 134–136
Hilfsmittel 137–138,
142–145
Kraft 135–136
negative 136–139
Reflexionen 146–149
reinigen 137–138, 142
Ausdruck 117–129
    Codewörter 119–121,
    122–125
    Geheimnisse bewahren
    123–124
    Hilfsmittel 125
    körpersprachlicher 124
    Reaktion 121–122
    Reflexionen 126–129
    schöpferisch/künstle-
    risch 198, 211–218

Balance wiedererlangen
    143–144
Bewusstsein 18, 141–142
    siehe auch Achtsamkeit
Blütenessenzen 116

Dankbarkeit 197

»Einchecken« 71–73, 112
Einheit 241
»Ekelattacke« 120

Energie 97–99
    Austausch 111
    färben 145
    -feld 132–133, 145
    giftige 141–142
    in Bewegung 108–110
    und Ort 79
Engel 224–229
Entspannung 51–53
Erdung 118, 139

Fairness 85–87
Familie 49–64
    -archäologie 43–45
    bei den Eltern schlafen 162
    Essen 58
    geteilte 29–32
    Harmonie wieder-
    herstellen 35–36
    Hilfsmittel 59–61
    intuitive 26–28
    nichtintuitive 28–29
    Reflexionen 43–45
    Spaß und Spiel 36–38
    Treffen 71–73
    Überprüfung der Realität
    33–35
    Widerstand 40–42
Friedhofsspaziergang 241
Führer, *siehe* Seelenführer

Führung
  Alchemieschachtel
  198–200
  bitten um 189–202
  Gebet 108, 195–196, 200
  Hilfsmittel 199–200
  nach Lösungen angeln
  190–193, 200
  Reflexionen 201–202

Geerdetsein, *siehe* Erdung
»Gefühle im Bauch« 110–111
  siehe auch Intuition
Gebet 108, 195–196
Gefühle, verletzte 143–144
Gesetz der Resonanz 135
Grenzen 131–148
  errichten 140
  Hilfsmittel 145
  Kräftigung durch 140–141
  siehe auch Aura

Haltung 183–184
Harmonie, in der Familie
  35–36
Heiler 223–224
Helfer 221–222
Herz 65–76
  Aufrichtigkeit und 69–71
  Hand aufs Herz 74
  Hilfsmittel 73–74
  hören mit 65–66, 68–69,
  73–74
  Reflexionen 75–76
  sich einstimmen auf 73–74
  vertrauen 66–68
Hilfe, bitten um 171,
  193–195

»Ich bin präsent« 59
»Ich bin ruhig« 51
Ich-frage-mich-Spiel 174–176
Intuition 16–17, 245–247
  als gesteigerte Achtsamkeit
  47–64

Atmosphäre für 203
Ausdruck 117–129
erwecken 18, 23–24
Funktion 149–150
Grenzen errichten für
131–148
Hindernisse 149
im Haus 77–92
in der Familie 49–64
intuitive Snobs 38–40
Phasen der Entwicklung
18–19
Realität von 150–153
schlechte Angewohnheit
149–167
Schutz der 157–159
und das Herz 65–76
Widerstand gegen
40–42

Kinder
  Ängste 160–163
  Auren erklären 138
  für sich selbst sprechen
  159–160
  Intuition anerkennen
  150–156
  Intuition ignorieren
  163–164
  intuitive Entwicklung
  164–165
  künstlerischer Ausdruck
  211–218
  persönlicher Stil 182–183
  Schwingungen 100–102,
  111–112, 149–167
Kontemplation 203–211
  Hilfsmittel 208–210
  Reflexionen 211
  Visualisierung 107–108,
  207–208
Körpersprache 124
Krankenbesuch 241
»Kratzige« 119, 143
Kunst 198, 211–218

Hilfsmittel 216
Reflexionen 217–218

Läufer 220–221
Lehrer 222–223
Luft reinigen 87–88,
  137–138, 142

Massage, Hand- oder Fuß- 111
Meditation 50–51, 208–211
Musik 83–84, 88

Nach Lösungen angeln
  190–193, 200
Naturkreisläufe 234–235,
  240

Öle, ätherische 163

Präsenz 54–57
  beim Familienessen 58
  Hilfsmittel 59–61
  Kraft der 54–56
  Schutz durch 56–57
  siehe auch Achtsamkeit/
  Bewusstsein

Räucherbündel 163
Raum der Stille 84
Reisen und Abenteuer
  176–178
Rosa-Brille-Syndrom 104

Schutz 56–57
  der Intuition 157–159
  Gebet um 108
Schwingungen 97–116
  aufschreiben 105–106
  aus dem Gleichgewicht
  100–102
  falscher Alarm 107
  heilende 111–112
  Hilfsmittel 104–108,
  111–112
  im Haus 79–81

Register

individuelle 98–100,
103–104
negative 154–155
Reflexionen 113–115
sprechen über 106–107
vertrauen 102–103
von Kindern 100–102,
111–112, 149–167
Seele 25, 233–244
Hilfsmittel 233–235
Reflexionen 235–237
und Tod 235–240
Seelenattacke 120–121
Seelenführer 219–231
Engel 224–229
Heiler 223–224
Helfer 221–222
Läufer 220–221
Lehrer 222–223
Reflexionen 230–231
Spaß 224
Sensitivität 84–85
Snobs, intuitive 38–40
Spaßgeister 224
Spaziergang 141–142
Spiel 82–83
schöpferisches 174–176,
211
stilles 203
und Spaß 36–38

staunen und entdecken
173–187
Brett für glänzende Ideen
181–182
Hilfsmittel 184–185
Ich-frage-mich-Spiel
174–176
Reflexionen 186–187
Reisen und Abenteuer
176–178
schöpferischer Anreiz
178–180
Stille 88, 203, 210
Stimme, innere *siehe* Intuition
Stress
Codewörter 111–112
durch Eltern 174
und langsamer machen
51–53

Tod, Umgang mit 235–240

»ungeerdet« 119
Universum
Alchemieschachtel
198–200
dankbar sein 197
um Führung bitten
19, 189–202
um Hilfe bitten 193–195

vereinfachen und langsamer
machen 51–53
Verschnaufpausen, seelische
104–105
Visualisierung 107–108,
207–208

zentrieren 145
Zuhause 77–92
Abenteuer 178
als heiliger Raum 79–81
Aromatherapie 83–84,
144
aufräumen, saubermachen
81–82
Energie und Ort im 79
geweihter Altar 83
Hilfsmittel 83–84,
87–88
Lebendiges 84
Musik 83–84, 88
Raum der Stille 84
Reflexionen 89–91
Schönheit 88
Schwingungen 79–81
segnen 88
Spielbereiche 82–83
zuhören 65–66, 68–69,
151–152
zumachen 120